古郡新城十里堡

李東方◎主编

中国市场出版社
China Market Press
·北京·

图书在版编目（CIP）数据

古郡新城十里堡 / 李東方主编. —北京：
中国市场出版社，2020.1
ISBN 978-7-5092-1865-5

Ⅰ. ①古… Ⅱ. ①李… Ⅲ. ①乡镇—地方志—密云区
Ⅳ. ①K291.5

中国版本图书馆CIP数据核字（2019）第142803号

古郡新城十里堡
GUJUN XINCHENG SHILIPU

主　　编：李東方
责任编辑：晋璧东（874911015@qq.com）
出版发行：中国市场出版社
社　　址：北京市西城区月坛北小街2号院3号楼（100837）
电　　话：（010）68033539
经　　销：新华书店
印　　刷：北京富生印刷厂
规　　格：170mm×240mm　　16开本
印　　张：26.25　　字　　数：465千字
版　　次：2020年1月第1版　　印　　次：2020年1月第1次印刷
书　　号：ISBN 978-7-5092-1865-5
定　　价：158.00元

编委会

主　　编： 李東方

副 主 编： 王　珂　闫桂友　李艳书

编　　委（排名不分先后）：

马　芬　陈　杰　李春艳　万庆富　刘录国

赵成革　王晓文　王海山　杨爱军　李建春

孙翠荣　白广军　金红玉

顾问委员会（排名不分先后）：

王玉江　张玉鲲　李元生　张　强　王振国

张明智　王葛伶　蒋学甫　付小平　彭兴宝

执行主编： 孙荣林

撰　　稿（排名不分先后）：

韩志正　陈奉生　丁宏伟　郭德昌　郭克喜

聂德友

十里堡地区清代御道与密云运河旧迹示意图

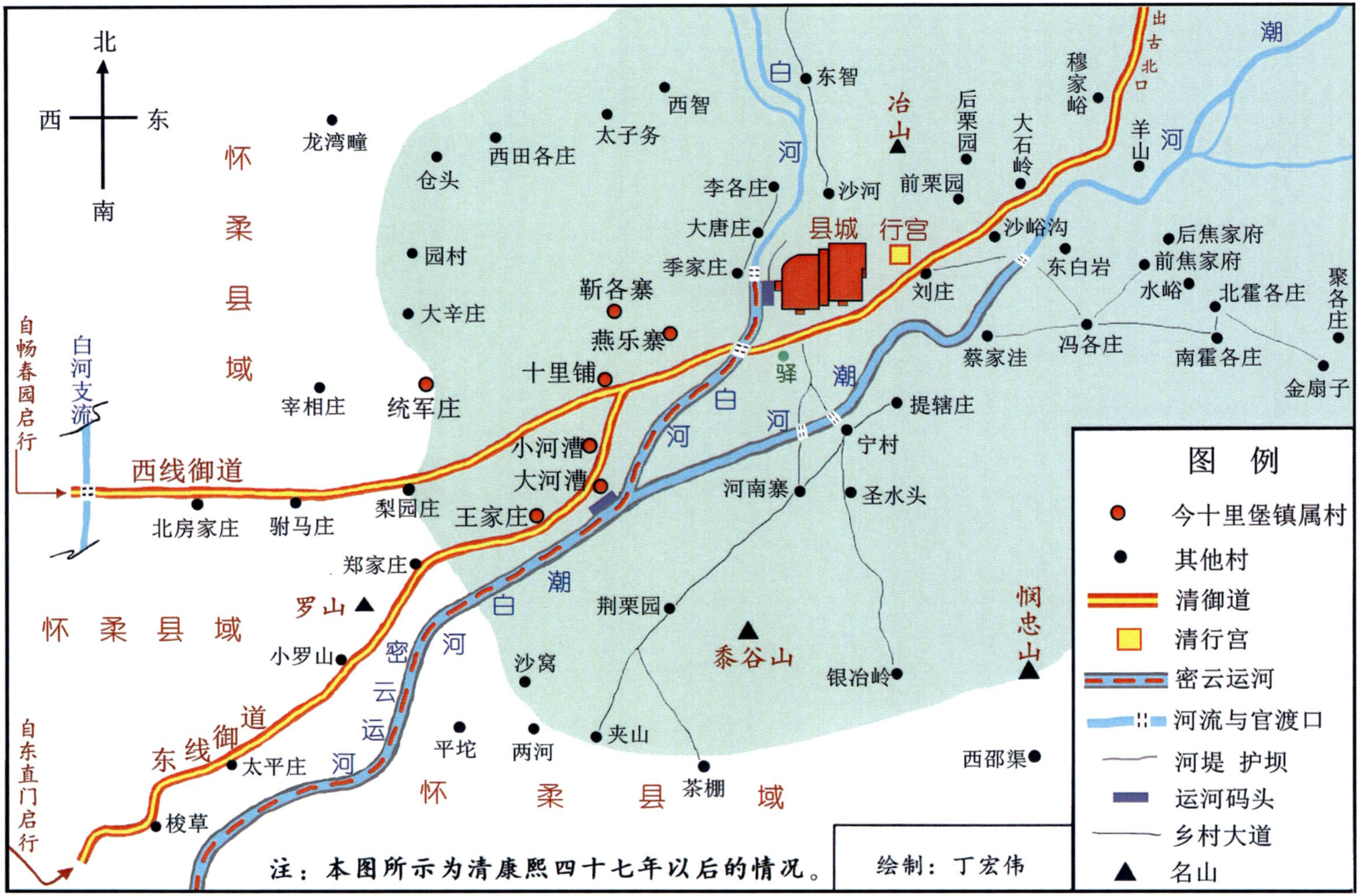

注：本图所示为清康熙四十七年以后的情况。

绘制：丁宏伟

十里堡镇移民村在被水库淹没前的原址示意图

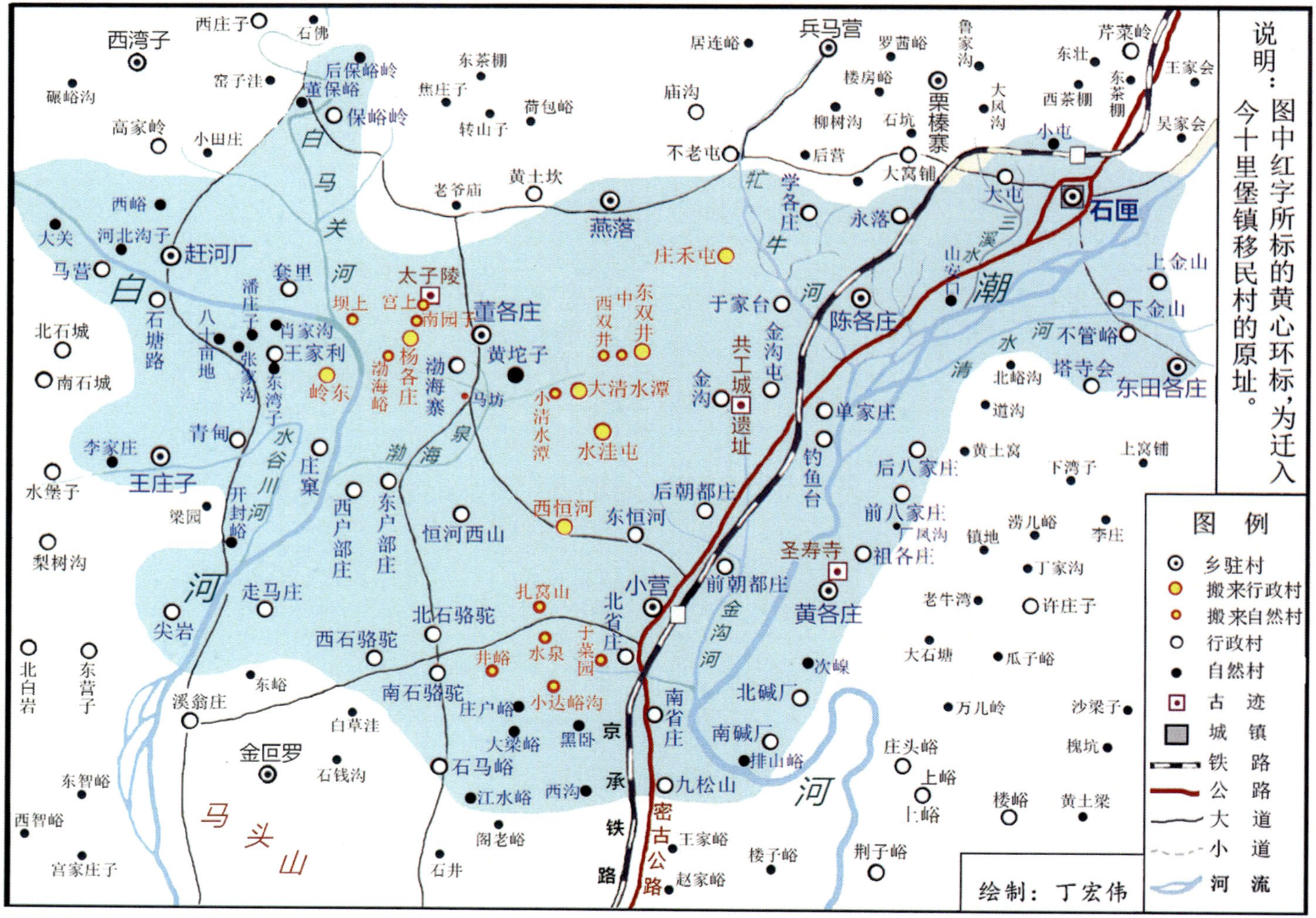

靳各寨大钟

靳各寨大钟于20世纪60年代中期挂在靳各寨三皇庙钟楼上。大钟高1.4米，钟底周长2米，钟厚5厘米。钟环有二龙盘绕，两侧各有一对兽脚，钟身上铸两层6个长方框，每框中铭刻的是修建地藏庵时的捐款人名单。大钟有三道环形腰箍，钟体上有蕉叶状花纹，还有点、线、方、圆等组成的阴阳八卦图案。钟体上铸有大庙的住持师父和弟子名单以及大钟铸造时间等。

大钟造型古朴端庄。此钟现珍藏在密云博物馆。

靳各寨钟上的铭文清晰地记载：京都顺天府昌平州密云县城西靳家寨地藏瘫。住持道师：宋太青、秦太青；弟徒：宋青喜、王青园、郑青住。崇祯元年五月吉日造。

（图文提供：郭克喜）

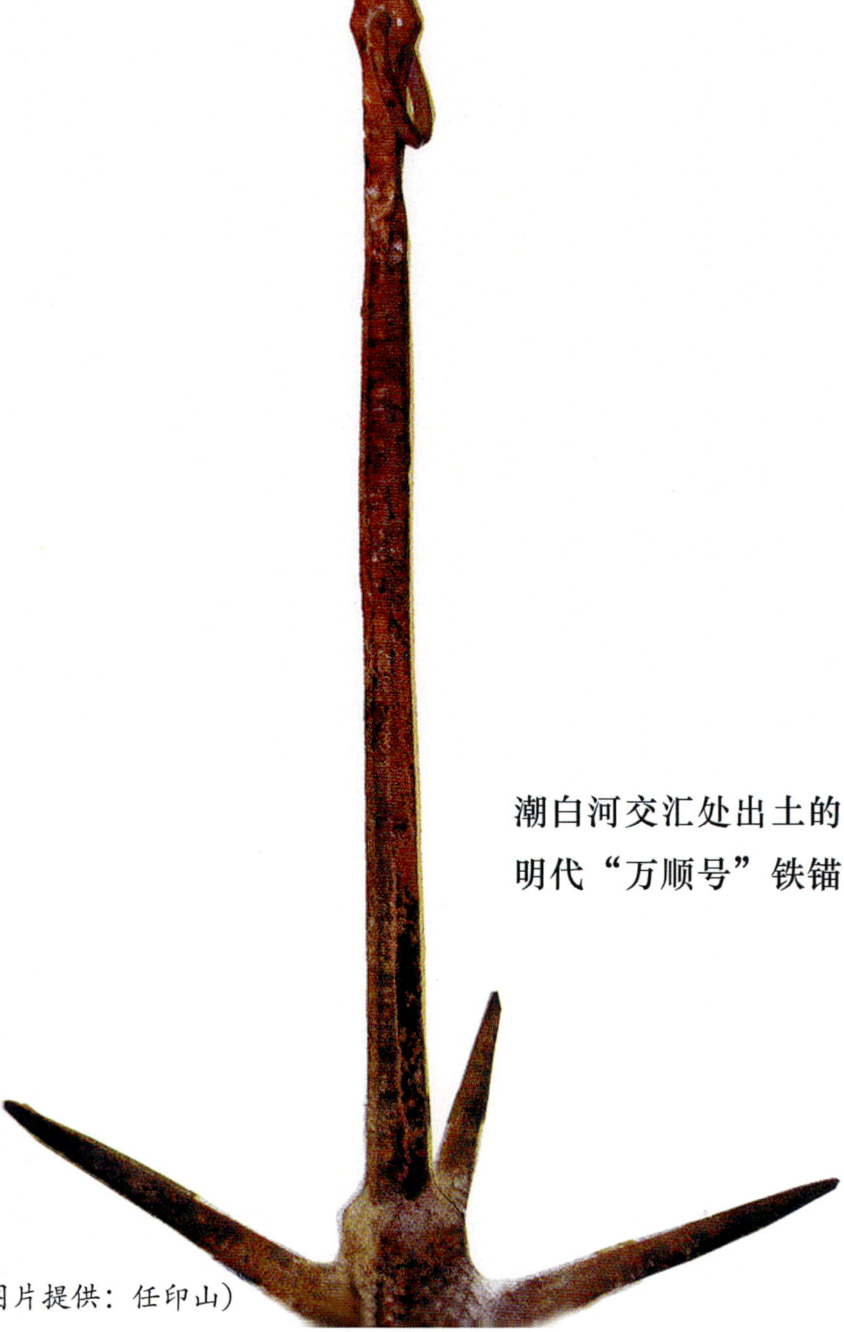

潮白河交汇处出土的
明代“万顺号”铁锚

（图片提供：任印山）

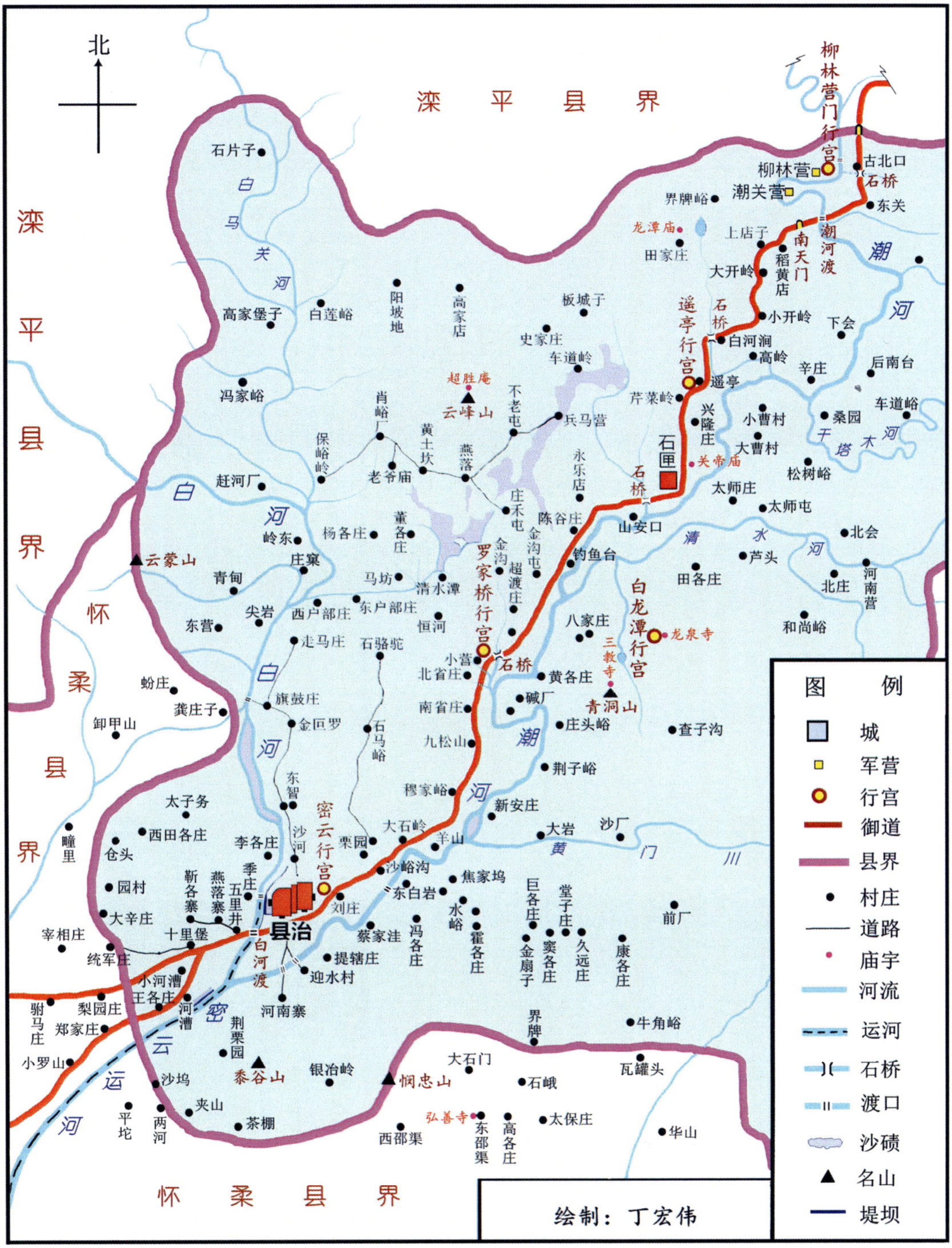

清代密云县境御道与行宫示意图

清代密云县境御道与行宫示意图（任印山 绘）

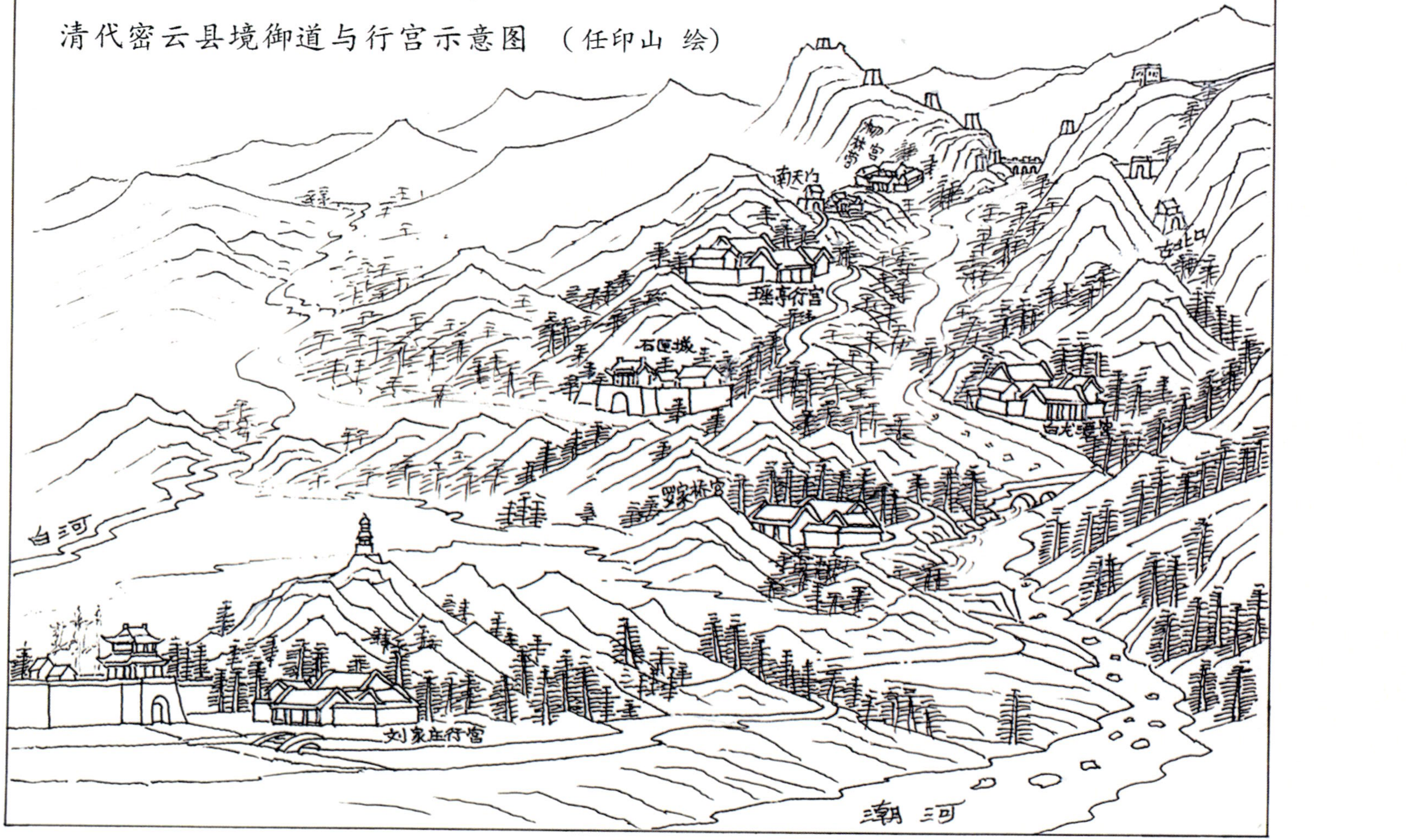

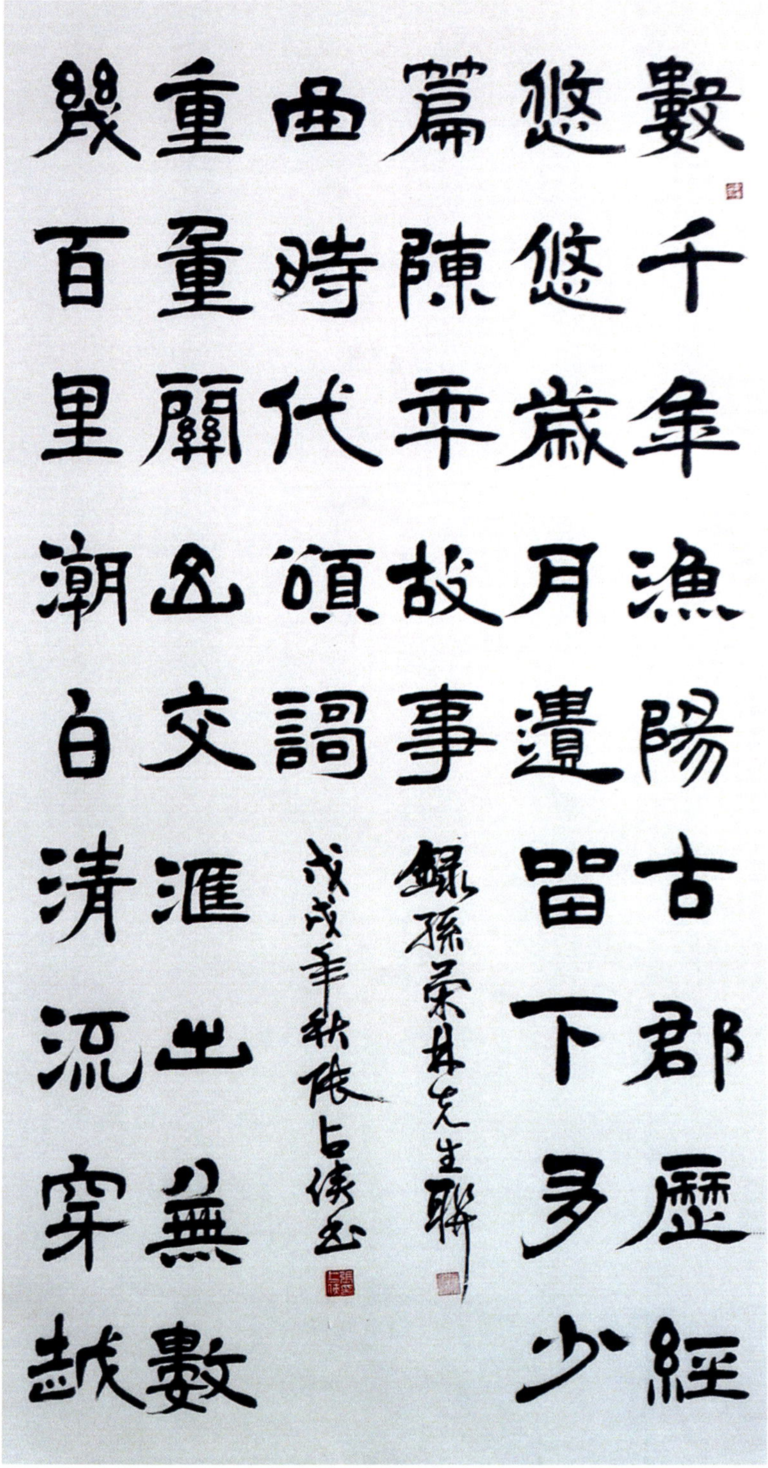

数千年渔阳古郡历经悠悠岁月遗留下多少篇陈年故事
几百里潮白清流穿越重重关山交汇出无数曲时代颂歌

（孙荣林 联；　张占侠 书）

密云·云蒙大桥

（摄影：任印山 钱宏华）

序 言

十里堡镇人文历史底蕴厚重，传统文化源远流长。

燕落寨雪山一期文化距今6000年，是密云地区人类文明的肇始之地；2000多年前“秦开却胡”建渔阳郡，是密云地区最早的政治、经济发展的坐标原点。战国时邹衍教民识别五谷，学习种植技术使渔阳地区变牧为农脱胡入汉；秦朝统一天下，渔阳为三十六郡之一，陈胜、吴广起义与之关联；东汉张堪任渔阳太守，勤政爱民，政绩斐然；明代“引白壮潮”使大运河北延至密云河漕，使长城文化与运河文化在此交融碰撞乃至升华；清代东西御道交汇于十里堡，使十里堡成为密云历史文化的结点。

十里堡地区厚重的历史文化积淀，使之凝聚成为特有的人文精神。

霜髭拥领对穷秋，著白貂裘独上楼。

向北望星提剑立，一生长为国家忧。

这是唐代诗人张为所作七绝《渔阳将军》。诗中向我们描绘了一位边关老将深秋之夜身披白袍独上渔阳城头，提剑北望、忧国忧民的英雄形象，使我们敬意油然而生。尽管历史上渔阳郡数次迁址，但遗留下来的渔阳文化和渔阳精神仍然世代传承，“一生长为国家忧”已经成为植根于渔阳人血脉之中的精神品质和性格主线。家国情怀、慷慨悲歌、正道直行的渔阳文化直至今日依旧印在十里堡人民的心中，成为十里堡地区日久弥新的文化特质和历史遗产。

新中国成立后，十里堡人民的家国情怀和奉献精神更为突出。1958年和1974年，原7个老村接收了7个村的水库移民，以后又多次接收山区灾民；为国道、县乡企业、密云经济开发区等提供了大量的土地。在社会主义建设事业中，十里堡的社会经济发展也领风气之先，并取得了长足的进步。

进入21世纪以来，随着密云城向西延伸、经济开发区拓展扩大，城乡一体化速度不断加快；尤其是怀柔科学城的“神来之笔”，将十里堡镇融入科学城发展之中，未来镇村体制和行政区划都会有新的调整。为了留住乡愁，记录和珍藏十里堡镇的历史，也为了十里堡今后更好的发展，中共十里堡镇党委、政府决定编辑出版《古郡新城十里堡》一书。

通过出版此书，整理抢救十里堡镇的乡村历史，把历史文化注入鲜活的生命，把曾经在这块土地上生活的那些人、那些事记录下来，留给后人、留给历史，以此回馈乡亲，报效桑梓。

《古郡新城十里堡》全书共分为古郡春秋、潮白汇流、村居风貌、经济史谭、文教卫生、乡镇剪影、往事纪实、新城概览八大部分。书中以专题的形式梳理十里堡镇的历史脉络，真实客观地反映十里堡镇的自然、政治、经济、文化的发展历程。此书主题鲜明，努力做到突出重点彰显特色、求真务实、简洁流畅，便于阅读。

参天之木，必有其根；怀山之水，必有其源。乡镇和村庄是无数中国人生命的底色和成长的摇篮。如何在城镇化进程中，留住乡愁、记住乡音、不忘乡思，事关文化血脉的传承。但愿通过此书的出版，能够为十里堡人留住那一段段过往的历史和记忆，让文化和历史传承更有温度。希望通过此书的出版，为今后十里堡镇的经济和社会发展提供有意的借鉴和助力。

中共十里堡镇委员会

十里堡镇人民政府

2019年8月

目 录

古郡春秋

潮白汇流

村居风貌

经济史潭

文教卫生

乡镇剪影

往事纪实

新城概览

第一部分

古郡春秋

渔阳古郡，文化底蕴深厚，历史上曾演绎出无数篇精彩故事……

十里堡镇，密云经济重镇，改革开放以来社会经济发展日新月异……

渔阳古郡遗址（十里堡镇统军庄村南）

镇域概况及历史沿革

韩志正

十里堡镇从1974年单独建制至今45年。是密云唯一的平原镇，东起密云镇，西接怀柔区，东南靠密云经济开发区，北邻西田各庄镇，距北京城区65公里，101国道、京承高速公路贯穿全境。镇域面积26平方公里。全镇12个行政村，4个居委会，2017年常住人口26056人，财政收入7021.6万元，农民人均年收入23685元。

十里堡名称由来

十里堡之名源于“十里铺”，“铺”是古代驿路制度的专用名称。《周礼》有载“凡国野之道，十里有庐，庐有饮食；三十里有宿，宿有路室，路室有委；五十里有市，市有候馆，候馆有积”。这就是被封建王朝推崇的委积制度，属储粮备宿民政优抚之举，是王者爱民敬宾仁政思想的体现。后逐步演变为邮驿制度，形成“凡五里设井，十里设铺”的基本定式。

密云地区秦朝就有通往渔阳郡的驰道，从渔阳郡至古北口有五尺道，清朝又成为京承御路。从县西梨园庄到古北口120里的御道上设3处大的驿站（密云驿、石匣驿、古北口驿）、4个总铺（县城、穆家峪、石匣、古北口）和28个散铺。从梨园庄到密云城20里设有驿铺8处，即梨园庄、大沙坨、三里坨、西大桥、大河漕、小河漕、五里井、南关总铺等。每处散铺设巡役一人、更夫一人、营兵一人。因河漕铺距县城10里、梨园庄铺距县城20里，因此河漕铺又称“十里铺”、梨园庄铺称“二十里铺”。

原十里铺附近有一村庄叫塔院庄，村内有元初忽必烈至元八年（1271年）所建“佑国寺”，明正德二年（1507年）重修，寺后有砖塔一座三丈多高，建筑风格为藏传佛教覆钵式宝塔，传说地宫中有高僧舍利，宝塔钵体中有天书，寺前有正德重修碑。“文革”后文物全部遗失。

塔院庄是十里堡地区建村较早的村庄。根据考古资料证实，塔院庄地区的历史可以追溯到更远的汉唐时代。在现十里堡村西北部，20世纪70年代发现了一处古代遗址，文物部门命名为“西荒子”遗址。其面积约为1000平方米，出土有大量陶器、灶台和唐三彩文物，鉴定为汉唐时期古村落遗址。村落较大，有十字大街和沿街铺面商户。说明在汉唐时期十里堡地区就有大的村落形成。在密云康熙时期县志中没有十里铺之名，塔院庄也称为“塔院铺”，因此，十里铺、塔院铺是指同一个地方。

明初建密云中卫，下设29个屯卫所，十里堡地区设有梨园屯、抬头屯、河漕屯和军下屯等4个卫所。大量山西移民迁入本地区屯田戍边，其中河漕屯和军下屯即在今河漕、十里堡村附近。卫所内设有军营、校场、兵器库等军事设施。部队时常在校场合操演练，因此老百姓称河漕村为合操村。村名由驿铺得名，新中国成立以后逐渐从“十里铺”演变为“十里堡”。

新中国成立后，因为乡机关设在十里堡村内，所以取名十里堡乡，后来行政体制不断变化，又改称十里堡公社、十里堡乡及十里堡镇。

建置沿革

十里堡一带夏商时期属幽州之地。周属燕国，战国“秦开却胡”，十里堡是渔阳郡治所之地。秦汉属渔阳郡渔阳县。北魏时属渔阳郡渔阳县，东魏时属密云郡密云县。隋唐属檀州密云县，五代十国后晋时期属辽国之地。元属大都路檀州。明属顺天府昌平州密云县，除统军庄属怀柔县，大部属密云县广顺里。清属顺天府北路厅密云县广顺里，民国属河北省密云县。民国日伪时期属伪河北省密云县。日本投降、抗战结束后属河北省密云县。

密云解放后属密云县第七区。1950 年 1 月属密云县第二区；1953 年分属第二区河漕乡（河漕、十里堡、王各庄、程家庄），燕落寨乡（燕落寨、西大桥、靳各寨）和大辛庄乡的统军庄村。

1958 年 3 月归属西田各庄乡后改为人民公社。1958 年至 1959 年陆续有库区双井、庄禾屯、岭东、清水潭等村迁入本地区。

1961 年 5 月至 1966 年 5 月，中共密云县委决定全县 6 个人民公社改设工委，西田各庄工委下辖十里堡人民公社等 4 个规模较小的人民公社，十里堡公社设党委。1966 年 5 月十里堡公社撤销，归属西田各庄公社。

1974 年 9 月 7 日从西田各庄公社分出，十里堡公社成为独立县属公社。1974—1975 年，水泉、杨辛庄、红光村原库区移民搬迁至此并陆续建村。

1983 年 2 月十里堡公社改为十里堡乡。1993 年 11 月 25 日至今，改乡为十里堡镇。

古郡新貌

十里堡镇地处平原又靠近县城，是通达京城的必经之地，具有区位优势，经济社会发展一直位居全县前列。

进入 21 世纪后，十里堡镇现代农业、镇办工业、第三产业飞速发展。先后引进落地企业 167 家，注册企业 2390 家。形成现代都市型农业、高新技术企业和汽车服务、民俗餐饮服务为主体的产业发展格局。

“生态桥头堡，幸福十里堡”。如今的十里堡镇，各项指标持续增长，经济实力不断增强。一个生产高效、生活富裕、生态良好的现代服务型综合强镇正展现在世人面前。

燕国始建渔阳郡

韩志正

燕国初建时期

周文王之子姬奭，因最初封邑食采之地在召（今陕西省宝鸡市），故称召公或召伯。后因功再封于北燕，建燕侯国。燕国（前 1044—前 222 年），历经 43 世存国 822 年，是诸侯国中最先建立最后灭亡的国家。

燕国初封于燕（今房山董家林），由召公长子姬克就国，时其国方圆不过 30 里，领部落方国 6 个。后来兼并了北部的蓟、韩两个诸侯国，并四处扩张，领土不断扩大。

燕国初期不断受到以山戎为主的北方少数民族的袭扰，农牧业生产和人民生活受到很大破坏。到燕桓侯（前 697—前 691 年）时不得不将都城迁到河北临易（今河北省雄县）西北，燕国的权力中心逐步向南迁移，国力日衰。

燕庄公二十七年（周惠王十三年，前 664 年），山戎侵燕，燕国向齐国告急。齐桓公以“尊王攘夷”为号召，向山戎大举反攻。“遂北伐山戎，令支，斩孤竹而南归。”大败山戎部族，解除了山戎对燕国北部地区的威胁。今怀柔、密云地区也纳入了燕国版图。

齐桓公劝燕庄公迁都蓟城，把战略防御重心北移至燕山一线，凭山据险，抵御北方游牧民族的入侵；并且在燕东北鲍丘、沽河流域，以及无终、令支等滦河地区设立军事机构，以此为跳板伺机实施北进蒙古高原、东拓东北疆域的战略方针。这成为设立燕北五郡的最初构想。

不久，春秋另一霸主晋国崛起，通过经济和军事改革也逐渐强盛起来，先后灭掉赤狄、长狄，解除了燕国的西部威胁。于是燕襄公时期（前657—前618年）迁都蓟城。

秦开却胡建渔阳

东胡是中国东北的游牧民族，因在匈奴之东，被称为“东胡”。

《史记·匈奴列传》记载：“燕有贤将秦开，为质于胡，胡甚信之。归而袭破走东胡，东胡却千余里。”秦开却胡是燕国史上、渔阳史上的大事。正是秦开却胡千里，扩张了燕国的国土，丰富了燕国的地缘层次，将农耕民族的控制线向北推移到燕山腹地。

秦开作为燕国的质子前往东胡，应是受到燕昭王信任的人。秦开有着开放的思想、谦卑的心态，能够虚心向胡人学习，关系很融洽，也深得胡人的信任。

此时燕国国君为历史上有名的燕昭王。战国早期，燕国一直发展缓慢，是战国七雄中比较贫弱的国家。昭王继位后开始寻求改革，“于是昭王为隗筑宫而师之，乐毅自魏往，邹衍自齐往，剧辛自赵往，士争凑燕。燕王吊死问生，与百姓同甘共苦。燕国殷富，士卒乐佚轻战”。

这期间乐毅伐齐已取得决定性胜利，燕昭王有力量向东胡进军，以实现十几代燕君的北进梦想，最后将率军驱胡的重任交给秦开。由于熟悉东胡的山川地形和军事布防情况，秦开率领20万大军一路斩关夺隘，有针对性地展开军事行动，胡军无法阻挡燕军凌厉的攻势，只好一路退却到千余里之外的西辽河上游。

随后燕国又效法赵国，动员军民修筑了长达2000多公里的燕国北部长城。在新领土上陆续设立了渔阳、上谷、右北平、辽西、辽东五郡。

渔阳郡城规模

通过同期营造的上谷郡、右北平郡、辽西郡的考古记录，可以大体推测出渔阳郡城的规模。右北平郡城东西长约1800米，南北宽约800米；上谷郡城由小城大郭组成，大郭城东西约1500米，南北宽1000米，小城四边各约500米。辽西郡城南北长约500米，东西宽300米。2007年，周正义教授考察组实地考察发现，渔阳郡址东西长1142米，南北宽826米，总面积80万平方米（1200亩）。

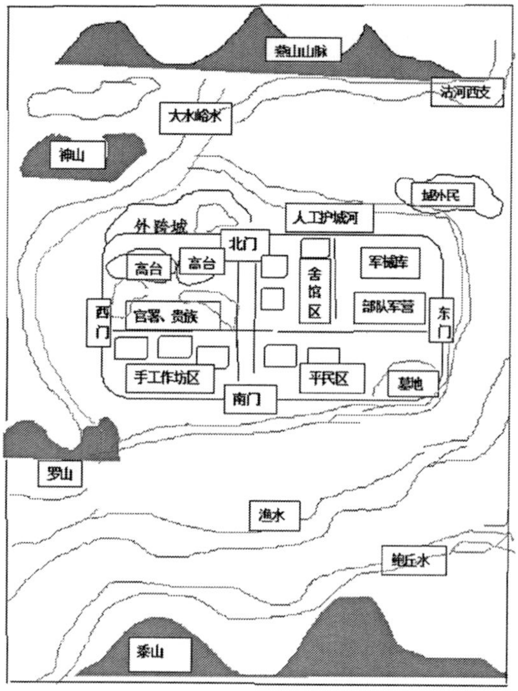

渔阳郡周边水系及城内功能分区示意图

渔阳郡城规制：

位置 史载：郡址在渔水之阳，南照黍山朱雀起舞，案有罗山白虎仰头；名堂开阔为渔水、鲍丘水之间冲击平原；渔水之来蜿蜒深远，去水弯弯依依不舍；后靠燕山乾位略缺，以神山充镇。沽河西支与大水峪水汇于城北，以人工河引入城内和护城河。郡址坐落在华北通往燕北高原和东北平原的交通要道上，是平冈古道上的战略要地。

形制 总体为“小城大郭”形制，总规模在1000亩以上，墙为夯筑，城墙基址宽约20米，高约10米，外为砖体。东南西北各有一门。有人工护城河和瓮城。

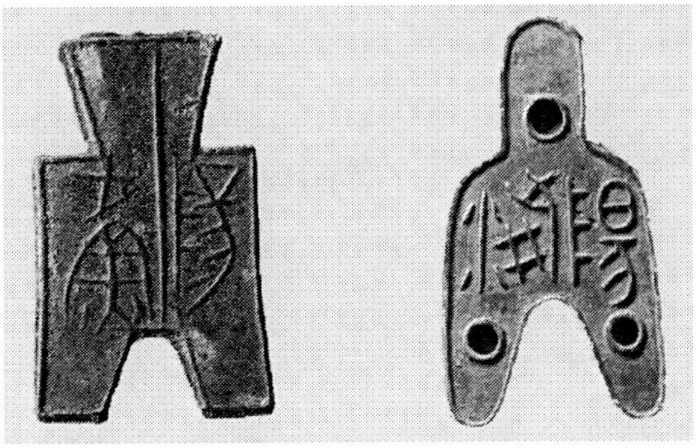

战国渔阳布

官衙及贵族区 官衙和贵族区位于西北小城内，有外跨突出部分（今统军庄村南铁道与101国道之间），约有5～10个高台建筑群，最大的台基约40米，高约12米。是郡府、县衙、宗庙及贵族居住地。

官办手工业作坊区 在小城南部，有冶铁、兵器、铸币、漆器、制陶等官办作坊。生产犁、铧、镰等铁制农具和锛、斧、凿、刀、锥、锤等铁制工具，还可制作青铜剑、戈、矛等兵器和铁制盔甲。当时“渔阳布”货币很有名，在遗址附近曾出土多枚渔阳刀币。

馆舍 在渔阳郡城的东北部有很多馆舍，是当时驿馆和招待所，供招待少数民族使节及朝廷官员。

仓库兵营 在渔阳郡城的东北部为武器库、教军场、战马厩和军营等。渔阳铁骑天下闻名，渔阳城内和附近驻有大量军队，城外周边村庄、河川地带辟有大片军马草场。

居住区 战国末年，渔阳手工业、商业和农业发达，当时的士、农、工、商四民居于城郭之内。渔阳的官吏、百工，寓居在小城的西南部和大城的东南部，以及城外的大型居民区内。渔阳郡内的人口超万户（5万～10万人），达到“千丈之城，万户之邑”的规模。

墓地 小城的西北隅和大郭城的东南部都发现有墓区。公墓设于城内是战国常制。小城内的墓区是贵族墓，东南为平民墓。2007年，周正义教授考察组在东南部的王各庄附近还发现了汉墓遗址。

渔阳郡的名称和位置

韩志正

渔阳郡存续时间和辖区

渔阳之名从燕昭王二十九年（前 283 年）到明洪武四年（1371 年），历时 1600 年。这段历史可以分成两个阶段。第一阶段密云境内渔阳，从燕到北齐 800 年，称为前渔阳（期间很短时间迁于通县和天津）；第二阶段天津蓟州境内渔阳，从隋唐到明初 760 年，称为后渔阳。

在十里堡地区，渔阳大致可以分为三个阶段：

燕秦渔阳（前 283— 前 206 年）共 77 年，属初设阶段。燕国时郡下未设县，秦朝施行郡县制废除分封制，渔阳郡成为天下 36 郡之一，并下设渔阳、白檀、泉州三县，实行中央直属有效管理。

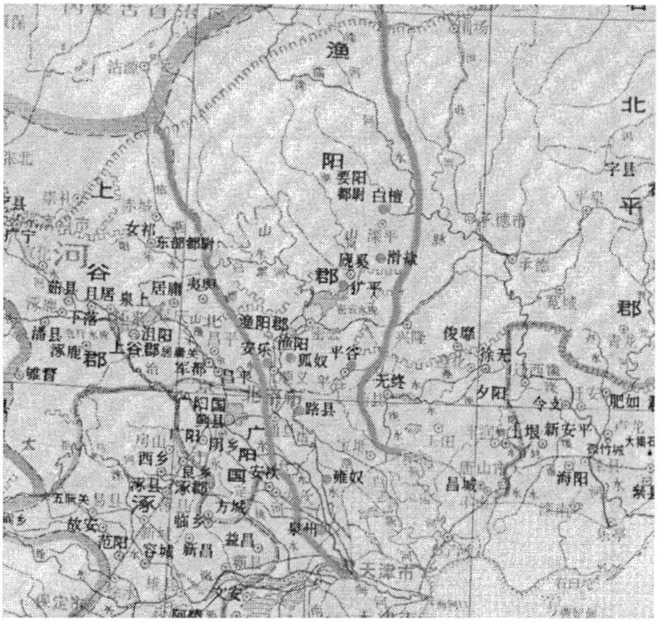

西汉渔阳郡所辖范围及所属 12 县位置示意图

两汉渔阳（前 206—公元220年）

约426年，属鼎盛时期。西汉渔阳郡设12县，东汉设9县。东汉刘秀起于渔阳，称为“铜马皇帝”，张堪任郡守，百姓乐不可支，为天下富庶之地。

魏晋南北朝渔阳（221—551年）约330年，属衰落时期。“五胡乱华”、军阀混战，社会发展落后，人民饱受兵荒之乱。渔阳郡先后迁址于通县、武清等地。杜洛周起义以后，渔阳郡迁址天津。

管辖区域　渔阳郡是秦置36郡中唯一跨山接海的州郡。就像一扇大门横亘在中原东北部，成为要塞屏障。从天津入海口一直到沽源、围场以北燕长城一线，战略纵深长，海洋资源、草原资源、农耕资源、山地矿产、滩涂养殖等物产丰富，抗风险能力及自我调节能力强。尤其是两汉期间，渔阳郡的军事、经济、人口、冶炼技术、盐铁贸易十分发达，非其他郡县可比。可谓是一座无缝的铁门，保卫着华夏农耕文化。

渔阳郡址

渔阳郡址位置　关于渔阳郡址地理位置的记载，准确的考古和文献记录有4条：

其一是北魏郦道元所著《水经注》中“（渔阳）城南五里有螺山”。螺山即今小罗山，水转山不转。罗山北五里即现在王各庄之西、郑家庄之北101国道南北地带。

其二是唐《括地志》所载“渔阳故城在（檀州密云）县南十八里渔水之阳”。郡址在老西统路与101国道交汇处附近。

其三是光绪《顺天府志·密云县·村镇》所载：“县西南20里抬头庄，庄之西南数里为渔阳故城。”

其四是2007年北京大葆台博物馆北京汉代城址调查组（组长周正义）实地考察结果，得出新中国成立后最新也是最权威的渔阳郡郡址及占地面积等信息。经实地测量，渔阳郡址东西长1142米、南北长826米。遗

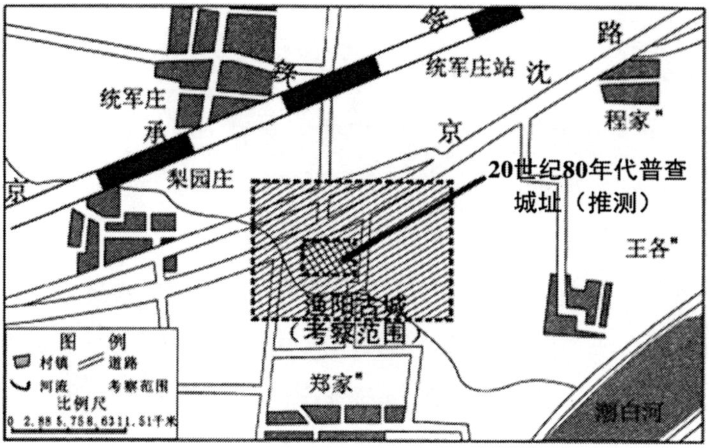

汉城遗址考察组所绘渔阳郡示意图（2007 年）

址总面积为 80 万平方米（1200 亩）。

抬头屯 抬头庄是明初密云中卫所设 29 军屯之一，明称“抬头屯”。密云雍正时期、光绪时期及民国时期县志村镇志都有此庄名。县志还记载康熙六十一年裁撤抬头屯地两顷 53 亩、梨园庄屯地 6 顷 63 亩，转为民地。抬头屯（庄）址即在梨园庄村东北数里处，即现在新、旧西统路之间，统军庄火车站及铁路以南、101 国道南北所在地。其西南数里之地，即今郑家庄北即渔阳郡址所在地。

清光绪年间曾有三次大水，尤其是光绪十二年六月白河从龚庄子决口，直逼西南而下 80 里，沿途几十个村庄被毁，其中就有抬头庄。民国以后修建铁路、公路，日伪时期还设有统军庄火车站（是战备车站，周边村庄要搬迁）。这里的居民也分散到各处居住，一部分人搬到今河南寨平头、两河、台上等村，原地只留下小北庄几户人家。

小北庄 现在还有，是怀柔区郑家庄行政村的一个村民小组。位置在密云王各庄西、怀柔郑家庄村北，现有 20 多户。密云 1938 年县志载为密云县管辖（属王各庄村）。民国之后因小北庄村东和村北为密云之地，所以划归密云县。1946 年调整飞地，划归怀柔县。

因此，渔阳郡址的位置，其明清时期在抬头屯，民国时期在小北庄。

渔水与渔阳

渔阳之名来自“渔水之阳”，也就是渔阳城的南面有一条叫渔水的河流。北魏郦道元在《水经注》中记载：“（渔）水出县东南，平地泉流，西迳渔阳县故城南。考诸地说则无闻，脉水寻川则有自。”如果按郦道元所说，渔水平地泉流，水量不会很大，源流不会太远，是一条小河。

但按古代城市命名习惯，在渔阳城的位置抬头就能望见鲍丘水（古潮河）在黍谷山下，应该叫“鲍阳”“丘阳”，似乎更能与燕北大郡相匹配。既然舍“鲍、丘”不用而取名“渔阳”，那么应该在建渔阳城时渔水很大，至少不亚于当时的鲍邱水，而且离城更近；或者是渔水虽小但“渔”字有特殊意义。

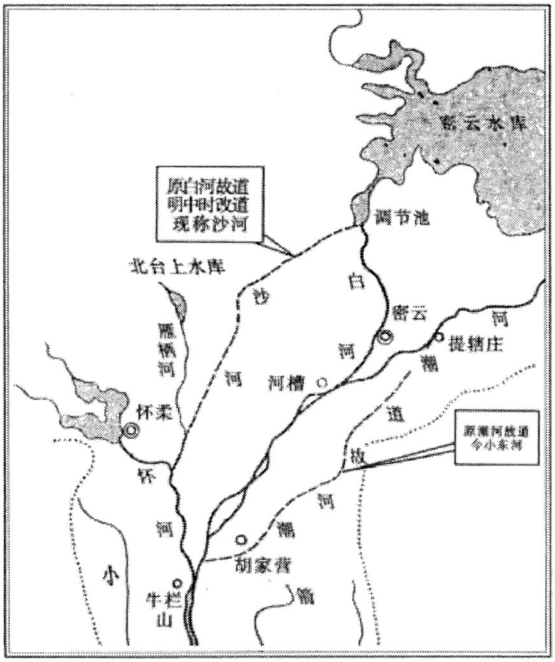

白河故道和潮白河道示意图

据相关历史材料证明，建渔阳城时城南确实有一条很大的叫渔水的河。20世纪60年代河北师范大学郭仁教授曾对《水经注》中的白河（北魏时期）故道做过初步调查，“发现白河故道是从密云县的西智村和龚庄子村之间出山，沿燕山南麓向西南流，过河北庄、卸甲山、西康各庄南，汇大水峪水于神山（有时乱流向南经王化村入怀河道），过小中福乐村后转向南流，经怀柔县城西东南流，纳七渡水、渔水、罗水南流至牛栏山汇潮河”。

现在的潮白河河道是明嘉靖年间“引白壮潮”，改白河、潮河交汇形成的。杨博在《改河道济粮运疏》中奏称“查得白河密云城西有故道，疏通旧道，使白河仍与密云城西，流直与潮河汇”。其中，“故”和“仍”字说明从龚庄子到密云城西历史上曾是白河更早的故道。现在燕落寨村南潮白河道以北 2～3 华里的地方曾有十多米深的白沙堆积层，人民公社时期曾为挖沙场地，与潮河沙的颜色、品相完全不同，推测为白河古道。

据此推测，在北魏之前某一历史时期沽水从溪翁庄—马头山—东智，密云县城西，过燕落寨、十里堡、王各庄过渔阳城南，很可能是渔水故道，渔水即古沽水。后来在某一时期（很可能是东汉时期），地震频发，造成龚庄子附近的浅山丘陵坍塌、崩裂，沽水改道西流。几百年后，北魏时期的沽河（渔水）古河道就变成了郦道元所记的“平地出泉”的情形。

秦开却胡时，阴阳家创始人邹衍正在燕国，并在黍山上建有道场。有证据表明邹衍参与了燕北五郡尤其是渔阳郡的选址和建设。在邹衍的影响下，阴阳观念已普遍应用于当时的政治、军事和城市建设等方方面面。按阴阳家观念，水之北、山之南为阳。燕国所建渔阳郡恰好在燕山之南、渔水之北，取名“渔阳”就为顺理成章之事了。

燕国渔阳郡对后世的影响

韩志正

脱胡入汉进程加快

渔阳郡地处华北平原和蒙古高原的交接部，燕山山脉正是这两个自然地理单元交接的纽带，天设地造的崇山峻岭成为自然环境和历史人文的明显分界线，山前大平原多为汉民族的农耕文化，山后大草原多为少数民族的牧猎文化。

中国历史上经常发生少数民族和汉民族之间的战争，汉势强则经略燕云重地，出塞击敌；胡势强则破关入隘，甚至入主中原。大概在北纬41度左右即是军事分界线，也是农牧分界线。大体是渔阳郡—上谷郡—雁门郡这条线。胡汉双方谁占领了这条线谁就是强势。在渔阳郡设立之前的周朝800多年中，华夏族势力从来没超越这条线，华夏攘夷最多也是推到北纬38度线（太原—石家庄一线）。相反，胡人势力却往往能到达中原纵深地带的咸阳—西安—洛阳这条北纬34～35度线之间。

而渔阳等5郡的设立，把胡汉分界线一直北推到北纬42度线（沽源—赤峰一线），使胡汉分界线向北推进3～4个纬度上千里，从而固定在燕山一线。这条线由秦开却胡初步确立，到汉武帝时期最终形成，燕山南麓与中原合成一体。尽管这里有时仍被游牧民族占领，但无疑渔阳郡的建立加速了这一地区脱胡入汉的进程，汉化的历史趋势得到加强，这是对中华民族的伟大贡献。自此，大片的土地被华夏族开发利用，把农耕文化向北推进了千里，自然而然地形成了农牧文化分界线。

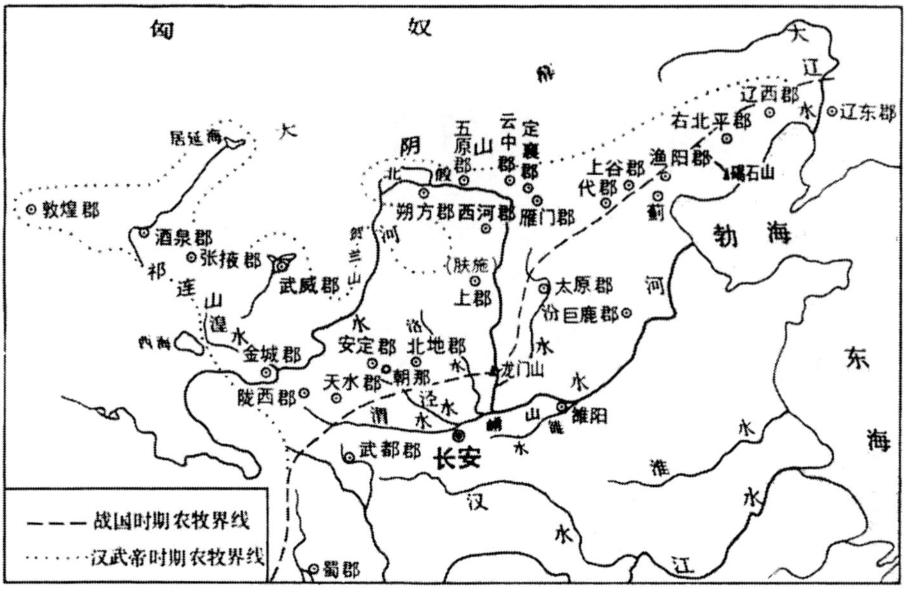

战国秦汉时期北部农牧界线示意图

战争保障能力加强

渔阳郡是燕北五郡中唯一跨山联海的州郡，地跨38度到42度4个纬度，南北1000多里。自然地貌既有山地和平原，也有丘陵和草原；既有海洋资源，也有山地矿产；沽河、鲍丘河贯穿全境，下游冲积平原土地肥沃，农业生产条件优越；山南以平原为主，盛产黍稻粟菽；山北以草原为主，出产马牛羊驴；南部有渔盐之利，山地有铜铁矿冶。这种地理环境决定了渔阳经济的多样性，门类齐全。自渔阳郡设立的第一天起就担负起抵御北方少数民族南进的战略支撑作用，渔阳郡的设立是以国家的力量整合了资源，构建起功能齐全的经济保障体系，这种作用一直延续到很久以后的东汉。

农耕文化的标志——五谷的种植源于渔阳黍谷山，由邹衍教民识谷，按时令种植；由共工族主导的水利灌溉技术的推广，促进了农业的发展。渔阳有滑盐井盐和泉州海盐，是北方盐业主产地。

渔阳及其东北地区，养马历史悠久，“冀之北土，马之所生”，“渔阳突骑”作为战国时期著名特种部队就已闻名诸侯。另外，渔阳及周边地区所产的燕牛角是贵重的军用物资，受到兵家的喜爱。由渔阳渔族人制作的渔阳牛角弓天下闻名。

渔阳的手工业也达到了相当高的水平，尤其是青铜器制造水平很高。青铜器的代表是陕西子长县曾出土一件渔阳大鼎和上海博物馆收藏的渔阳铍(一种短剑)，有两行19字铭文。

当时渔阳郡的冶铸技术也很发达，并且渔阳铁器已经能够批量生产。河北兴隆县曾出土87件铁范，全部是浇铸而成，这说明当时已采用了鼓风的竖炉，它不仅能炼出液态生铁，而且可以达到浇铸的温度。

渔阳铍及铍上铭文

要冲之地得以巩固

宋人富弼在《上仁宗论河北七事》中写道：“臣伏以河北一路，盖天下之根本也，古者未失。燕蓟之地有松亭关、古北口、居庸关为中原险要，以隔间匈奴不敢南下。而历代帝王尚皆极意防守，未尝轻视。”富弼的论述，强调的是燕蓟地区在军事地理上的优势：处于燕山山脉的各关口（包括渔阳古北口），是北方少数民族进入中原的重要通道，关口一失，东北大门即洞开，将直接威胁到燕蓟地区，乃至中原腹地的安全。

渔阳郡战略纵深长，缓冲余地大，境内河网密布限制了匈奴骑兵大规模转进的速度，守住古北口等几个重要关口和河流渡口，就可以使匈奴等少数民族骑兵立刻陷入阵地作战的危险境地。再加之渔阳经济产业门类齐全，财力雄厚，使得燕北防线能够有较为可靠的后勤保障。

渔阳郡的建立，其位置处于草原通向中原的关键节点上，属战略要冲之地，因此渔阳固北边稳。渔阳郡从其建立时起就肩负起“燕蓟锁钥”“东北门户”的重要作用，为后来的两汉繁荣提供了军事保证。

多元文化初步形成

渔阳郡建立后，农耕文化和草原文化两种文化因素在渔阳地区交流、碰撞，给渔阳人的生活带来了新的生机与活力。在地理环境、气候、战争、民族融合等多因素共同作用下，初步形成了多元的渔阳文化特色，塑造了渔阳人慷慨悲歌、正道直行、行侠仗义的性格特征。尽管历史更替、斗转星移，其文化传承从未间断。

渔阳文化最大的特征还在于其“节点性”，是胡汉交错带、潮白交汇处、水旱连接点，更是之后运河文化带和长城文化带唯一交汇融合之地，体现了文化的包容性和开放性的特征。

秦朝渔阳的郡县制

韩志正

秦朝郡县制

郡县制起源于春秋时期的秦国，秦武公十年（前688年）建立了中国历史上第一个县级行政管理机构——冀县（今甘肃省甘谷县）。秦始皇统一中国后开辟交通、增筑长城、统一货币和度量衡，书同文、车同轨。这些措施的施行，使中央王朝既对燕蓟地区的统治得到了进一步的强化，也为该地域持续注入了新的汉文化因子。

《史记·秦始皇本纪》记载：“分天下以为三十六郡，置郡守、尉、监。”渔阳郡作为秦36郡之一，成为中央直属的边关重镇，其行政、军事、司法诸系统的配置陆续完备。

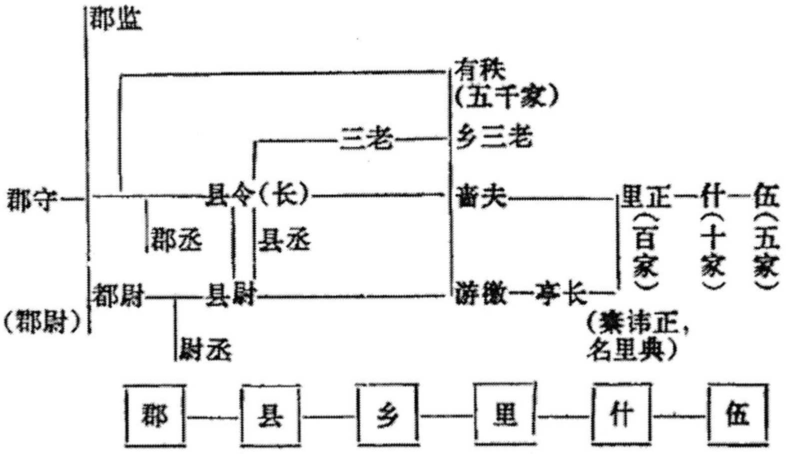

渔阳郡行政组织体系表

秦朝时渔阳郡所置县，目前可证实的有三县：渔阳县、白檀县和泉州县。《水经注》载渔阳县初置于始皇22年（前225年），郡县同址；白檀县和泉州县因近些年发现秦县丞铜印而确定。虽然不能说秦在渔阳地区只设三县，但从三县的设置可以推测其意义之所在。渔阳县的设置是政治上的宣示；白檀县的设置是军事上的考虑；而泉州县的设立是经济上的考量。

渔阳县

渔阳县的设置更多体现政权“宣示”作用。秦朝统一后扩建通往渔阳郡的驰道和五尺道，增建铺舍驿站，派驻新的郡、县官员，渔阳县之长官为令。县下设乡，乡有三老，类似乡长，掌管教化。乡下再设亭，亭设亭长，为秦朝最基层的地方官员。这样自郡而县，自县而乡，自乡而亭，建立起了非常系统、严密的地方行政管理制度。自此，渔阳虽远，但制度与中原一致。这个体系的建立标志着“郡县制”在渔阳落地生根。渔阳县的管辖范围很大，包括现在的密云西南部、怀柔大部、顺义北部，以及丰宁、沽源、赤城南部等广大地区。十里堡地区应相当于渔阳县的“城关地区”。

公元前215年，秦始皇第四次出游，第一次到达渔阳郡和渔阳县，对渔阳郡和所设县的建设和功能定位给出明确指示。

白檀县

秦所设白檀县有比较单一的军事目的，县治在今滦平境内，是为加强对平冈道的控制。秦统一后不久便扩建了渔阳郡至白檀县的道路（从白檀到平冈的道路也进行了扩建），《汉书·贾山传》记载了秦之驰道：“为驰道于天下，东穷燕齐，南极吴楚，江湖之上，濒海之观毕至。道广五十步，三丈而树，厚筑其外，隐以金锥，树以青松，为驰道之丽至于此。”

随着道路的贯通，不久后的西汉在这一地区又先后设置了滑盐、要阳、厗（tí）奚三个县，成为渔阳郡另一个快速发展的地区，尤其是铁矿、井盐、战马、牛角、畜牧、板栗等山地资源得到开发利用，增强了渔阳郡的综合实力，又成为民族融合的典范。

泉州县

泉州县是秦在渔阳郡最南边设置的县，瞄准的是当时的战略物资盐铁的生产。中国古代一直实行盐铁专卖，亦称盐铁官营。渔阳郡原来有滑盐的井盐生产，主要供给少数民族，而秦朝开始重视渔阳郡的海盐生产，把渔阳郡多年民间、地方的开采权收为国有。派驻官员和军队对盐业实行有效管理，同时在泉州还设置了铁官。泉州盐铁收入增加了国家的财政收入，以支撑大秦帝国庞大的军费开支。泉州县就是在这样的背景下建立的。隋唐以后渔阳郡迁址蓟县，原渔阳改为檀州，不再管辖泉州地区，失去了盐业的财力支撑，之后檀州变为穷地，比之渔阳时期相差甚远。

泉州县设置的另一个原因是对冀东和东北地区开发的需要，秦朝以前由中原通往东北的道路主要有两条：平冈道和卢龙道，但这两条廊道路途遥远、山路崎岖、运输不便。秦朝建立后开始疏通了第三条廊道，也就是最近的傍海驰道。即由蓟出发，经无终、令支和孤竹，东行至临渝关（山海关），出临渝关沿渤海岸向东北行进，抵达碣石（今绥中）。这条驰道的开通，缩短了一半的路途，极大地促进了内地与东北的交流。公元前215年和前209年秦始皇和秦二世分别经此路去往辽西和辽东郡。而这条廊道的起点就是泉州县。

从秦朝在渔阳所设的三县可以看出选址的目的所在，此三县布局合理，在渔阳郡的南北中三点，实际上是秦始皇对边关重地渔阳郡宏观上的战略布局，这种布局行政区划合理，产业分布恰当，基本形成了三大产业集聚区：

以白檀县为中心的北部军事防御中心；以渔阳郡和渔阳县为主的中部政治指挥协调中心；以泉州县为核心的南部盐铁业及海产品加工的经济中心。三县的建立使渔阳郡成为一个门类齐全、自我调节能力及再生和循环能力较强的边关重镇。

陈胜、吴广大泽乡起义（选自中学课本）

公元前 209 年，因陈胜、吴广等 100 多人来渔阳戍边遇雨误期而发动了“大泽乡”起义，使仅立国十余年的大秦帝国迅速灭亡。秦朝存世虽短，但在全国及渔阳郡所设的县级政权的管理体制，对后世的影响却是深远的。

两汉时期的渔阳郡

韩志正

两汉（前206—公元220年）共426年，西汉在地方行政设置上采用郡县体制和封国并行制度，渔阳郡设12县。东汉时，渔阳郡面积有所减少，行政建制缩小到9县。但终其汉代，渔阳郡一直是北部军事、经济重镇。

人口增长 民族融合

西汉时渔阳郡所辖渔阳、路县、泉州、平谷、安乐、白檀等12县。这些县分布于今天北京市的平谷、顺义、怀柔、密云、通州，河北省承德市以及天津市、内蒙古等广大地区。但地广人稀，甚至不如周边郡府州县的人口量。东汉后北方战乱频发，少数民族不断南进，蚕食了不少地方，北方五郡建制缩编，人口减少（如表1–1所示）。

表1–1 渔阳郡及周边郡县人口对照表

朝代	渔阳郡		上谷郡		右北平郡		辽西郡	
	县数	人口	县数	人口	县数	人口	县数	人口
西汉	12	264116(人) 68802户	15	117162(人) 36008户	16	320780(人) 66689户	14	352325(人) 72654户
东汉	9	435740(人) 68456户	8	51204(人) 10352户	4	53475(人) 9170户	5	81714(人) 14150户

上谷郡、右北平郡和辽西郡在东汉时，其所辖县减少，人口也相应减少。如上谷郡东汉时所辖只剩8县，其县减少约一半，人口减少三分之二。右北平郡东汉时期所辖仅剩4县，所辖县仅为西汉时期的六分之一，而人口更是不到原来的四分之一。辽西郡所辖县剩5个，人口也减少了四分之一。

但渔阳郡到东汉时人口却出现逆增长，所辖有渔阳、狐奴、潞、雍奴、泉州、平谷、安乐、厗奚、犷平9县。比西汉所辖之县减少1/4，但仍有68456户共435740人。户数变化不大，但其人口却增加了65%，是其他三郡总人口的两倍还多。

出现这种现象的原因，一方面是东汉末年战乱不断，这必定造成人口的大量流动。而当时渔阳郡所辖区域的农业与盐铁业十分发达，其经济基础相对雄厚，引得大量流民涌入该地区。另一方面，东汉中央王朝曾多次将北方少数民族内迁于此地。在当时的社会条件下，人口的增加对经济的发展和军事实力的增强起到很大作用。

两汉时期，在渔阳北部地区活动的少数民族主要有匈奴、奚族、乌桓、鲜卑、句骊等。渔阳郡设置的厗奚县很可能是历史上第一个少数民族自治县，而犷平县、狐奴县、雍奴县似乎也有少数民族的影子，可见渔阳郡的民族融合程度很高。

西汉汉武帝元狩元年（公元前122年），汉击破匈奴，将乌桓徙于渔阳等郡塞外，并在幽州置护乌桓校尉。东汉建武二十五年（49年）允许乌桓从塞外内迁，驻牧于渔阳等10郡障塞之内，并置乌桓校尉对其管理。这两次迁徙，都与渔阳相关，尤其是迁入渔阳等地后，岁时互市，经济交往更加密切。地处东北边地的渔阳郡，就成为多民族融合交往的一个重要地区。

经济发展 各业兴旺

两汉时期，渔阳的盐铁业更加发达。渔阳郡设置专门管理盐铁业的盐铁官。《后汉书·彭宠列传》中记载：“是时北州破散，而渔阳差完，有旧盐铁官，宠转以贸谷，积珍宝，益富强。”东汉末年，时任幽州牧的刘虞曾“通渔阳盐铁之饶”，通过盐铁流通买卖，摆脱了当时窘境。北京市大葆台西汉墓博物馆陈列着一件由该墓出土的渔阳铁斧，其一面铸有凸起的“渔”字，为渔阳郡铁官作坊标记，可谓是中国历史上的第一个商标。发达的制造业和官营盐业以及多样性的经济结构，使渔阳郡财力雄厚，成为两汉时期重要的后勤支撑和经济基础。

入汉以后实施休养生息政策，渔阳郡百姓生活富裕，各业发达。文化艺术也随之得到快速发展。各种发明创造不断涌现，出现了很多带有“原创性”的文化遗产项目。

农业方面：共工氏于 4000 年前创造了拦河筑坝技能，成为早期水库的发明者，为农业灌溉创造了条件；邹衍于 2000 多年前推广黍谷种植，成为北方农业先驱；汉朝早期渔阳北部奚族人发明了垄耕技术，提高了农作物产量；张堪在北方推广水稻种植，采用直播不插秧方法，并培育了优良稻种，经过后世不断改良培育出三伸腰、胭脂米、小站稻、卢城稻等优良品种；大豆、桑麻、板栗、大枣、冬葱等优良品种的引入，最早也是在渔阳及周边地区。

手工业方面：渔阳郡官办作坊制作的渔阳布、渔阳铍、渔阳鼎、燕王职戈等青铜器制作技艺达到了很高的水平；兴隆县农具铁范的出土说明渔阳郡铁器制作水平已达到当时先进水平。还有律管、渔阳掺、渔阳制墨工艺、渔阳牛角弓、马镫和马鞍的发明与制作、奚车制造、帆布制作、井盐及海盐开采技法、鱼类及野生动物腌制和卤制加工保鲜技法等都已达到相当高的水平。

文化艺术方面：自邹衍创立阴阳学说，渔阳多方士。邹衍后，养生术、炼丹术、占星术、风水学流行于渔阳地区，邹衍弟子渔阳人鲍丘子传《诗》，其弟子申公为汉五经博士；东汉末，渔阳人鲜于灵馥为著名经学家。邹子吹律、祢衡击掺、渔阳剑谱，稍晚的渔阳书法、雕刻等都有很高的水平。邵姓、龚（洪）姓、鱼（于）姓、邹姓、燕姓、鲍姓、邵姓、鲜于等姓，家学严整，逐渐成为渔阳显族大姓。

渔阳突骑　助力东汉

提起中国历史上的优秀骑兵，“渔阳突骑”应当占有重要地位。这支赫赫有名的突骑部队不仅助光武帝刘秀夺取天下，为东汉中兴立下汗马功劳，成为东汉的创业根基，更成为整个东汉王朝的军事支柱。

早在战国时期，渔阳等郡就已经是北方的军事重镇，此地紧靠塞北，与北方匈奴、乌桓、鲜卑为邻，民风彪悍，人的身体素质好。《后汉书·盖延传》记载，“盖延渔阳要阳人也，身长八尺，挽弓三百斤”。而盖延正是东汉初年“渔阳突骑”的创建者和领导者。王莽末年天下大乱，掌握渔阳突骑的渔阳郡注定会对天下归属产生极大影响。

当时更始帝派刘秀到河北扩充实力，这一决定不仅成就了刘秀，也成就了渔阳突骑。刘秀到河北不久，邯郸一带的王朗举兵称帝，河北势力纷纷归附。关键时刻，渔阳太守彭宠选择了支持刘秀。于是吴汉、王梁、盖延等统率渔阳突骑，一路向南所向无敌，连克涿郡、中山、巨鹿、清河、河间等 22 县，斩首 3 万，与刘秀在广阿会兵。在之后平定河北铜马军、征讨各地割据势力中，又屡建奇功。

可以说，渔阳突骑在东汉创建过程中发挥了重要作用，直接影响了东汉初期的政治格局。在刘秀手下将领中，渔阳突骑的战将吴汉、王梁、盖延位列云台二十八将，成为开国元勋。

渔阳郡县治所变迁

韩志正

魏晋南北朝(220—581年)历经360年。三国鼎立、五胡乱华、南北对峙,30余个大小王朝交替兴灭,国家属于分裂状态,此时是中国历史上政权更迭最频繁的时期。匈奴、鲜卑、羯、氐、羌等少数民族纷纷内迁建立政权,促进了民族大融合。渔阳郡成为各方诸侯角逐的战场,军事、经济遭到严重破坏。至北齐初,渔阳之名在密云地区消失。之后经隋唐又历经5次迁址(累计7次迁址),直至明初,最终废止。

渔阳郡5次迁址

自战国时期燕始建渔阳郡以后,经历了复杂多变的历史过程,至唐肃宗乾元元年(758年)废渔阳郡。在这漫长的1041年的历史长河中,曾几度兴废,5次迁址。

渔阳郡一迁雍奴(今天津武清区) 北魏太武帝太平真君七年(446年),原渔阳北部置安州,领密云、安乐、广阳三郡。原渔阳、右北平郡郡址南迁,渔阳郡治迁址雍奴,北平郡迁址新昌(今卢龙)。雍奴县故城在旧武清县东旧县村。新渔阳郡领雍奴、潞、渔阳(治所仍在密云十里堡)、无终、土垠、徐无等6县。至此,渔阳郡治所驻地自密云地区撤址迁出,从燕昭王二十九年(283年)至太平真君七年(446年),累计726年。从北魏至北齐(447—550年),渔阳郡治雍奴103年。

北魏孝武帝年间(534年),北魏政权分裂为东魏和西魏。渔阳郡治依旧治雍奴。东魏元象元年（538 年）因杜洛周起义，安州所属 3 郡 8 县寄治渔阳县境内，渔阳地区始有密云之名。北齐年间（550—577 年）调整合并缩编相关县级机构，原渔阳地区只剩安乐一郡辖密云、安市、安乐三县。北周改安乐郡为玄州，领密云、安乐两县，渔阳县废止，渔阳县在密云地区的建制结束，从始皇二十二年（公元前255 年）至公元 550 年，累计 805年。

渔阳郡二迁潞县（今通州） 据《北齐书》《隋书》等史料记载，渔阳郡从雍奴迁址潞县经北齐（550—577 年）、北周（577—581 年），存续合计 31 年，隋初废郡入幽州涿郡。

渔阳郡三迁无终（今天津蓟州区）。渔阳郡治潞县于隋初废，期间有 27 年未设渔阳郡。隋大业三年（608 年）以无终玄州复置渔阳郡，领无终县，不久改称渔阳县。无终治渔阳郡从隋大业三年（608 年）至唐武德二年（619 年），仅存 11 年。

渔阳县从北齐、北周至隋大业三年（550−608 年）废置入密云县，累计 58 年无渔阳县之治。大业三年改无终县为渔阳县，至明洪武初废，渔阳县在蓟州共存续 760 年。

渔阳郡四迁潞县（今通州） 唐武德二年（619 年）迁渔阳郡治潞，领潞、临沟、渔阳、无终等 4 县。郡治在今通州东八里古城村，至唐贞观初改为玄州后，以渔阳、潞县入幽州。渔阳郡在潞县约 10 年。

渔阳郡五迁蓟州（今天津蓟州区）。渔阳郡在潞县于贞观初废止后，至天宝元年（742 年），约 112 年无渔阳郡之治。唐天宝元年（742 年），改蓟州为渔阳郡。唐乾元元年（758 年），复称蓟州。至此，渔阳郡作为历史上的名郡被最终彻底废除。此次渔阳郡治蓟州仅存 16 年。

自公元前 283 年至公元 758 年，在这 1041 年中，渔阳郡始建在渔阳（今密云十里堡）至北魏太平真君七年（446 年）累计 726 年。渔阳郡治雍奴（今天津武清区）一次 103 年。治潞县（今通州）二次 43 年。治无终（今天津蓟县）一次仅 11 年。治蓟县（今天津蓟州区）一次 15 年。废置未设郡制，累计 120 多年。

由此，渔阳郡在中国历史上存在近千年。而在今密云十里堡地区共 726 年，其余通州、武清、蓟县累计 174 年。渔阳郡治在密云时间最久，占三分之二的时间。

渔阳县在密云建置从始皇二十二年（前 255 年）至北齐（550 年）累计 806 年；在蓟县，从隋大业三年至明洪武初约 760 年，也是在密云时间为长。

相关历史事件

刘备渔阳战张纯 东汉灵帝中平四年（187 年），中山相、渔阳人张纯与同郡、原泰山太守张举在渔阳聚众起义。汉灵帝令刘虞担任幽州牧。时刘备正效力军中，领军围渔阳城，双方激战，张纯战死、张举自杀，渔阳遂平。

因平定渔阳有功，刘备封平原令。渔阳成为刘备的发迹之地。可悲的是西蜀灭国后，刘备之子刘禅被封安乐县公，死于渔阳安乐县，刘氏基业也结束在渔阳。

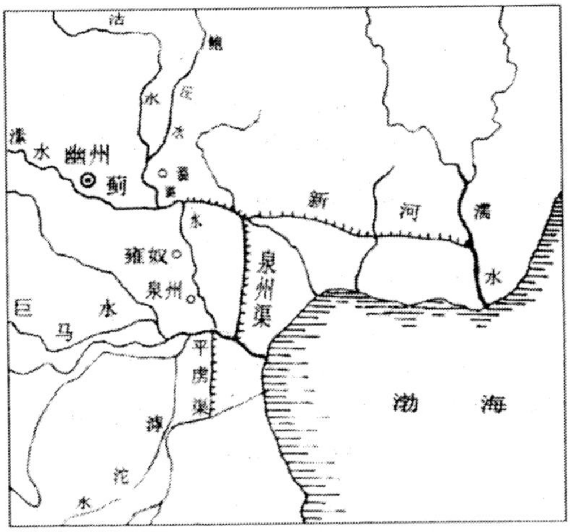

曹操所修最早运河示意图

曹操在渔阳 官渡之战后，袁绍之子袁尚、袁熙借助乌桓势力，数次进犯上谷、渔阳等地。阎柔、鲜于辅在田豫的劝说下归附曹操。公元 207 年 4 月，依附于袁氏的辽西、辽东、右北平三郡的乌桓势力攻击鲜于辅于渔阳犷平（密云石匣），鲜于辅向曹操求救。该年 8 月曹军星夜兼程渡过潞水（今白河）到达犷平城下，三郡乌桓闻风而逃，奔走出塞。

同时期，曹操征调大批民夫，开凿渔阳泉州渠、平虏渠以及新河，把沽水、鲍邱水、大清河、滦河连在一起，成为一条纵贯南北的水路运输线，不久曹操亲率大军通过这条运输线东征，大破乌桓于柳城（今辽宁朝阳），俘敌 20 余万，从此统一了北方。

渔阳城被毁

公元 525 年 8 月，杜洛周发动反对北魏统治的起义，渔阳东北部的安州军民 2 万人响应，队伍一度超过百万之众。杜洛周起义过程中，与驻守渔阳城的官军发生激烈鏖战，最后被起义军攻陷，渔阳城被毁。不久北魏政权分崩离析，招致柔然入侵，渔阳郡再被柔然屠城，并放火烧毁了城内设施。渔阳城遭两次不幸，最终废弃。可惜的是，此后 1500 多年间密云渔阳城再未复建和利用，彻底消失在历史长河中。此地开始演变为以“密云”为主体的建置格局。

东魏元象元年（538 年）因杜洛周起义，将安州三郡 8 县，即密云郡（密云、要阳、白檀）、广阳郡（燕乐、广兴、方城）、安乐郡（安市、土垠）内迁寄治到渔阳境内，累计 5405 户 23149 人。其中，广阳、安乐两郡寄治在今不老屯地区；密云郡在今河南寨提辖庄，密云县在今县城一带。10 年后的北齐，将 8 县合并为密云、燕乐、安市 3 县。隋开皇十六年（596 年），密云地区设檀州领密云、燕乐两县，不久又合并为密云县。至此，“密云”变客为主，渔阳之名在此地消失。

彭宠叛汉给后人的启示

韩志正

彭宠（?—29年），字伯通，南阳宛县人。王莽政权时期曾任大司空士，刘玄称帝后任命他为渔阳代理太守。因为当时天下大乱，彭宠拥兵自据，成为渔阳名副其实的太守。刘秀、王朗争夺河北时，彭宠归顺刘秀，并为刘秀平定河北立下大功。后因幽州牧朱浮构陷，失去了刘秀的信任。公元26年起兵反汉，公元29年被家奴子密杀死。子密被封不义侯。

助力刘秀

东汉光武帝刘秀起兵春陵（今湖南宁远东北）而开帝业之端，其开国功臣中不乏来自帝乡南阳的人物，但是他“中兴之业”的根基却是在河北奠定的。当时对于兵强马壮的渔阳郡而言，是支持处于劣势的刘秀，还是归附势头正盛的王朗，可以有不同的选择。

彭宠审时度势，认为刘秀代表汉室正宗，最后决定依附刘秀。刘秀势力处于低谷时，彭宠对他的支持是巨大的，也是关键性的。彭所派出的统兵将领吴汉、盖延、王梁皆是一时英杰，后来成为辅助刘秀开国的重要人物。渔阳精兵使刘秀的军事力量获得根本性提升。因此，刘秀也报以隆礼重谢，对彭宠封赏有加，以显拉拢依重之意。书载：“光武承制封彭宠建忠侯，赐号大将军。”在稍后刘秀围攻邯郸的王朗势力和剿灭各路诸侯割据势力时，彭宠为之供应军粮钱财，为刘秀提供了后勤保障。刘秀在夺取天下时，彭宠的功绩是不可否认的。

被逼谋反

王朗死后，刘秀追击铜马起义军到达蓟州，第一次见到了给予其巨大支持的老乡彭宠。刘秀接见了彭宠，接待规格中规中矩，没有彭宠期待的把酒言欢、感恩不尽的场景。彭宠认为自己对平定河北有大功，感觉没有受到应有的重视，自此对刘秀心怀不满。

公元25年（建武元年）五月，刘秀任命亲信朱浮为幽州牧，旨在对北部边陲加强控制。为了笼络当地的一些名士和旧官僚，朱浮把他们都收罗在自己的左右，还发放大量粮食、财物给他们的家属。财力雄厚的渔阳郡自然成为“摊派”的重点。

本来同为南阳老乡的彭宠完全可以与朱浮建立良好关系，本应求同存异、摒弃私见，从大局着想、共为朝廷效力。但彭宠自恃功高，没把这朱浮放在眼里；而朱浮也自视才高脉广，是皇上“身边的人”，与彭宠针锋相对。彭宠认为天下还没有完全安定，对朱浮拉帮结派、排斥异己的行为意见很大，两人因此互相争执，各不相让，仇恨愈来愈深。

刘秀即位后，彭宠的老部下吴汉、盖延和王梁并为三公，而唯独彭宠没有受到加封。彭宠更加郁郁寡欢，叹息道：“以我的功劳应当封王，陛下这是忘了我啊。”

公元26年（建武二年）春，刘秀下诏征召彭宠入京述职。彭宠认为是朱浮在刘秀面前说了自己的坏话，就写信给老部下吴汉、王梁、盖延，要他们在刘秀面前为自己洗白冤情。同时他上疏朝廷说：“陛下要臣去洛阳也可以，但是陛下必须答应臣一个条件！幽州牧朱浮再也不能继续任职了，臣要和他一起到朝廷中去对质！”刘秀看到彭宠的奏章后很不悦，认为彭宠太不像话，居然敢干涉朝廷官员的任免，还与自己讨价还价。因此，刘秀严词驳回了彭宠的提议，命令他立即动身，不得延误时日！

接到了刘秀的诏书之后，彭宠越发感到不安，一时拿不定主意。正在彭宠愁眉不展之际，他的夫人说："如果夫君应征去了洛阳，不仅会受制于人，而且还可能有生命危险。好端端地待在渔阳多好！在这么富裕的地方做一方诸侯，跑到洛阳去做什么？"彭宠又和手下的属吏们商议，这些官员对于朱浮的所作所为也是非常不满，极力劝说彭宠不要奉诏应征。

最后又是朱浮发挥"专业特长"，写了那篇入选古文观止的《与彭宠书》，文采飞扬，有理有据，用"辽东白猪"的比喻来讽刺彭宠少见多怪、没见过世面。彭宠看完书信恼羞成怒、暴跳如雷，遂反。

从表面来看，彭宠之叛是顶头上司幽州牧朱浮的逼迫，但背后反映的是刘秀对彭宠的不信任与猜忌。在刘秀暗中支持和授意下，其心腹朱浮一再逼迫彭宠，事态逐渐扩大，最终造成彭宠的叛乱。可以说，彭宠之叛在一定程度上与刘秀处置失当有一定关系。清人黄恩彤对彭宠造反做过分析："光武即位，令王梁为大司空，封武强侯。邯郸之围，彭宠转运粮食，厥功甚伟，王梁侯矣，而彭宠不赏，朱浮复构陷其罪，能不叛乎？"

理是这个理，但历史上范蠡、萧何能处置得当，说明还是彭宠自身有问题。

彭宠叛汉的启示

与彭宠同时任上谷太守的耿况和他情况类似，都对刘秀复汉立下汗马功劳，但结局迥然相异。彭家三代遭横祸，其父被王莽杀害，彭宠被家奴子密谋害，儿子彭午再被家臣韩利杀害，三代无一善终。而耿况从一介寒儒一跃成为东汉六大豪族之一。耿氏家族"自中兴以后迄建安之末，大将军二人，将军九人，卿十三人，尚公主三人，列侯十九人，中郎将、护羌校尉及刺史数十百人，遂与汉兴衰云"，其中原委给人很多启示。

彭宠和耿况相比，本来有更大优势：与皇帝刘秀、大司马吴汉、主管上级朱浮都是南阳同乡，完全可以凭此进入南阳士族集团，在人脉上优于耿家；渔阳有盐铁之富，财力强于上谷，贡献大于上谷；彭宠之父在渔阳、北地等地当过太守，在边地有好的名声，工作基础好于上谷；彭宠曾在朝廷做过大司空士，耿况只是寒士出身被任命为边地郡守；彭宠的工作经历和经验也强于耿况，但结局差异如此悬殊，究其原因有三：

首先是性格。彭宠是典型的土豪性格，和他父亲一样都是草莽出身，文化不高；气量狭窄、居功自傲；对朝廷不忠、对皇权不尊；地方治理上，专横跋扈、唯我独尊。在和上司的关系上，不懂为官之道，不守官场规则。

其次是谋略。耿况善于自保，虽然开始在支持刘秀问题上也曾犹豫，但一旦决定立即行动、不留余地，派自己的长子率队支持刘秀，表明忠心；在朱浮上任以后，积极配合，不似彭宠锋芒毕露；彭宠叛乱后，立即把第二个儿子耿国送京侍奉刘秀——实际上是去做人质；毫不犹豫斩杀彭宠来使；平乱后立即辞掉太守之职，率领全族人白衣进京以消除刘秀疑心，赢得信任。还顺便把6个儿子推荐给刘秀全部封官加爵。彭宠则缺乏政治远见和细节谋划，驾驭能力和宏观视野不够。

最后是对家人和下属的教育管理上。彭宠造反的肇始是嫌刘秀接见他时的规格不够和封赏不高造成心理失衡；导火索是和其顶头上司幽州牧朱浮关系恶化；催化剂是刘秀下旨要求彭宠赴京述职时听信“枕边风”；最后家奴子密谋杀主人祸起萧墙，使其丧命并连带家人。彭宠手下无智者，妻悍子愚奴不义，因此败于御下无能、治家无方。

更值得一提的是，彭宪叛汉后被家奴子密杀死。按理说，子密杀死彭宠对平定叛乱有功，但是子密并没有得到更大的封赏，却被封为“不义侯”。在封建王朝看来，家奴弑主与乱臣贼子无二，虽有功亦不能赏，怕乱了伦理纲常。“不义侯”的爵位极有讽刺意味，这对后人是很值得深思的。

以史为鉴，可知兴替；以人为鉴，可明得失。“彭宠之乱”对于后人应有很多借鉴意义。

张堪惠政富渔阳

韩志正

张堪为政

张堪，字君游，南阳宛县人，是南阳郡豪门大族。张堪很早就成为孤儿，他把父亲留下的数百万家产让给堂侄。16 岁时，来到长安受业学习。他的品行超群，诸儒都称他为“圣童”，同学刘秀常常夸奖他。当刘秀登上皇位后，中郎将来歙举荐张堪，刘秀便征拜张堪担任郎中，领兵协助大司马吴汉征伐公孙述。在半路上又授为蜀郡太守。当时吴汉的部队只剩下 7 天的军粮，因此暗地里准备船只打算退兵。张堪听说后劝阻吴汉，认为公孙述不得人心必败，将军不应在这个时候退兵。吴汉采纳了他的意见，于是故意示弱以引诱敌人。公孙述果然中计，率兵出城追击被斩于城下。成都被攻占后，张堪清查仓库，收其珍宝，并逐件记录，上报朝廷，没有半点遗漏。他还慰问安抚成都的百姓，使蜀地的吏民十分高兴。

张堪在蜀郡任太守两年，《后汉书·张堪传》载：“张堪昔在蜀，其仁以惠下，威能讨奸。乘折辕车，布被囊而已。”留下张堪“坐折辕车、布囊背稻种”的典故。他离任时，蜀郡的金银珠宝不带，偏偏只用布袋背了三斗散发着香气的香稻种。张堪不起眼的那一布袋蜀地香稻种，经他和其岳父在渔阳狐奴山扩种改良大面积推广后，改变了北方农业种植结构，使渔阳百姓深受其益。

公元 39 年，张堪被任命为渔阳太守。在任期间他率领军队追捕奸险狡猾的敌人、抗击匈奴侵犯，渔阳地区得以安宁太平。张堪虽是武将，但对农事很热心，尤其关注水稻种植。他对故乡南阳一带的水稻种植再熟悉不过了，做蜀郡太守时，吃的成都一带的香稻米，感到味美质优。

张堪任渔阳太守期间，也让妻儿父母随他到了任上。他聘请老家南阳的水稻种植专家来渔阳，在张堪父亲、岳父等人的带领下，向渔阳民众传授香稻选种、浸种催芽、抹挠播种、疏苗施肥、收割脱粒等一系列技术；带领民众大搞农田水利建设，保障水稻生产。第二年就开辟稻田 8000 多顷，从而使老百姓逐渐殷实富有。

张堪在渔阳任职 8 年，于公元 46 年在渔阳太守任上病逝。后人在顺义区鲁各庄建张堪庙以纪念他的功德。

张堪教民图

学识渊博

从渔阳民谣“桑无附枝，麦穗两岐。张君为政，乐不可支”中，可知张堪的功绩绝不止种稻。他还曾引入老家南阳方城（古曾国，以桑蚕养殖及纺织业著名，是牛郎织女故事发生地）等地的桑蚕品种在渔阳郡试验成功；同时大面积推广小麦种植；借鉴南阳太守杜诗发明的水排技术，为冶铁技术的提高和大量制造使用铁制农具起到了促进作用，创造了著名商标“渔”字铁器，畅销全国；还在泉州长芦等地发展盐业生产，使渔阳成为当时比较富庶的地方。当时渔阳 9 县总人口达 43 万人，是西汉时渔阳郡人口（26 万人）的近两倍，是东汉同期上谷（5 万人）、右北平（5 万人）、辽西（8 万人）、辽东（6 万人）等 4 郡总人数的近两倍。

另外，张堪还是一位气象学家和天文学家。16 岁与刘秀、邓禹等考入长安太学。太学和现在大学类似，主要课程内容为诗、书、礼、乐、易、春秋六经，每经便是一系，一经之下又分不同门派，也就是不同的专业。《东观汉记》记载："张堪受业长安，治梁丘易，才美而高，京师号曰圣童。"意指，张堪在易这个系、梁丘易这个专业学习。

《易经》是中华古人研究分析宇宙变化规律的一部经书，人们试图通过《易经》来掌握万事万物的变化规律，甚至预知未来，《易经》被视为六经之首。张堪学习成绩优秀，比神童还高一级，是"圣童"，得到同学刘秀和老师扬雄的高度认可，"圣童"就是出自扬雄之口。在以后帮助吴汉打败公孙述、在山西高柳打败匈奴入侵，在渔阳率 7000 骑兵打败匈奴上万入侵者，包括在渔阳推广水稻种植所需的气候农时等天文历法知识，与他太学期间的易学功底深厚是分不开的。

很多人只知张堪是一名廉吏好官，北方种稻的推广者，很少有人知道他还是一位哲学家、易学家，治水、种稻、种麦、桑蚕纺织、冶铁晒盐，都只是他哲学思想的形而下的实践而已。他的易学精深，家传深厚。张堪在南阳是豪门大户，自小深受张氏家风家学的熏陶，进太学又得老师扬雄倾囊相授，丰富了他的学识和阅历。并且有著作《天道秘籍》流传。

由于其子早亡，其作品转托同郡朱晖保存，留下"朱张之交"的历史典故。后朱晖再传张堪之孙张衡，张衡深入研究后写成《灵宪》一书，依法造出地动仪和浑天仪，成为著名的天文学家。

引种水稻的历史贡献

北方旱地作物的缺陷 中国北方的谷物种植历史非常久远，主要集中在黄河流域。在这些地区种植的主要粮食作物为豆类、高粱和小麦等旱地作物。这些都是大量消耗土地肥力的作物，不宜在同一地块上连续种植，通常种一季就得轮耕或休耕。

由于黄河流域气候干燥，降雨不足，农业生产主要依靠灌溉。但是干燥的环境使水分蒸发得非常快。碱性的黄土失去水分之后容易产生结晶，造成土地盐碱化，土壤肥力逐年降低，以至于不能耕种。

原本产量就不高的耕地不断减少，土地兼并的矛盾便越来越尖锐，最终导致了激烈的社会政治冲突——农民起义。在经过多年的战火狼烟之后，社会才再次安定下来，开始新一轮消耗地力的循环。

水稻的优势　水稻是一种喜爱热性气候、需要大量水资源的作物，这种作物产量高，农民撒下去的种子通常可以收获 20 倍左右的稻谷。这与北方旱地作物 4 ~ 5 倍于种子的产量相比，显然是非常可观。

更重要的是，种植水稻的土地不需要休耕或轮耕，只需要每年适当补充养料就可以持续不断地耕种，产量也不会降低。比起种一季就得休耕的北方谷物来说，大大缓解了地力下降的矛盾。再加上水稻常年浸泡在几十厘米深的水中生长，避免了麦田反复灌溉、水分蒸发造成的盐碱化问题，地力衰老的周期大大延长，无形中也延长了农业生产衰落的周期。

这就是张堪在北方推广水稻的社会意义。他利用自己的特长进行科学分析后，认为渔阳的水利、土壤、气候条件完全可以引种南方的水稻。北方种稻调整了当地的农业种植结构，不仅使渔阳的粮食产量倍增，人民富裕，还带有示范作用：北方大面积种植水稻，使粮食产量大大提高，使原有的土地承载人口的能力也大大加强，促进了人口的繁衍生息。

张堪在渔阳引种水稻成功，其历史贡献厥功至伟，因此人民至今仍在怀念他。

渔阳郡的几位贤能太守

韩志正

郭伋 扶风茂陵（今陕西省兴平东北）人，字细侯，官至大司空、太中大夫。公元29年，郭伋出任渔阳太守。他是一个非常有治理地方经验的官吏，曾长期在渔阳、上谷一带任职，对当地民风十分熟悉，因此光武帝刘秀将治理彭宠叛乱之后的渔阳郡的重任交给了他。

首先，他以“社会治安”为突破口，进行综合治理，安抚百姓。很快就将渔阳境内豪强盗贼囤结的堡寨清除干净，民众拍手称快。

其次，针对匈奴数犯边界，而渔阳兵弱民疲屡遭扰掠的现状，他开始养兵训民，择要地派兵防守，一时间渔阳境内人人习武，全民皆兵。匈奴闻之望风远遁，渔阳民众安居乐业。

最后，东汉初年对“铜马”等农民军残部采取血腥的杀戮手段，使本想归乡务农的起义军战士顾虑重重。郭伋改变武力镇压的做法，采用招抚的办法使起义军和流民纷纷返乡归农，安于本业，社会秩序井然。

他在渔阳任职5年，渔阳郡政通人和，百废俱兴，户口倍增。帝劳之曰：“贤能太守”。

范迁 （?—65年），字子庐，沛国相（今安徽省濉溪县）人。光武末至明帝初担任渔阳太守（54—58年），在渔阳期间他有勇有谋抗击匈奴入侵，常常把来犯的匈奴打得措手不及。有时半路设伏，有时断其后路，有时又虚张声势迷惑敌人，匈奴畏之不敢入界。

后任雍州刺史、河南尹等职，永平四年（61年）升为司徒，成为渔阳郡守中后来升迁官位最高的一位。他为官清廉，家无余财，老家侄子来信想跟他要钱，范迁无钱，只好把仅有的一点土地让给了侄子。永平八年去世，史载“家无担石焉”，连棺材都买不起，汉明帝特批公款才得以下葬。

范迁身为高官，节操高洁，一尘不染，被誉为中国古代十大廉吏之一。

王畅（？—169年），字叔茂。山阳郡高平县（今山东邹城市西南）人，其父王龚为东汉末年司空、太尉。王畅年轻时以清廉笃实为人称道，举孝廉被大将军梁商辟为茂才，汉恒帝时调为渔阳太守（157—162年）。在渔阳期间严肃精明不畏权贵，以清廉公正、不可侵犯著称。因奸人陷害免官，后复启用为南阳太守、征为长乐卫尉。东汉末“党锢之祸”时，被构陷，后被“禁锢”。

灵帝建宁元年（168年），迁司空，居三公之列。

李膺（110—169年），字元礼，颍川郡襄城县（今河南襄城县）人。太尉李修之孙、赵国相李益之子。李膺最初举孝廉，被司徒胡广征辟高第。后升任青州刺史、渔阳太守（约150—154年）。在渔阳期间开馆讲学，亲自讲解经史子集，渔阳文风为之改观，受到渔阳士人欢迎。他不仅能文，还能带兵打仗。曾率军打败过鲜卑的扰掠，亲冒矢石，身先士卒，在军队中建立了很高的威信。他为官清正冷竣，惩治腐败历来下手无情，且举荐名士为官，渔阳政事为之一振。不久又转任护乌桓校尉、度辽将军等职，仍在渔阳等地区抗击北部少数民族入侵，因而声威远播。

后入朝为河南尹，因检举不法，升任司隶校尉，使众宦官感到畏惧。“党锢之祸”时，李膺遭到迫害下狱，后被赦免回乡。建宁二年（169年），“第二次党锢之祸”，被拷打而死，终年60岁。

第二部分

潮白汇流

明代潮白两河交汇，催生了河漕码头以及密云运河；漕运的历史作用功不可没。

清朝御道东西重合，形成了古道御路的交通节点；五里一井、十里一铺的故事流传至今。

引白壮潮工程图　（赵西文 绘）

潮河涛声远

陈奉生

潮河，发源于河北省丰宁县黄旗镇潮河源村。北魏郦道元在《水经注》里称“鲍丘水出御夷北塞中，俗谓之大榆河”，又称鲍丘水。辽、北宋、金时，又名潮鲤河。明蒋一葵的《长安夜话》及清时的《畿辅通志》中称其水性湍悍，音响如潮，故得名潮河。

探源潮河

潮河流域，河川宽阔，峡谷平缓，自源头至丰宁土城子西，有道人溪水汇入。南流经丰宁的窟窿山，有东河注入。潮河经滦平县、由古北口入北京密云区，至高岭乡漕城子，经石匣、太师屯，出穆家峪南北碱厂，向西南流至密云城西南十里堡河漕村，汇白河，始称潮白河。沿途有牤牛河、汤河、安达木河、清水河和红门川河等5条较大支流。

牤牛河发源于不老屯镇西坨古村一带，流经半城子、车道岭于不老屯镇学各庄村西入潮河，是唯一由右岸注入潮河的支流。全长26公里，流域面积127.8平方公里。

安达木河曾称“乾塔木河”，发源于河北省滦平县涝洼村北山区和承德乱石洞子，分别由北岭和黑谷关入密云境。安达木河，上源三股，东南二股出自雾灵山，后合成一股；北面一股源出河北省滦平县东南隅。二股水在曹家路村东汇合后，称安达木河。安达木河之名出现于辽代，当系契丹语地名。安达，少数民族语有结拜兄弟的意思，两河相会，所以叫安达；

至于木，是因为当时周围都是树，或者因为树造成了两河相遇，所以叫安达木，清代称“乾塔河”。境内全长68公里，流域面积364．31平方公里，均为山地。经曹家路、新城子、东庄禾，于桑园村附近汇入潮河。

清水河的主支流经墙子路入密云境，经大城子仓术会、山后入北庄土门转山会、韦山峪、东庄与东支交汇；东支经兴隆县大小黄岩入境，经北庄镇杨家堡、营房、河南营、东庄口汇入主支。合流后经南庄、朱家湾汇大岭支流再经暖全汇，出北庄境，经太师屯葡萄园、太师庄、上金山入潮河。

红门川河源于河北省兴隆县黄门子村东，从密云龙潭岭入境，经大城子镇、巨各庄镇，至穆家峪的邓家湾入潮河。

1958年密云水库修建后，潮河分为上游和下游两段，在密云境内上游长24公里，流域面积234.5平方公里，为山地；下游长31公里，流域面积216.8平方公里，为平原。

追溯山戎族

潮河的历史，源远流长。先秦时期，山戎人在潮白河谷、燕山南北，游牧渔猎，形成了山戎文化带。在河北丰宁县黄旗镇潮河源村，矗立着一座海拔1700多米的庙梁山。山上有块奇石，石上刻有酷似手形的巨大图案，有学者称这个手形图案的含义是太阳，是古代山戎族的图腾。

山戎，我国古代北方地区的少数民族。先秦时期主要分布在潮河、白河谷地，军都山、燕山南北的丘陵地带。春秋时期，山戎鼎盛，长期与燕、赵、齐、鲁、郑等国相角逐。

山戎人身材高大、长脸阔口、浓眉大眼、通冠鼻梁、高颧骨、黑头发、黄皮肤，长发披肩，上衣大襟左边衽。男女老幼，皆戴耳环，氏族首领戴金耳环，多数都戴项饰。戎字从戈，从十，“戈”是兵器，“十”是铠甲的“甲”，即戎为兵器的总称。其民族生性彪悍、好斗，尤擅骑射，战斗力强。他们喜爱大山，崇拜太阳，行于高山，居于高山，故称山戎。山戎是图腾民族，不同的氏族有不同的图腾。山戎人崇拜的图腾对象有蛙、虎、马、羚羊等。20世纪70年代，在滦平营房村山戎遗址中出土的一件春秋战国时期的蛙面人身石雕像，大嘴、半蹲半坐姿势，双手掌贴抚下颌，两脚相并，目视前方。人蛙合一的形象，显示着威严、庄重，散发着原始的神秘之感。

山戎人喜爱马，崇尚马，依靠马，马既是战争打仗的工具，又是交通、生产、劳动的帮手。燕庄公二十八年（公元前663年）冬，山戎攻燕，燕庄公派使者求救于齐国，齐桓公率大军与山戎作战，山戎败退。齐桓公大军战后误入迷途，放出老马，部队跟随老马找到了出路，这就是成语“老马识途”的由来。“戎马生涯”“戎马一生”等典故，也是由山戎人的生活演化而来。赵国的赵武灵王为了与山戎抗衡，也向山戎学习骑射。赵武灵王胡服骑射的改革，增强了赵国军队的战斗力。

山戎人最先发明种植了冬葱和戎菽。《钦定热河志》记载：“戎菽又名胡豆，种出山戎，北土甚多，百谷之中最为先熟。”《管子·内言》载：“山戎有冬葱、戎菽，今伐之，故其物布天下。”冬葱、戎菽就是现在的大葱、大豆。齐桓公从山戎人那里得到冬葱、戎菽种子带到了齐国种植，并引种推广到大江南北，至今山东大葱闻名遐迩，皆因山戎之功。

自齐桓公北伐山戎后，山戎逐渐衰落，战国末期销声匿迹，存在时间两三千年之久。从战国至唐末、五代，一些山戎人融入了奚族和契丹。奚族是一个古老部族，从商朝开始，一直活跃在燕山南北。西汉初期，奚人在古北口建庠奚城，唐末契丹崛起（后改为辽），将西部奚族和东部奚族合并。至北宋时为强盛时期，后为金所灭。

潮河信泛

潮河每逢七八月汛期，河水陡涨，河道浊浪滚滚。到了石匣和小营一带，地势渐趋平缓，两岸一片汪洋，洪水滔滔。形成了京北颇为壮观的景象，被文人墨客们冠以密云后八景之一“潮河泛信”。有一年，乾隆住在罗家桥行宫，赶上潮河水汛，夜里声音如雷，乾隆皇帝随即赋《临潮河》诗，诗云：“汹涌奔新涨，竹箭莫喻驶。昨晚东北雷，声闻今见耳。”

潮河自南北碱厂夺峡而出，在穆家峪镇域的浅山、丘陵区内的拐弯处，形成S形的潮河湾。潮河流至密云平原，尤其是两河汇流之后至河漕一带，水势阔大，河水弥漫。清朝人章邦道也写过《潮河信泛》诗：

观澜何必自钱塘，檀水源来泽正长。
汐涨晚烟连黍谷，潮回晓色渡渔阳。
漫讶信泛涛无力，且喜风和波不扬。
若问天潢应有路，乘槎直上斗牛傍。

章邦道把潮河信泛与钱塘海潮相提并论，只见远处的黍谷山，连绵起伏，山川相缪，郁乎苍苍；近水其势益涨，汪洋恣肆。诗文虽有些夸张，但潮白河水势之阔大之汹涌，可见一斑。

白河深且长

陈奉生

白河，属于海河五大水系之一，全长 280 公里，因河多沙，沙洁白，故名白河；又因此河性悍，迁徙无常，俗称自在河。其发源于坝上沽源，穿过崇山峻岭，在密云河漕村东南，与潮河汇流，始称潮白河，之后蜿蜒于京东平原，在天津注入渤海。

白河之源

远古时期，北京地区曾是汪洋大海，一亿三四千万年前开始，遭遇了剧烈的造山运动，地质学上称之“燕山运动”。强烈的地壳运动和火山喷发，使燕山和太行山逐渐诞生，北京地区也形成了西北高、东南低的地势地貌格局。高山为谷，深谷为陵，随着燕山隆起，200 余条大小河流随之形成。其分属于海河流域的几大水系：西部的永定河、大清河水系，中部的温榆、北运河水系，东部的潮白河、蓟运河水系。

中国最早的地理学著作《山海经》中记载的“湖灌水”，为白河最早的称呼。“（姑灌之山）北又北三百里，曰湖灌之山，其阳多玉，其阴多碧、多马，湖灌之水出焉而东流注于海。有木焉，其叶如柳而亦多理。”先秦时，永定河与白河合流入海，永定河流量大、白河为其支流。后来由于燕山地质运动山体抬升，白河与永定河逐渐被切断分离。

秦汉时期，白河始称沽水，甲骨文中“沽”的本意，是从酒坛里打酒。许慎《说文解字》解释道：“沽”为河川，源出渔阳塞外，向东注入东海（实为渤海）。其字形采用“水”作边旁，“古”是声旁，有水清甘冽如酒之意。东汉时，白河称潞水，据《通县地名志》载：西汉初年置路县（今通州区潞城镇古城村），因紧依秦朝的“蓟襄驰道”而得名。东汉改路为潞，县从水名，故名潞河、潞水（即今潮河、白河）。根据北魏郦道元《水经注》记载，沽水在西，俗称西潞水；鲍丘水在东，俗称东潞水。因为两条河向南流经潞县，并在潞县合流，故名潞河。渔阳郡治曾置于此，曾建有土城，始称潞城。元、明、清时常用白河称之。

白河的发源地沽源，历史悠久，夏、商、周时被称为鬼方之地。鬼方即戎狄，殷谓鬼方。春秋战国时，沽源属燕国北部边疆，秦朝时沽源隶属上谷郡。北魏初，为防止北方柔然的侵扰，捍卫首都平城（今大同），在其沿边附近设6个军镇，后又增设3镇。沽源为御夷镇，治所于独石口。其后的唐、宋、辽、金，乃至元、明、清历朝，沽源均为游牧文化与农耕文化的过渡地带，属边关重镇。民国时期，称独石县，1915年因沽河（白河）源于县境南部九龙泉，更名沽源县，取沽河源头之意。

北魏著名的地理学家郦道元，对沽水之源进行了详细考察。在其著作《水经注》中，明确指出沽水发源于御夷镇北大谷溪，西南流，经独石北界，向南，九源水注之，故有九源之称。后人根据郦道元记载，确定白河之源，位于沽源县城西南30公里处的小厂镇西湾村，该源头有一座浑圆的山丘，名为盛宝山，山上的松柏葱郁，前面是开阔的坝上草原。九眼山泉由山根潺潺溢出，聚为一泓，穿过石桥，从桥下的九条龙头喷涌而出，故称九龙泉。无论春夏秋冬，酷暑严寒，此水清澈干润，长流不息。关于九龙泉，当地有这样的传说：清朝初年，康熙皇帝从皇家猎场（围场）返宫途经此地，人困马乏、饥渴难耐，难觅甘露。在无奈之际，龙骑灵性突发，奋蹄怒吼，刨地寻水，刹时清泉四溢，君臣惊乐，顿解饥渴。从此，神马蹄刨九泉的传说，在塞外广为流传，“救龙泉”也由此得名，后改称“九龙泉”。

2009年春，沽源县政府在此立“水润京华”碑，碑文为：

天赋精华，地蕴神力，九龙甘泉，一泓清碧，潺潺千曲，逶迤如带，牵六百里山川，过云州、经靖安、入密云，水润京华。

京沽两地，一脉相连，情谊恒久，源远流长，山河共证，日月同鉴。共立此碑，以祈福祉。

峡谷之河

白河经坝上沽源，过赤城，于白河堡水库上游，进入北京后曲折南流，经延庆，在怀柔与汤河汇合，流至密云城西南河漕村东与潮河汇流。全长280公里的白河，亘古如斯地在燕山峡谷中奔流。

赤城古称云州，据赤城县志载，赤城名源于“城东二里，山石多赤，望之若雉堞（红色城堡），故以名城”。且“日照山石，红光笼城”，又名霞城。白河在赤城县境内，其源：一为独石水，发源于沽源县九龙泉，由独石口乡北栅口入赤城县境，称西河；一为红石河，发源于赤城县龙关镇大龙王堂，因其流经铁矿，河水呈红色而得名。两河至赤城县城南而合，赤城故有“碧水霞城”之说。

白河经独石口、猫峪、云州、赤城乡、赤城镇、样田、后城等7个乡镇，由后城乡河东村出境，入北京延庆，全长129公里，流域面积4038.3平方公里。河床平均宽度为31.3米，深0.91米。

白河在白河堡乡北梁西入延庆境，沿境北部曲折东流至河口村纳入红旗甸河、黑河等。白河堡水库位于白河干流上，位于延庆香营乡北部，距延庆城区30余公里，始建于1976年，1983年竣工。水库得名于明代要塞靖安堡，明时这里建有要塞靖安堡，扼守白河峡谷，故称白河堡。白河堡水库是北京第五大水库和海拔最高的水库（海拔560米），谓之“燕山天池”。延庆境内的白河长55公里，河宽30～70米，流域面积828.1平方公里。

白河从延庆后山大北沟处进入怀柔境，先后有菜食河、天河、汤河、琉璃河汇入。怀柔境内的白河长 51.7 公里，流域面积为 1280.7 平方公里。

白河自龙门涧入密云境，水随山转，依形就势。白河河床镶嵌在峡谷中，最窄处仅十多米，水流湍急，切割作用大，多呈“V”字型。白河峡谷以怀柔的汤河口为界，被誉为“百里画廊”，其分为上下两部分，下游最壮观、最雄奇、最美丽的在密云境内。沿白河而下，沿途山路险峻，四合堂、贾峪、张家坟、捧河岩、塌山子等村落散居在岸边。两岸峭壁森然，京东第一瀑、天门山清凉谷、精灵谷、黑龙潭等景点星罗棋布。沿白河岸边的柏平公路，盘旋于云蒙山北麓，直至白河峡谷最高处，山峰沟壑，如带的白河，尽收眼底。白河流经天仙瀑附近，形成了京东第一湾，其与雅鲁藏布大峡谷的拐弯酷似，被誉为“北京的雅鲁藏布”。

白河自峡谷的关隘鹿皮关，冲出燕山怀抱，汇入白马关河和蛇鱼川河。经溪翁庄，密云城西南，有渔水注之。渔水源自密云城东南，是一条地泉溪流（现已无存）。闻名遐迩的渔阳郡，因建在渔水之阳，故名。明朝引白壮潮后，两河在密云西南河漕村汇流。1958 年密云水库修建，高峡出平湖，截断潮、白两河。白河在水库上游河段长 20 公里，下游河段长 27 公里，流域面积 320 平方公里。

白河鲤鱼

白河盛产各种鱼类，诸如鲶鱼、青鱼、白鲢等，尤以白河鲤鱼最为名贵。它体态美观，通身有 16 条金黄鳞片，锦鳞细口，嘴唇和鳍条基部为橙红色，人称白河“金翅大鲤鱼”。由于白河河道少泥沙，水质清洁，加之谷深水冷，其肉质细腻，骨软少刺，口味鲜美。

说起白河鲤鱼，流传这样一个故事：清朝乾隆年间，乾隆由承德起驾回京，驻跸密云行宫时，晚膳中的清蒸白河鲤鱼，味道极鲜。乾隆皇帝品尝后，赞许有嘉，兴味盎然之际，询问厨子烹调之法。厨师虽是山野村夫，却能将烹调之法娓娓道来，乾隆皇帝点头称许，令大学士刘墉将此记录下来，刘墉挥毫，笔走龙蛇，片刻成文，文道：

食鱼者首重在鲜，次则及肥，肥而且鲜，白河鲤鱼二者身兼。制鱼之良法，能使鲜肥迸出，不失天真，迟速咸宜，不虞火候者，则莫妙于蒸。置之镟内，入陈酒、酱油各数盏，覆以瓜姜及笋诸鲜物，紧火蒸之极熟，此鲜味尽在鱼中，并无一物能侵，亦无一气可泄，真上上之美味也！

经乾隆皇帝金口，大学士刘墉亲书，白河鲤鱼跳跃龙门，遂为御用贡品，由此声名鹊起，享誉京城。

民国时期苏伯征的《白河落雁》诗，描绘了白河诗情画意的景色：

雁落平沙下上鸣，河流纡缓抱山行。
倍深旅客苍葭思，每共闲鸥白水盟。
蓼岸惊寒声嘹亮，芦洲背水阵纵横。
劳生不息缘何事，春北秋南万里征。

白河流入平原，冲积成一片片沙滩，太阳照在沙滩上，折射出闪闪耀眼的银光。大雁从远天飞鸣而来，将栖息沙洲。天气转凉，雁南飞，芦苇独守河畔，筛风弄月，瘦瘦筋骨，摇曳着白河的诗意。

潮白两河汇流

陈奉生

据资料记载，秦汉以前，潮河、白河各行其道，分别入海。东汉以后，逐渐接近。三国时，在潞县（今北京市通州区）汇合。随着自然环境的变迁，汇流点逐步向北迁移，约北魏以后，两河在今顺义东南汇合。明朝时期，由于无序砍伐森林树木，用于冬季烧木炭取暖及建筑所需，北部燕山及其西部太行山区的雨水明显向径流化发展，使得沽水、鲍丘水明显向季节性河流过渡，因而夏季水患频发。为了杜绝京北地区沽水夏季洪水泛滥对北京的威胁及航运需要，明朝于嘉靖三十四年（1555 年），在密云北将白河改道使其沿故道南流，在密云南并入潮河，即引白壮潮工程，以彻底杜绝潮白水患对北京的威胁。

清浊分明

潮白两河在密云区十里堡镇河漕村汇合，始称潮白河。南流，经怀柔区、顺义区，至通州区，沿途有支流怀河、箭杆河汇入，于通州区牛牧屯出北京市，入香河，天津宝坻、宁河，最后汇集在天津市区的三岔河口，贯穿市区后，至大沽口处注入渤海。潮白河全长 458 公里，流域面积 19354 平方公里。北京市境河长 118 公里，流域面积 5537 平方公里，河宽1000 ～ 2000 米。

汇流后的潮白河有两个特征：其一是汇流后界限分明。潮河水浊且暖，白河水清且冷，两河汇流后一边水清一边水浊，一边水暖一边水冷，堪比泾渭分明的泾水和渭水。

鸟瞰潮白汇流

其二是水患频发。据统计，从1368年至1939年，500多年中，潮白河共发生大小水灾380多次，其中5次水进北京，8次水淹天津，给两地人民带来深重的灾难。

潮白水患

潮白河上游处于燕山、军都山、坝上草原，一般在海拔1500米，至密云城区附近一般海拔60多米。流域内属大陆性季风气候，冬季干燥，春秋多风沙，夏季多雨，而且集中在七八两月。降雨量集中，洪水奔流而下。入平原后，潮白河河道宽度，上游约500米，中游约1000米，下游约4000米。因山洪常改河道，是一条“逍遥自在河”，有“三年河东，三年河西”之说。平均两三年一次洪水，十年九涝。发大水时，洪水如脱缰的野马，东奔西突、泛滥成灾，冲毁农田、冲塌房屋，夺走人畜生命。可谓大水大灾、小水小灾。

《密云县志》（民国三年）记载：“白河袤延千里，自入密云境迄至出境长 90 里，关岭西北诸水陡落直注，广狭靡常；伏秋盛涨，弥漫极天，不便营田，不利舟楫，沙石磊坷，一望皆败滩地。每当洪流方兴，穿堤噬郭、全城岌然，如在釜中。”

清光绪十六年（1890 年）洪水。据王国俊奏曰：古北口连日大雨，河水异常涨发，致将边城水坝及守关班房冲刷。五月二十八日夜间，骤雨倾盆，一连五昼夜，山川暴注，河水暴涨，直入大关，河水漫关城而进，通连关内潮河，直抵山下，一片汪洋，街内放流，兵房民宅，兵民逃奔山上，铺户间有冲倒。

民国二十八年（1939 年）洪水，是潮白河百年一遇的洪灾。据清华大学《密云水库防洪能力复合洪水分析报告》记载：1939 年海河诸河洪水暴涨，淹天津市，街道行舟。潮白河洪水冲毁京、古铁路，冲坏密云县护城石坝。冲塌县城西北角，东、南两关进水，南门外大街可行船，潮白河下游河道普遍漫溢、决口……

据健在的老人回忆说，那年的七八月份，天空经常漆黑如墨，大地狂风频作，整个潮白河笼罩在黑云之下；那暴雨，似瓢泼，如缸倒，百川千溪，汇入潮白河，河水日升夜涨。城里乡下，无论是官吏百姓、富家平民，都面如死灰，烧香磕头，祈求上苍开恩。突然锣声四起，哭天喊地：“大水进城啦！”全城乱作一团；城外的汹涛之上漂着桌子、椅子、木头，间或漂过泡得发胀的死猪、死羊……为百年一遇的洪灾。

治理潮白河

潮白河是流经北京境内仅次于永定河的第二大河流，在山区有河谷的约束，大多是顺着河谷奔流。当两河汇流为潮白河之后，一方面缺少了天然的约束，另一方面由于泥沙淤积对河床的影响，需要治理的河段开始增多，这些又与北运河的治理成为一体。为防白河水患，明隆庆四年，自北沙峪沟筑堤至密云城西门外，长600丈余，至城北350丈余；自唐家庄至西河筑堤百丈有余，各高三丈五尺。清康熙五十六年（1717年）复修县城以西各段护堤，从沙河至城西门筑石子堤803丈，三道16丈木坝，四道10丈木坝，坝后土堤30丈，沙坝130丈。

乾隆十年（1745年），“古北口潮河冲决北岸，宽三十丈有奇，长八十三丈。溜势趋北，旧河淤塞，已成背溜。建荆囤石子坝，长一百九丈”。所谓“荆囤石子坝”，即用荆条编成粮囤形状后，里面再塞满石头，以此筑坝堵塞决口，防止堤岸的溃毁。

清同治十三年（1874年），直隶总督李鸿章在顺义李桥镇，筑堤拦水，民间称之李公护堤。民国十四年（1925年），国民政府在顺义苏庄潮白河上修建了一座大型水闸工程，通常叫苏庄闸。这是我国引进西方水利工程技术建成较早的水利工程之一。当时是为了治理潮白河连年水患，同时也为增加北运河水量而兴建的。工程规模宏大，建有泄水闸30孔，每孔宽2丈、高1丈，闸上建钢制大桥，长80余丈。另在右岸开引河，通往北运河故道，建分水闸10孔，可通水600立方米每秒。但可惜的是，这座壮观的水闸工程只运行了14个年头，1939年6月潮白河暴发大洪水，苏庄闸承受不住，30孔大闸竟被冲毁21孔，而通往北运河的10孔闸门则全部被堵死。

新中国成立初期仍有水灾，为了治理潮白水患，在下游修了潮白新河及实施植树造林、防风固沙等措施。从20世纪50年代后期开始，陆续修建了密云水库、怀柔水库这2座大型水库和5座中型水库、33座小型水库，总库容46.6867亿立方米，从而彻底解决了潮白河水患。

引白壮潮

陈奉生

明代嘉靖年间，蒙古土默特部首领俺答汗因“贡市”不遂而发动了一场战争。嘉靖二十九年（1550年）八月，俺答汗移兵东去，入古北口，杀掠吏民无数，明军一触即溃，俺答汗长驱入内地，京师震恐，该年为庚戌年，故名庚戌之变。明代在经历了“庚戌之变”后，重地檀州（密云）以北的石匣营、古北口，“分区列戍，军马之增置为多，灾沴（注：读音lì，意指自然灾害）伤残，闾里之萧条特甚”。“军门移镇，衙开府”，致使“漕粮改拨，舟挽陆输”的局面。

基于此，参政李蓁向掌管蓟、辽、保定军务的杨博作了如下奏报：白河、潮河“水源既分，支流自弱”，难以进行漕运，经查密云城西原有白河故道，如果“疏通旧道”，则白、潮二河水势自大，舟楫畅通。

杨博的奏疏

杨博，山西蒲州（今运城永济）人，明朝名臣。嘉靖八年（1529年）进士，嘉靖三十五年（1556年），受命总督宣府、大同和山西军务。其后调任蓟辽总督，回朝任兵部尚书、太子少保。深受明世宗倚重，视为肱骨。杨博魁梧丰壮，遇事能安闲处置，有胆识、有度量。当杨博接到李蓁的奏报后，立即召集部属商议修改河道事宜，认为修改河道“实为一方之大计”。于是，杨博向嘉靖皇帝呈上了“改河道济粮运疏”。

杨博在奏疏中首先说明修改潮、白二河之道，其利有四，而害则一：潮白二河，合而为一，舟楫通行，漕运便利，其利一也；三县免于役骚，其利二也；地方殷富，跂（qì）足可待，其利三也；号房可以不设，所省财力，又为不赀（zī），其利四也。密云城西恐遭到水患，其害一也。倘若修堤筑坝，则患虑自消。杨博在奏疏中还论述了修改河道的可行性，并对修河计划作了具体部署。

刘应节付诸实施

“引白壮潮”这项计划由刘应节付诸施行。刘应节，明中期大臣，潍县（今山东潍坊城区）人。隆庆四年（1570年）秋天，刘应节升任右副都御史，负责原来的辖区。不久，晋升为兵部右侍郎兼右佥都御史，代替谭纶统管蓟、辽、保定的军务。他上奏罢除了永平、密云、霸州的采矿活动。次年，他建议将漕运通达密云，上奏称：“密云完全控制了潮、白两条河水，便利于漕运。从前两河分流，到了牛栏山才汇合。通州的漕运船只到了牛栏山，便由陆路运至龙庆仓，车辆运输很艰苦。现在白水迁流城西，距离潮水不到200步，况且近来又开渠筑坝，两条河流又合二为一，水流加深，漕运更方便。以往昌平的漕运额共计18万多石，现在只有14万石，密云仅得到10万石，只有依赖招商承运一个办法。而且土地贫瘠，百姓穷困，势必难以长期维持。听说通州仓中的粟很多霉变，如果漕运5万石到密云，可节省很多运费，而将本镇所折算的35000两白银留给京城的部队，则通州的仓库中不会有粟腐烂。如此，京城的军队获得了实惠，密云免去招商之事，这是一举三得的好事啊！”穆宗帝准奏。

引白壮潮

引白壮潮工程是在杨家庄开挖出新河口和疏通旧河道，自马头山一改白河全势西流之势，使其向南流，经密云城区，再西行至河漕村，与潮河交汇。并使原潮、白两河交汇处东移靠近了密云城区，形成水陆漕运的天然通道。

白河这一改道挖掘、疏通、清理河道约 16 公里，需要封堵湍急西流的白河水，这在当时没有现代技术、没有现代机械，仅靠肩担手提的条件下，筑一座状如山岭的土坝，其工程浩大，艰难是显而易见的。

在引白壮潮，疏通白河故道的同时，还要将原来南流的潮河水西引，与白河交汇，也即“邀潮入白”，明人也称之“遏潮壮白”。此工程由曹维新督修。工程量非常之大，长约 11 公里。因这段河道属于新开掘的工程，全靠人力，其难度可想而知。两项工程用时长达 17 年之久，是当时水利建设史上的惊人壮举。

“邀潮入白”后，实际上改用了四季屯、罗山、荆栗园一线的潮河，使白河在今河漕村一带并入潮河。两河合一后，水势大壮。明代后期的密云水道及其下游北运河，航运便也因此大为通畅，且可直抵县城。每年水陆运粮食约 15 万石（约合 2025 万公斤），约占密云当时军粮年总储量的 94%。后又于夏秋季潮河水量丰沛时漕运，可一直至古北口。引白壮潮，在密云水利建设史上是个重大历史事件，明、清、民国近 300 来年密云军事重地的巩固和发展，漕运起到了重要的保障作用。

《天府广记》记载，“新开密云运河本白河上流，自牛栏山而下，与潮河川交会，水势深广。四十三年，总督刘焘发卒浚治，从潮河川直达通州，凡密云镇岁饷十万悉用小舟转粟，省车挽入河费”，运费大为节省。

若到了雨季，潮河水流量增大时，一些小型运输船只能沿潮河上行，经过羊山、邓家湾、碱厂、九松山、南省庄、罗家桥，直至古北口。至今，在穆家峪地区还流传着“南北省庄两条蛇，中间一道运粮河”的歌谣。

引白壮潮也为密云城增添了灵气，潮水东来，白水西绕，富有诗情画意。

潮白河道的漕运

陈奉生

密云漕运主要始自明朝，据《密云县志》记载：明洪武五年（1372 年）置密云中卫，下设左、右、中、前等 4 个千户所及潮河川守御千户所。洪武三十年（1397 年）置密云后卫，设左、右、中、前、后等 5 个千户所。明成化十二年（1476 年）增兵 5000 人，分驻永平、密云。这些驻军每年都需大批的粮草供给，大多通过密云运河漕运，运抵密云。许慎在《说文解字》中说："漕，水转谷也。"司马真在其《史记·索隐》中说："车运曰转；水运曰漕。""漕"字从水从曹，是指军曹利用运河押船运粮，故称漕运。

潮白水道

元、明、清定都北京，"国家之根本，莫不仰给于江南"，年均运达北京的漕粮约有 400 万石，巨木、金砖等建筑材料也通过大运河从南方运来，故有"漂来的北京城"之说。元朝为了缩短绕道洛阳的航线，元世祖在 1283 年下令，在隋朝大运河的基础上，再开凿出一条能够直接连接南北的大运河。采用弃弓走弦、裁弯取直的方法，开凿了从山东临清到东平的会通河，把运河改成直线后，比隋代京杭运河缩短了 900 多公里。由元朝著名天文学家、水利学家郭守敬支持修建的从通州到大都的通惠河，沟通了潮白水系，运河沿着潮白河向密云、沿着温榆河向昌平延伸，统称为北运河。向密云延伸的这段，也叫密云运河。

明朝的引白壮潮工程之后，等于把漕运线路自通州漕运码头，向密云延伸。潮白河在清朝之前，水流量较大（迄至清末，水量减少），全年通航期6个月左右。水位在枯水期为0.6～1.6米，丰水期2.5～3米，最高达7米以上。水面宽1000～2000米，流速常水期每秒1米，流量每秒200立方米以上，最高达400立方米以上；航速逆水为6公里，顺水8公里，通航能力可载25～45吨的木帆船。

由于潮白河道平缓，易于淤积泥沙，每逢天旱水浅，即使是载重量小、吃水浅的驳船也难于通航，所以在沿河各容易淤浅处设有浅铺，配置浅夫，随时清除河中淤沙。负责清淤的人有两类：一是各卫派军人负责疏浚，称之为军浅；另一种是征派来的当地农夫疏浚的，称之为民浅。

潮白漕船

明朝密云运河的漕运，在通州设置密镇经纪20名，每名领驳船20只，共有运密云粮驳船400只。随着运粮数量的变化，船数也酌情增减。

船只载重量大小以“料”和“石”为单位，每“料”合今重30公斤，每“石”合今重60公斤。漕船逆水而上，编队航行。因水浅河窄，航道多塞，船夫虽多，仍行驶艰难。况且冬季航道结冰，夏季雨暴，洪水宣泄，漕船主要集中在春、秋两季航行。“春运以冰消行，暑雨毕。秋运以八月行，冰凝毕。”

康熙三十九年（1700年）裁撤官运船队，改临时雇佣民船漕运，自带驳船至北运河募夫，每船雇船户一人，给腰牌一面，上面填注姓名、年貌、住址、船舶号，并造花名册备查。船上的水手、舵工一般有四五人，由船户自行雇募。但由于漕船、货船数量很多，各种船只互相争道。

嘉庆五年（1800年），严格规定各种船只的航行顺序：漕船先行，织造物及运船、木排等排尾在后，如有违反，严惩押解人员。凡船户有弃船、偷米情蔽者，唯大小船头是问。为示区别，旧船于船后加横板书写字号并火烙“直隶官驳船”字样，新船则在船头用粉底书写字号，每年油饰一次。

20 世纪 80 年代，在河漕至双井村潮白河故道，出土一个大铁锚，为明、清时期漕船遗物。锚通体高 175 厘米，重 150 公斤，铁锚杆爪根粗约 12 公分，把头约 8 公分，4 个爪呈倒钩形，爪头长 3 公分，熟铁铸造。铁锚的把头有铁环，环孔穿着铁圈，并刻有“万顺号”三个汉字。锚体锈迹斑斑，有多次修补的痕迹，4 只锚钩折断了一个。“万顺号”大铁锚说明，这只“万顺号”漕运货船，可运载几万斤的漕粮，航运的时间超过几十年。

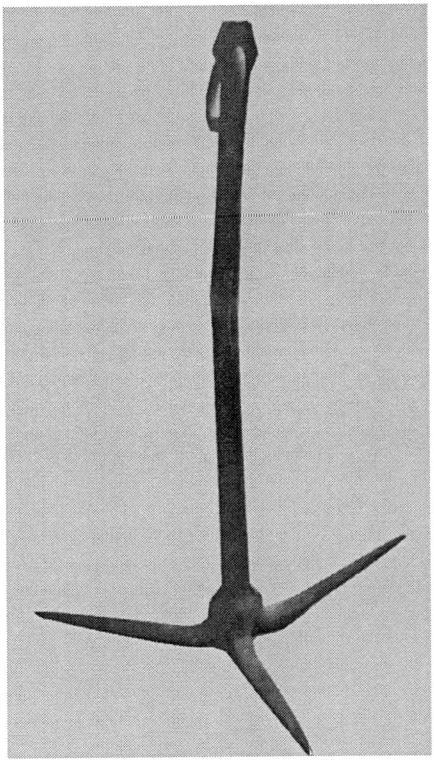

明代漕船铁锚

清朝漕运

1644 年清朝入关，鼎定中原，北京城的地缘政治形势发生了根本性的变化。密云、古北口一带已不再如明代那样是军事要塞，但由于清政府在檀营、古北口等地，部署有八旗驻防军，仍存在军粮供应运输的问题。此时密云运河同明后期一样，利用潮白河水道往密云转运漕粮。八旗驻防官兵军粮起初改领银两，按每石俸甲米折合白银 1 两 4 钱支给。密云本不是产粮区，官兵购粮困难。乾隆四十五年（1780 年）规定，该县驻防官兵俸甲米一半仍折银支给，另一半则从河南、山东运至通州的漕粮内拨给粮食。

每年三四月由密云县派差役承办领运事宜，计 23000 石。如遇河水干浅或暴涨，难以行船的时段，则由陆路车载马驮运输；如果是雨水调匀，水流平稳，则按例漕运，以节省脚价运费。密云驻防官兵的俸甲米石无论是陆运还是水运，都不免损耗，而从通仓领的仓米不免有变质、廒（áo）底等霉米。乾隆四十六年（1781 年）又令添拨 200 石为备耗支销之用，其他各处驻防兵则无此项优待。

另外，密云一带备赈的官粮，有时利用密云运河运输。如康熙三十四年（1695 年）八月，康熙皇帝至密云县，见当地农业歉收，就对大学士说："去岁朕见此处高粱结实者少，秕者多，米价腾贵，高粱一斗几三百钱，故将通仓米，令运一万石至此处，五千石至顺义县，减时价发粜，米价稍平，一斗百钱，民以不困……今（潮白）河水方盛，着将通仓米运至密云、顺义各一万石，令仓储备用。"

清中后期，经由北运河而至北京的漕粮日渐减少。自道光年间起，由于黄河溃决，内河运道航运困难，各省征解的漕粮逐年递减。道光二十八年（1848 年），漕粮总额 282 万石。为摆脱困境，朝廷决定试行海运，此时河运和海运并行。咸丰初年，仍沿用道光时期的河海并运措施。此后，海运漕粮在漕运中的地位逐渐上升，河运漕粮逐渐走向衰落。加以清代中后期漕粮渐改为折银，北运漕粮的数量也日渐减少。光绪二十三年（1897 年）京津铁路通车，1900 年清政府宣布废止漕运，漕粮改由火车直接运至北京，不再转道通州。这对通州影响巨大，民国《通州志要》记载："清末实行海运而废河运，其后铁路建筑完成，运河不复修浚，运输之利益全无矣。"

至此，密云运河所担负的漕运使命完成，画上了圆满的句号，并给后人留下一段值得回味的历史。

河漕码头

陈奉生

两河交汇之处，往往是市镇和水运码头产生之地。潮河、白河在河漕村汇流，随着大运河向密云延伸，漕粮的转运和存储，催生了河漕码头的形成。

河漕码头

河漕码头位于现在河漕村东南，地处平原，河岸松软。两河汇流后，经河水冲刷，形成了宽阔的水面。乾隆四十八年（1783 年），“修密云石子坝，长八百三丈，河漕挑挖深通。另开引水沟一道，筑拦水坝二”。这些水利措施，既保护了密云城池，也加深加固了密云西门和河漕码头，又防止河岸崩塌，确保漕运船只停泊。

河漕码头与通州的张家湾有些类似，通州张家湾距通州城约 15 里，因潞河（京杭大运河之北运河）、凉水河、萧太后河、通惠河四水在这里汇合，有如五指分开，张家湾位于掌心之中，是水陆交通的枢纽。河漕码头，潮白两河在此交汇，京热御道在此通过，规模和繁忙的程度，虽不及张家湾，但就其位置而言，也是重要的水陆码头。

其一，河漕码头是紧靠京热御道的渡口。京热御道，自康熙四十二年（1703 年）修建，到嘉庆二十五年（1820 年）的 117 年间，清几代皇帝往返御道之上，都要从河漕码头旁边经过。康熙皇帝多次去承德，留下许多吟咏密云行的诗篇，其中有一首描写白河渡口的《白水》诗：

乱峰回合古檀州，白水云根一道流。
谁信塞垣图画似，凉风斜日放轻舟。

眼前的密云城，山环水绕，白河从远处逶迤而来，像是从云层底下流出来的，横亘的山峰，绵延叠翠，长城起伏跌宕，山川壮丽如画。尽管康熙是从西大桥渡口过河，与河漕相距不远，其景像亦相差无几。

其二，河漕码头还是民间往来的码头。无论潮白河两岸的农民到河对岸的地里春耕秋收，还是做买卖的小商小贩，或者婚丧嫁娶，都要从河漕码头渡河。妇女老幼选择乘船，青壮年划着自家小木船摆渡。有的人图省钱省事，坐着自家柳条编的笸箩划过去，或者游泳过河。每逢年节，河漕码头更是熙来攘往，一派繁忙景象。

码头设施

古时候，人们经常骑马旅行。到了河边，就要乘船渡河。上下船的地方叫做“津”，又叫做“渡口”。因为到了渡口，需要下马、牵着马乘船，所以人们开始把停船的地方叫做“马头”。“马头”这个词语在魏晋时候就已经出现。宋司马光《资治通鉴》中，就有“马头”一词的记载：“又于黎阳筑马头，为渡河之势。”意思是说，在黎阳这个地方构筑码头，做好渡河的准备。有学者给这个词注解说：“附河岸筑土植木夹之至水次，以便兵马入船，谓之‘马头’。”也就是在河边用土木等构筑起供过往人员、车马上下船舶的设施。后来，“马头”逐渐演变为“码头”，也有堆放、码放货物的地方的意思。

河漕码头原为土码头，后改建成石码头，由石蹬道和石平台组成。上层石蹬道为扇形，下层石平台也为扇形，合计二十几级，由花岗岩石条垒砌而成。码头上建有歇脚的驿站、茶馆、饭庄及各类摊点，人声鼎沸，仿若街市。

河漕码头距密云城的西码头，仅仅十余里，遇到枯水时期，通向密云城的水道变浅，运粮驳船吃水深，无法满载通过，只能在河漕码头卸下一部分漕粮。每当漕运的船队驶来，小船划向大船，大船靠向码头。码头上的民夫，大多来自河漕等附近村庄，他们或挑或推，把漕粮运到仓房暂时储存起来。仓房建在码头的高处，一般采取砖砌结构，内部砌券顶，建筑布局巧妙，节省了材料。墙上均开通风用的拱券小窗，便于通风干燥，粮食可存很长时间，中间有一个大院子可供晒粮用。需要时，再由陆路转运到西门内的龙庆仓。

龙庆仓

《元史》中有句名言："百司庶府之繁，卫士编民之众，无不仰给于江南。"可见漕运之繁盛。元、明、清三朝，运到北京的漕粮年均数百万石，这些粮食运到北京、通州后，储藏到皇粮、俸米的皇家仓廒里，统称为"京通十三仓"。

密云也建立许多粮仓。明洪武十二年（1379年），建古北口仓；嘉靖年间先后建广积仓（在大水峪）、广有仓（在曹家路）等。以上各仓均为储存军粮，年储量多达16万石（约合2160万公斤）。龙庆仓建于洪武二十八年（1395年），名为"龙凤喜庆大仓"，简称"龙庆仓"。龙庆仓坐落在密云城区西门内，南面为仓前胡同，西面为南更道，北面隔鼓楼西大街与当时的县府衙门相对。

龙庆仓规模宏大，占地18多亩，正门面朝东，高大的门楼正中挂着"龙庆仓"三个绿色大字匾额，门南侧是号房（即传达室）及仓卒房（即警卫室），大门的北侧为仓大使署（即管仓官员的办公室）。北面是两间厨房。进大门往北，登上九级高台阶，就是宽大的晒台，晒台由三合土夯紧、砸实、轧光后，一年四季可以晾晒米粮。

过了晒台就是仓房，仓房高大通透，仅地面上的房基就高达 5 尺，立柱高一丈五尺，两山加排山柁，上铺九根檩条，松木网板，再上铺长条砖，又抹上厚厚的泥层，瓦上蓝瓦，绝对不会漏雨。仓房的地面，最底层是石灰，上面用三合土夯实、轧光，再加一层方砖铺地，磨砖对缝，可以防鼠防潮。仓房的门窗都是用三寸宽的柏木板条打制，里面钉着用高粱桔的硬皮编织的胡椒眼网片，窗外加上大的护窗板。这样可以防潮、防盗又通风透光。

仓库的布局是：第一栋 5 间仓房，往西紧挨着又是 5 间，再往西隔3丈空地还有 5 间，共计 15 间仓房，可储万石米粮。晒台前有矮花墙，花墙外是平坦光滑的草场，可以堆放大量的饲养军马用的干草。明洪武三十年（1397 年），由于防火的需要，草场迁往密云旧城的西南隅。

龙庆仓落成后，“粟米盈溢，刍粮山积”。这些粮草更进一步保证了长城各隘口军粮的需要，保证了密云中卫（军事组织）4 个卫所饲养军马草粮的需要。嘉靖二十九年（1550 年），原来的“仓大使”一职改称为“管粮通判”。

到了清朝，由于赋税制度不断改变，特别是雍正二年（1724 年）以后，实行了摊丁入亩税制（即把人口税折成银两，并入土地税一起征收），仓储米粮时有时无，粮仓也随之时兴时废。但对于龙庆仓的维修保养却始终如一，从未间断。

清代乾隆四十五年（1780 年）八旗亲兵进驻檀营，龙庆仓负责运、放旗营兵米。为扩大储粮数量，于道光八年（1828 年）增建了常平仓，仓址在龙庆仓东墙内。新仓建成以后，使用、保管、维修及保卫等事，都由龙庆仓统一安排。旗营兵米每年需要 23000 多石，从通州大仓运到密云，仅运费就需白银 5900 两。这笔陆路运费清政府无力支付，每年只拨白银 1400 两，因运费不足，境外粮米无法运进县城，致使龙庆仓有仓无粮。光绪十三年（1887 年）龙庆仓被废弃。

从宣统二年（1910 年）起，龙庆仓的使用性质屡生变化。1933 年日本侵略者侵入密云，龙庆仓又屡遭破坏。1945 年日本投降，国民党政府又将龙庆仓作为储存粮食的仓库，直到 1948 年密云县城解放时，还从这里缴获粮食 200 万公斤。新中国成立后，密云县各地的公粮都送进了龙庆仓。1950 年，通县专区决定在密云建立分仓库（当时密云县属于河北省通县专区管辖）。当年 10 月，沙河新粮仓建成。1951 年，上级决定撤销大仓（即龙庆仓），20 世纪 80 年代后改建为檀州宾馆。

码头现状

光绪二十七年（1901 年），随着海运和铁路的兴起，清政府遂令终止漕运。有着千年历史的漕运，在历史的潮起潮落之中，发出了千年浩叹。随着漕运的停运，大运河多处淤塞，许多地段已不能通航，大运河的辉煌逐渐变成了历史的记忆。河漕码头随着运河的废弃，加之潮白河的泛滥和淤塞，河漕码头失去了漕运功能，渐渐被人淡忘。

1958 年修建密云水库后，多年不放水，河道干枯，河床乱石成堆，杂草丛生。

2002 年 5 月 1 日，在中断了 43 年之后，历时一年，投资 2 亿元治理的 30 里白河全线竣工，城区河道全部蓄水，5 座橡胶坝，阶梯蓄水 600 万立方米，形成了 100 万平方米的水面。

2005 年，密云县开始对 23.5 公里的潮河河道湿地进行综合治理。新建跨河桥、漫水桥等各种建筑物 36 座，边坡绿化面积 82.2 万平方米，栽植荷花、睡莲、香蒲等水生植物 40 余种。已形成 17 公里长，面积达 230 万平方米的湿地生态系统。潮白河汇流处的河漕码头，已变成波光粼粼的野鸭湖。

河漕村轶事

陈奉生

作为水路码头的河漕村，从无到有，从有到盛，从盛到衰，每一次变化都离不开漕运的变迁。漕运孕育了河漕码头，也孕育了许多鲜活的故事。

十八水手

据河漕村老人讲，清朝晚期，在河漕码头曾竖过一块“十八水手碑”，记录河漕村 18 个水手的故事。其中有梁万友、王万全、吕本利、王七保、王增、吕东望等 18 个村民。他们平常日子，与村民一样，忙时种地，闲时打鱼。每逢清朝皇帝去承德“木兰秋狝（xiǎn）”，经过白河渡口之时。恰好夏秋之交，白河湍急。朝廷为了皇帝安全，就会让熟悉白河地形、熟悉水性的河漕村民，组成十八水手，参与保卫皇帝安全渡河的任务。选择水手的条件，一是忠诚，既要老实本分，又要勇敢无畏，正如老话所言：过河的卒子、拼命的水手。二是水性好，水手虽没有经过专门训练，但他们从小在潮白河里浸泡，个个练得“浪里白条”一般。他们常用的有“踩泳”，可以立着身子，两脚踩水，把衣物举过头顶渡河；“甩泳”，相当于现在的自由泳，遇到水流湍急的河汊子，甩开双臂，奋力划出危险水域；“仰泳”，游泳时间长了，可以仰躺水面，让体力得以尽快恢复。

随着清末御道、漕运废止，河漕村的水手主要负责抢险。每逢汛期，水手们轮流守候在码头，看见洪水中漂浮物品，尤其是被洪水卷走的上游百姓，水手们都会奋力搭救。有一年，一个外地戏班子，在密云城西门外搭台唱戏，曲目为《斩白龙》。他们不知道，密云城区东北30公里，有一座白龙潭。传说，白龙为东海龙王的小儿子，自汉代起就有白龙能致云雨之说。白龙久居深潭，广布细雨，为庶民耕耘造福。戏班所唱曲目，无疑犯了忌讳。戏刚唱一半，只见从西北方向，一片乌云卷来，接着一个炸雷，瓢泼大雨顷刻而下。观众四散，顷刻之间，一片汪洋，戏台瞬间被洪水卷入白河。台上的演员惊恐万分，乌云依然笼罩在戏台之上，如影随形，慌忙中戏班班主，让乐队敲锣打鼓，他扯开嗓子唱道：

密云白河有神灵，触犯神龙罪不轻。

如若慈悲放过我，来日龙潭去负荆。

戏班班主真心忏悔，似乎感动了白龙，说也奇怪，笼罩在戏台上的乌云，顿时散去。漂到河漕码头水中的演员们，被十八水手合力搭救上岸。随着斗转星移，日月更替，十八水手先后逝去，十八水手碑也早已不知去向，但他们的故事仍在村里口口相传。

王增卖豆腐

十八水手中最传奇的当属王增，早年间，他到山里一户地主家打短工，干活从不偷懒。几年下来，攒了一点钱回到河漕村，一边当水手，一边寻思发财的门道。王增的爹娘有磨豆腐的手艺，他想学磨豆腐。父亲对王增说:“人生有三苦，撑船、打铁、磨豆腐，你不怕吃苦？”王增说：“只要能挣钱，苦累都不怕。”爹娘手把手地教他脱壳、浸泡、磨豆浆、过滤、煮沸、点卤成形等流程，没多久他就可独当一面了。他每天去城里卖豆腐，去时坐摆渡船，回来时从县城西门而出。为了省钱，双手托着七八斤重的豆腐木盘，不费一分一毫之力，顺着河水回到河漕村。

那是一个春天，王增磨好豆腐后，抬头见院子里的牡丹花开了，华美异常。他突发奇想，能不能用豆腐雕出牡丹花呢。他随手拿起豆腐刀，就着手边的一盆清水和一块方形嫩豆腐。可刚碰到豆腐，手一哆嗦，一下就全都碎了。第二天他把娘的纳鞋底的花样，敷在豆腐上，偷偷地刻起来。尝试了三个月，终于找到了诀窍，当第一块牡丹豆腐被雕刻出来时，他忍不住拿给爹娘看，母亲挺喜欢说："你试试看是否有人喜欢。"

王增将牡丹豆腐拿到街上卖，很受人欢迎。就这样一传十十传百，邻里都知道了，牡丹豆腐一下子轰动了，王增的豆腐供不应求，赚了很多钱。

王增用卖豆腐挣来的钱，购得几十亩土地。旧时农民非常贫穷，半年糠菜半年粮，一到青黄不接季节或灾荒年，大部分农民都四处讨饭，衣不遮体，食不果腹。王增在潮白河道做过水手，交际广，消息灵通，脑子灵光，一遇水灾，他把救命粮食运到河漕渡口，以粮换地，救了大批饥民的性命，自己的家业也发展起来了。

王增能吃苦，春天播种，夏天除草，秋天收割，冬天与长工一起干活。遇到节日，给长工们改善伙食。王增渐渐地发了大财，买房子置地，最多时土地超过了2000多亩，成为河漕村首富。但他依然省吃俭用，经冬历夏，头枕一块石头，至死，石头被磨出一层油光。

鱼亮子

靠山吃山，靠水吃水。河漕村守着潮白河，村民在河两岸耕种玉米、谷子、黄豆、花生等各类庄稼，抽空就到潮白河用漩网、粘网捕鱼，有的则搭起了鱼亮子。老人们常说："河里有水就会有鱼，有鱼就有鱼亮子。"

鱼亮子一般设在水流轻缓的地方，每年秋分后，村民就地取材，用秫秸和铁丝穿成捕鱼工具，多是四五尺宽、八九尺长的长方形，长边两侧有一尺来长的秫秸帮。

搭鱼亮子的地点选择在有一定水位落差的地方，在流水较深处的河道中用石头码放呈倒八字、簸箕形状，宽约二三尺，让河水和鱼顺流而下。在流水口的下边把鱼亮子顺水平放在水中，底下用石头垫好，加以固定，使鱼亮子离水口远的部分高出水面。在鱼顺水而下时，鱼就困在鱼亮子中，无法逃生。

村民吕春秀回忆起小时候随父亲用鱼亮子捕鱼的情景，依然历历在目。在他的记忆里，河漕的潮白河两岸，有好多河湾，夏天长满了芦苇，芦苇丛中不时有野鸭子飞落。每年七八月是潮白河汛期，等水一消，父亲便开始做鱼亮子了。找来一捆约两米长的高粱秆，撸掉上面的叶子，用高粱秆扎成前宽后窄的鱼亮子。

一个有大月亮的晚上，河水在月光下泛起粼粼波光，鱼儿不时跃出水面激起浪花。父亲带着他到了一个河湾，放好鱼亮子。河水哗哗地流着，鱼儿顺栅口进入鱼亮子中。春秀迫不及待想抬起鱼亮子，看看篓里有多少鱼，父亲却说，要等到天亮才能起鱼，拽着他回到岸边的窝棚里。

夜深了，月光漏进窝棚，父亲很快睡着了。四周很静，只有蛐蛐躲在草丛里吟唱。春秀躺在地铺上，心里惦记着鱼亮子，实在忍不住了，他悄悄地爬起来，蹑手蹑脚地走出窝棚，拎起一只柳条编的渔篓，深一脚浅一脚来到河湾。他挽起裤脚，光着脚丫子下水，来到鱼亮子旁边，裤子已被打湿。往鱼亮子中一看，鱼还真多，有鲤鱼、鲫鱼、嘎鱼等，春秀把渔篓装得满满的。清早，父亲提着捕到的鱼，匆匆赶到集市上卖掉，留一两条自家食用，给孩子们解解馋。

鱼亮子用鱼栅捕鱼，不是竭泽而渔，在捕捞的时候，大鱼进不去，小鱼漏掉了，逮住的都是匀溜个儿。简单至极的鱼亮子，蕴含着河漕百姓的生活智慧。

清御道上的十里堡

丁宏伟

清代康熙年间，在古北口外建热河行宫（后称避暑山庄），辟木兰围场。自康熙始，清代皇帝每年夏季都要巡幸热河行宫和木兰围场。为北京与热河间往来方便，自康熙至嘉庆年间修建了北京至热河及热河至木兰围场累计总长近600公里的御道。其中北京至热河行宫这段御道，双线出北京城，单线至热河行宫，人们习惯称之为“京热御道”。京热御道合计长度300公里，沿线先后修建了19处行宫和1处南天门御书房休憩之所。

清御道

御道自北京城至古北口这一段，途经今北京市的朝阳、海淀、顺义、昌平、怀柔、密云等6个区；古北口至热河行宫段，途经今河北省承德市的滦平县、双滦区、双桥区等一县两区。其中北京城东、西两线至古北口正关御道累计202公里。

东线御道（原驿道），出东直门，经孙侯河（今孙河）、三家店、牛栏山、小罗山、郑家庄、王各庄至十里堡村南，长72公里。西线御道，出西直门至畅春园（皇帝多在此居住办公），再经小汤山、南石槽、怀柔城南、梨园庄至十里堡村南与东南线御道交汇。汇为一条的御道，东过白河，经密云城南、刘家庄、石匣、遥亭至古北口正关，长130公里。可见，清御道出北京城奔古北口，无论走东、西哪条线路，都要从十里堡村经过。十里堡村即为东、西两线清御道的交汇点。从热河经古北口返回北京，则十里堡村南，便是清御道的三岔路口。

东直门至十里堡的东南线御道

十里堡向西南方延伸的御道，至东直门长约72公里，这段御道被称为东南线御道。东南线御道是利用明朝驿道而建的，从康熙二十二年（1683年）启用。这段御道经过今朝阳、顺义、怀柔、密云这4个区域。其路线是出京城东直门经今朝阳区的孙河（原称孙侯河）、枯柳树，顺义区的三家店、牛栏山，怀柔区的梭草、小（大）罗山、郑家庄，密云区的王各庄村南（旧址王各庄村）、河漕村（原大、小河漕之间），至十里堡村南。东南线御道上有三家店、1处行宫。

东南线御道，从康熙四十七年以后皇帝很少经过。因道光二十八年（1848年）和民国二十八年（1939年）潮白河两次暴发大洪水，河漕、王各庄段的路基全被冲毁殆尽。故后来人们几乎淡忘了东南线御道这一段。

西直门至十里堡的西北线御道

十里堡向西延伸的御道，至西直门长约72.5公里，这段御道被称为西北线御道，为康熙四十六年（1707年）修筑，四十七年（1708年）启用。其路线是出京城西直门至畅春园，再从畅春园（或圆明园）走今昌平区北七家镇的郑各庄，小汤山镇的蔺庄；顺义区北石槽镇的南石槽；怀柔区怀柔镇的南关、王化，北房镇的驸马庄、梨园庄；密云区的统军庄南、程家庄，至十里堡村南与东南线御道交汇。西北线御道沿线有郑各庄行宫、蔺沟行宫、小汤山行宫、南石槽行宫和怀柔县（祇园寺）行宫5处。

西北线御道，虽启用时间晚，但使用时间长，因而多有记述。

十里堡至热河的御道

十里堡向东延伸出的御道至古北口正关长约 57.5 公里。这段御道是在元代站赤道路、明代驿铺道路的基础上修建的。康熙二十二年（1683 年）始为御道。御道沿途经过五里井、白河渡口、密云城南、刘家庄，转向东北方，经大石岭、穆家峪、九松山、南北省庄、小营、前朝都庄、钓鱼台、陈各庄、山安口、石匣、瑶亭、白河涧、小新开岭、大新开岭、上甸子、南天门、潮河渡口、古北口城，至古北口正关。出关后经巴克什营、两间房、东营子、常山峪、鞍子岭、王家营、付营子、桦榆沟，沿滦河右岸北上至喀喇河屯，自喀喇河屯经双塔山东，至热河行宫。御道自十里堡至热河行宫，过平川、穿山谷，有宽阔大路，也有曲折山道，长约 155.5 公里。

这段御道，在密云境内经过 20 多个村庄城镇、2个官渡口、4 座石桥。御道沿线曾有行宫 5 处：刘家庄行宫（又称密云行宫）、罗家桥行宫、遥亭行宫、古北口柳林营门行宫，还有石匣段御道东侧的白龙潭行宫。

这段御道，出古北口至热河的 98 公里之间，先后曾有行宫 8 处：巴克什营行宫、两间房行宫、常山峪行宫、鞍子岭行宫、王家营行宫、化鱼沟行宫、喀喇河屯行宫和最大的热河行宫。

御道线上享“皇恩”

十里堡延伸出的这三条清御道，清帝往来 200 多次，皇子及王公大臣往来不计其数。

康熙二十二年六月，皇帝玄烨奉太皇太后（即孝庄太后）之命，出古北口避暑北巡，同时有太子允礽、皇子允禔、允祉随驾。皇帝玄烨一行从口外回銮时，由于当时密云境内尚未修建行宫（康熙三十二年方始建），当年七月十一日晚就住在了十里堡西南七里的王各庄村。此后，康熙二十三年至二十七年的5年间，每年皇帝玄烨出古北口避暑北巡，往返途经十里堡时，多次在十里堡西南一里半的河漕村临时“搭芦殿”为行宫驻跸。

仅康熙二十二年至嘉庆二十五年间，康熙、乾隆、嘉庆三朝皇帝，在十里堡段御道上往返行经215次。康熙二十九年皇帝回京时，还从潮白河十里堡段的水路乘舟而行一次。道光、咸丰、同治等皇帝也都曾经走过此段御道。

从能够查阅到的可靠史料文字记载，在大清朝一代有7位皇帝往返经过十里堡地段220次之多，还有康熙皇帝驻跸过7次。皇帝每经过一次都要蠲免本县当年的“应征钱粮”，有时还蠲免十分之三的“御道两旁二三里界内应征本年旗租”（光绪年《密云县志》）。可见这片土地上生活的居民们，曾是经常享受“皇恩”的。

清代以后，从中华民国到新中国建立，十里堡都是京城到承德（热河）往返的必经之路，可见其地理位置的重要。

十里堡镇的交通

陈奉生

十里堡镇地处云蒙山南麓，潮白河在此汇流，古代的驿道、清朝的御道从此经过，十里堡自然就成为水陆交通要道。

古代驿道

西周武王时，古北口外的山戎、东胡等皆燕之属国。燕与各国之间常有朝觐、进贡、诏令和赏赐往来，其行经路线是：自今北京（蓟）起，经顺义、怀柔、密云，出古北口至滦平、承德。当时只是崎岖小径，逐渐发展为较宽的道路，即密云的第一条古道——密古路。

秦汉时期密古路称为驰道，当时密云属渔阳郡，到宋辽时称为檀州。檀州是宋辽使臣往来南京（今北京）与中原的必经之地。

元代为站赤道路（站赤即驿站），大都（北京）通往上都（开平，即古北口多伦西北）的路线主要是经檀州、宣兴（今滦平）、岚山、丰宁、森吉图至上都开平。中统二年（1261 年）设檀州驿，中统三年又设古北口驿（翌年又撤销），至元十八年（1281 年）设顺州驿。元朝历代皇帝及使臣往来于大都与上都之间时，多走此路。

明代沿袭了以往的驿铺制度，并在此基础上有所发展。“凡十里设一铺，每铺设铺司一名，铺兵要路十名，僻路或五名或四名。”密云段自梨园庄至古北口，计 120 里设总铺 4 个：城关南、穆家峪、石匣、古北口，每铺壮役二名，铺兵三名。散铺 28 处，其中就包括十里堡。每铺设巡役一名，更夫一名，铺兵一名。当时密云至古北口的驿铺道路是可通行马车的，是北京与古北口间往来的干线道路。明朝密古路还是重要的关隘道路之一。古北口自古以来为军事重镇，古北口关城筑于金泰和五年（1205 年），关口两崖壁立，中有路仅容一车，下有深涧，巨石垒垒，地势险要，故有“中居庸、山海，而制其隘塞者，古北、喜峰二口焉”之说。

京热御道密云十里堡段

清朝在热河建避暑山庄（离宫）、辟木兰围场。自康熙始，清帝每年夏初都要巡幸避暑山庄和木兰围场。为了北京与热河间往来的方便，修建了由北京至木兰围场长达 1200 里的京热御道，并建了多处行宫。御道的密云段，由梨园庄起至古北口止长达 120 里，设行宫 4 处，养护管理也比较完善，按季节搭建浮桥，以保证御道的畅通。

京热御道密云段由王各庄经十里堡到密云，是京热御道入密云的大门和第一站。在十里堡地段，近 10 公里是御道上密云地段的一个重要节点。

民国时期的公路

清末民初，北京“燕京汽车行”的汽车在未经整修的京热大道上经营客、货运输，由北京经密云到达承德，此为密云地区出现汽车之始。

民国十二年（1923 年）4 月，北洋军阀政府陆军检阅使冯玉祥将军为了向热河进军，命所部工兵和征集的民工抢修北京至古北口路，至民国十三年（1924 年）秋基本完工。该路是在清朝京热御道的基础上改建的，路宽 6 ~ 7 米，两侧有排水沟，能通行汽车，为简易公路。这就是密云至古北口，长约 58 公里的密云第一条公路——密古路。由于此路标准低，设计不全，路况不佳，只能晴通雨阻。

民国十七年（1928年）年初，河北省第一省路局派员进行勘察、测设，并组织整修，同年5月竣工。施工时对该路最狭窄的南天门、小新开岭东西两边和北坡等4处，进行开山放炮、开挖石方、展宽路面、修筑错车道等工程。经过整修使路况有所改善，车辆的通行能力有所提高。

民国二十五年（1936年），按照冀东第一期修路计划，补修梨园庄至密云县城10公里，路面宽8米，两旁设有便道。1946年秋，国民政府交通部第八区公路工程管理局（以下简称八区局），成立了承德公务总段，有20多名道班工人，分驻密云、石匣等地，其主要任务是抢修与维持北平（北京）至承德公路的通车。但该总段的人力、财力不足，所以无法改善路况，行车仍十分困难。

1946年9月，八区局第一工程队，分段勘测与抢修北平至古北口公路。1948年夏，国民政府为了维护和加强这条路的通行能力，又成立了石匣公务总段，密云工务段划归石匣工务总段领导，负责北平至古北口段公路。

1948年12月密云县解放，当时全县仅存的只有这条密古公路，全长69公里，但该路缺桥少涵、残破不堪，只是一条晴通雨阻的土路。十里堡路段，因为地处平原，路况相对较好。

新中国成立后的公路建设

1949年10月1日，中华人民共和国成立。同年10月至12月，由河北省投资，京古路沿线地方政府负责组织民工对该路全线进行整修，使路况有了初步改善。1950年至1955年进行了多次整修，包括路基展宽、降坡、修建桥梁和过水路面等。

共和国交通部、河北省交通厅、通县专员公署公路局鉴于原京承铁路已作废，拟将京古路密云段改线走原京承铁路。新线从梨园庄起，沿途经十里堡、密云城、前栗园、穆家峪、南省庄、小营、陈各庄、石匣、高岭、北甸子至古北口。1956年春经铁道部同意，由交通部和河北省投资130万元，于1956年夏对密古路进行大规模改建工程。由河北省交通厅、通县专员公署公路局和密云县组成京古路工程处，负责全线的设计并组织施工。

按1952年交通部部颁五级路标准设计，路基宽度不一，为6.5～30米。路基宽16米以上路段，在其一侧或两侧设辅道，专供铁轮车辆行驶，如梨园庄至沙峪沟段；16米以下者不设辅道。弯道最小半径为150米。全线最大纵坡为3.6%。工程于1956年11月竣工。

经过这次改建，密古路全段基本达到路面平整，晴雨通车。行车时速由以往的30～40公里，提高到40公里；货运量逐年增加，1955年为175万吨公里，1956年为190万吨公里，1957年为210万吨公里。

1965年开始铺筑梨园庄至密云11公里的渣油路面，1968年铺筑密云东门外至穆家峪9公里路面，1971年10月至1972年9月铺筑穆家峪至古北口47.5公里路面。至此，密古路全段67.5公里全部实现柏油路面。

随着社会和经济的不断发展，到1977年，日均机动车交通量已达4000辆次。因此北京市政府决定对京密路进行扩建。

京密公路扩建标准为一级，由北京市政设计院设计，远郊区段主要设计指标为：行车速度80公里／小时，最小平曲线半径600米，最大纵坡1.25%，路基宽25米，路面宽23米，中央隔离带宽2米，路面结构类型为沥青灌入式，路面横坡1.5%，路面整体变横量500公斤／平方厘米，桥梁荷载汽－20、挂－100，桥梁总宽与路基同，净宽与路面同，桥梁抗震烈度9度。

京密一级公路密云段自梨园庄至沙峪沟，长13.84公里。由密云施工指挥部组织施工，至1980年年底完成柏油路面4.8公里及整修路肩扫尾工程。

全路段工程质量较好，路面优良品率达100%，桥涵及附属构造物优良品率达77%。这是密云县乃至北京市第一条设施齐全、路况良好的一级公路，也是全国最早建成的一级公路之一。

十里堡的交通网

2009年9月27日，全长209.1公里的京承高速公路全线贯通，其中十里堡镇域4.7公里。京承高速公路按照一级公路标准建设，设计时速100公里／小时。道路采取两幅路形式，现西统路至京密路段路基全宽30米；京密路至京承高速段路基全宽34.5米。同步建设桥梁工程，以及排水、污水、交通、绿化、照明、隔音屏障等工程。京承高速路工程共占用王各庄居委会土地168.58亩，统军庄村土地102.56亩。

101绕城线（西环路）道路工程，南起101国道，北至密云镇季庄村交界处，道路全长2500米、宽50米，设计车速为50公里／小时。101绕城线工程共占用十里堡村土地121.1亩，双井村土地69.87亩。

西统路是密云西部重要的南北通道工程，其北起经济开发区四期环岛，南与京承高速公路相接，全长7.8公里，是密云新城与北京东部发展带的联络线工程。

连接京承高速公路密云第一出口的云蒙大桥，被誉为“华北公路第一桥”，就坐落在十里堡镇域内。2011年5月云蒙大桥开工建设，2013年9月竣工。大桥飞跨潮白河，一头连接京承高速公路，一头连接密云经济开发区。全长744米，主桥长370米、宽36.6米，桥梁结构为单塔自锚式异型悬索桥。桥梁的主塔外形采用“种子”造型，塔高126.5米，曲线形设计。云蒙大桥是密云县重点工程——西统路建设工程的一部分。京沈国道、承高速公路、西统路等，在十里堡镇域纵横交织，使其成为交通枢纽。

十里堡：密云文化的结点

陈奉生

十里堡镇地处云蒙山南麓，古代的驿道、清朝的御道从此经过，潮白河在此汇流，十里堡自然就成为水陆交通要道。独特的地理位置，使十里堡成为文化融合的结点。

农耕文明

公元前 283 年，秦开却胡，设置了上谷、渔阳、右北平等 5 郡。渔阳郡治所便设于今十里堡镇统军庄村南。公元前 225 年，渔阳郡归秦，成为全国 36 郡之一。渔阳城是渔阳郡的首府，郡是秦汉时期的行政管辖单位，相当于现在的省一级。渔阳城地处燕山南麓潮白河的河谷地带，三面环山，南与北京小平原相接，北控古北口要塞，是北京通往燕山以北的必经之地。古代的渔阳郡是一个由南向北的狭长地带，其辖境相当于今河北省围场以南，蓟运河以西，天津市以北，北京市怀柔、通州以东地区。古渔阳城处于这个地区的中部偏南，既是南北交通要道，又是蓟城（北京）北段最富庶的地区。从战国末期开始，历秦、汉、魏、晋、南北朝至北魏，这里一直是渔阳郡的首府所在地，前后历时约 800 年。

东汉时期，张堪为渔阳太守，为政 8 年，其做的第一件大事是亲自率领数千骑兵大破攻入渔阳的万余匈奴骑兵，保卫了境内的和平。第二件大事是大胆打击地方上的豪族势力，严厉镇压扰乱社会治安的坏人，增强了百姓安全感。第三件大事就是带领当地农民进行农田水利建设，发展水稻生产。北方种水稻，这是南北文明交流的产物，在北京社会发展史上是一件值得大书特书的事情。张堪凭其在蜀郡成都任太守时的经验，因地制宜，组织官兵百姓自郡西、南而东，把白河、潮河形成的广袤的涝洼地，改造成了8000余顷稻田，劝民耕种，获得了很大的经济效益。在密云水库没有修建之前，库区的平原出产一种水稻，叫清水稻子，碾出的米，青白细腻，颗粒像半透明的美玉，用它做饭，同一碗米，第一次捞成干饭，第二次熬成黏粥，第三次煮成水饭，每煮一次米粒都“伸一次腰”，吃着仍有嚼劲儿，所以又叫“三伸腰”。张堪在1900多年前为地处苦寒的中国北方引进了水稻种植技术，不但在中国农业发展史、水利史上意义重大，而且在军事、政治、民族融合等方面也有着极其重要的影响。

边关文化

公元前209年，陈胜、吴广与九百闾左同赴渔阳戍边（密云西南），至大泽乡，因雨受阻，失期当斩。“今亡亦死，举大计亦死，等死，死国可乎！”陈胜、吴广遂智杀校尉，率众斩木为兵，揭竿为旗，筑坛盟誓，诛伐暴秦。从此，渔阳的名字便和中国历史上第一次农民大起义、中国历史上第一个封建统一王朝的灭亡连在了一起。

北齐及明代修筑的长城，均沿密云边界山岭起伏。明嘉靖二十九年（1550年），俺答兵攻陷古北口后，一直进军至北京城下，抢掠京畿8日后取旧路退出，史称“庚戌之变”。明长城更在历经密云边界的东、北、西三面，建有古北口、墙子路、白马关、鹿皮关等重要关隘61处。1933年日本侵略者兵犯长城仍是侵占古北口后，兵临北平（北京）城下，逼迫国民党政府与其签订了丧权辱国的《塘沽协定》。历史上，修筑长城的物资，戍守边关的士兵，均由十里堡的水路、陆路运抵边关。在历史长河中留下了边关文化的印痕，比如，河漕村原名“大合操”，是操练军队的地方；

统军庄、燕落寨为驻军之所等。

御道商旅

康熙四十二年（1703 年），朝廷开始兴建大型行宫，初名热河行宫，至乾隆五十五年（1790 年）才最后完成全部修建工程。从康熙四十二年（1703 年）到清晚期 100 多年间，从北京到承德的这条御道和众多行宫一直迎送着清王朝的几代皇帝往返于京师、热河与木兰围场之间。京热御道全长 600 余公里，并沿潮河、滦河沿岸，修建 30 余座行宫。

京热御道经怀柔进入密云地界，第一站就是十里堡。沿密云御道建刘家庄、罗家桥等 4 处行宫，并形成了“密（云）—石（石匣）—古（古北口）”三大军事、经济重镇，给十里堡带来御道商旅文化。

1860 年英法侵略者攻占北京，咸丰皇帝就是沿着这条御道逃到热河的，后来病死在烟波致爽殿。慈禧太后在避暑山庄密谋政变，于密云行宫捉拿辅政大臣肃顺，发动北京政变，开始近半个世纪的垂帘听政。这些重大事件，对清朝多民族国家的统一和发展产生了深远影响。

运河文化

“运河（北京段）文化带”与“长城文化带”“西山文化带”共同构成了北京文化中心建设的重要内容。按传统观点，通州是大运河的终点，或者叫北起点。北运河不仅包括通州段，其上游的温榆河和潮白河也应视为其组成部分，而且在历史上曾发挥了很重要的作用。

明清两朝，南方各省的粮食和营建北京的物资都经过海运和大运河运送到通州。通州当时是京杭大运河北端漕运中心，部分粮食储存在通仓，部分粮食经过通惠河储存在京仓，还有部分粮食沿温榆河直接运至昌平巩华城和居庸关。自明“引白壮潮”后，利用潮白河道，向密云通漕，保障镇守长城将士粮饷。可以说，密云是大运河的北延线，河漕是密云漕运、陆路枢纽，长城文化与运河文化紧密结合，是不可分割的一部分。

云蒙山南大门

云蒙山，古称“云梦山”，高山林立，群峰竞秀，是密云乃至北京著名的自然风景区域。此前沿线民俗村的发展规范有序，但缺乏有影响力的整体性的重大项目支撑。云蒙山项目的开发，如今成为集文化旅游、文化休闲、文化创意于一体的高端文化生态旅游区，最终形成东线在古北水镇玩水看城，西线在云蒙山观山度假的密云旅游新格局。云蒙山风景区将与古北水镇东西呼应，成为京北自然文化休闲旅游的闪耀双星。十里堡镇地处云蒙山南大门，西统路直抵云蒙山景区，把十里堡镇和云蒙山紧密相连。

十里堡为进入密云的西大门，潮白河在此汇流，漕运在此集散，御道由此经过，边关文化、御道文化、商旅文化、运河文化在此交融，成为密云文化的结点。

第三部分

村居风貌

镇域村庄，岁月经久；古宅深巷，枯井老树，寄托着多少十里堡人的无尽乡愁。

水库移民，背井离乡，舍家为国；另择新居，安家立业，凤凰不栖无宝之地。

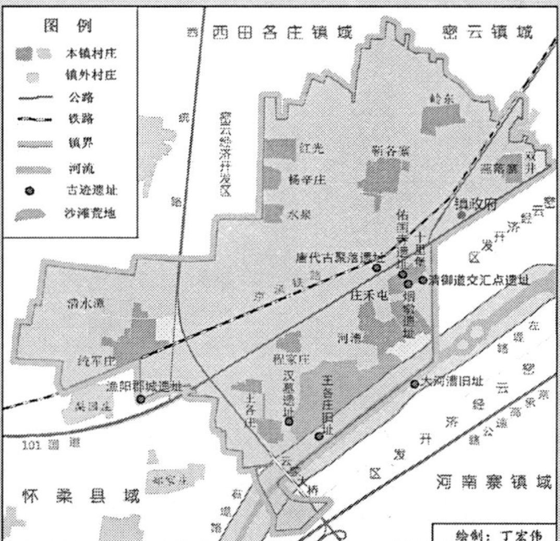

十里堡镇各村庄区位图 （丁宏伟 绘）

十里堡村

郭德昌

十里堡村为镇政府所在地，位于镇政府西1公里处。村地面高程56～60米。清代前称为“塔院庄”，因御道途经村南，以县城为起点沿途每5里打一井、10里设铺（堡），故得名十里堡。曾为十里堡公社、乡政府和今镇政府所在地。

村里田、罗二姓人家是最早的原住户，新中国建立时，村内不足50户人家，主要有田、罗、乔、李四大姓氏，还有赵、于、王、廖等其他人数较少的姓氏家族。

1949年建立村党支部，1961年成立生产大队，1983年改大队为村民委员会至今。村域总面积0.83平方公里，2017年年底有365户730口人。

十里堡村文化底蕴深厚，村民称有“三宝”：大庙、墩台和古道。大庙是指元代建于村西北的佑国寺；墩台是指明代设在村南的烟墩；古道是指清代途经于此的御道。20世纪60年代“破四旧”时，佑国寺被拆、法华舍利塔被毁；烟墩在20世纪70年代“农业学大寨”中被平复

十里堡村加固后的“清御道影碑”（郭德昌 摄影）

为耕地；御道虽没了原有遗迹，但“御道影碑”至今尚存。1980 年村东曾出土唐三彩三足罐。

村里有个代代相传的故事：传说古时这里的和尚抢男霸女，为非作歹，后被皇上知道便派麻虎将军前来震慑，皇上的意思是“惊一惊罢了”，而被麻虎将军理解为“耕一耕罢了”，因当地人都将“耕地”说成“jīngg（惊）地”，结果，“惊一惊（惊动一下）”也就被执行成为“耕一耕（耕一下）”，所以，派人挖坑把那些坏事做绝的和尚埋住身子、露着脑袋，用犁像耕地一样“耕”去了其脑袋，又在寺庙后掘了一眼土井，将那些和尚的头颅填进了井内。另外，为了防鬼魂惊诈，便在上面封盖了大石、修筑了砖塔，名为“法华舍利塔”。至今，村内有两个谜底尚不能揭开：一是佑国寺遗址处的“古井”内究竟有何玄机？是否真有和尚颅骨？ 村人历经几代都未知详情；二是在拆除“古井”上的舍利塔时，据说在“峰包铜嘉善金”的塔顶内藏有 3 本“天书”，后被檀营的一个名为“道玉”的人取走，其内容无人知晓，至今无下落。

十里堡村是油料、粮食的主产区。20 世纪 70 年代，全村有耕地 956 亩，其中灌溉面积 903 亩，花生种植占 50%、小麦种植占 40%，其余土地种有玉米、谷子、豆类等。进入 21 世纪后，随着密云经济开发区占地和村镇招商引资、明珠小区建设占地等，耕地面积减至 320 亩。

村办企业和私营经济在全镇起步较早。20 世纪 80 年代起先后办有珐琅厂、印刷厂、煤厂、微量元素化肥厂。其中珐琅厂在全县很有名气，1980 年，经原北京珐琅厂退休职工罗连瑞联系，村里办起法琅厂。改革开放之初，珐琅工艺品在国内国际很有市场，给村里经济注入了生机，同时还帮助县内其他村庄办起分厂。村企业的兴办，带动了民营经济的发展。村民于兴发瞄准砂石做文章，早年间他由筛砂石起步，后买机动车搞砂石运输，成为村上经济较富裕的人，之后他把眼光又投向机加工行业，做料配件加工。罗士奇做曲轴来料机加工，同样取得很好的经济效益。

乔秀金等同志在村里办起小卖部，带动了其他人从事零售业，有的由小卖部发展成为小超市。

十里堡村历来是辖区政府机关所在地，把支持镇政府招商引资、提供租赁土地吸引落地企业，作为发展村集体经济的重要措施。进入 21 世纪，吸引了多家客商来此投资兴办落地项目。其中较有规模并且有成效的有：明珠花园居民小区、北京城建四公司、隆源工业区、北京排山汽车城、汽车 4S 店等均在村域落地生根，不仅给村经济带来了活力，而且还为村民就业提供了机遇。

自 21 世纪初起，十里堡村注重村庄环境治理与美化，以“明珠花园”住宅小区开发为契机，不断推进村庄整齐划一、除旧布新。原村庄街道出行、入村线路为村东北角一条街，路况差、环境乱。村委会将十里堡中学临街道路拓宽、改造，南北取直径通国道，村容改观，面目一新。

原村东南角有一个污水坑，水面近 2 亩，人民公社时期曾养殖“水葫芦”，作为生产队猪场的青饲料，此后一直废弃。2007 年将其填平，投资在此建了村文化娱乐设施场地。不仅彻底根除了“坑”污染，也使村民文化娱乐活动有了固定场所。随后又进行硬化街道、修建健身广场、安装太阳能路灯、建环保公厕等工程。

十里堡村邻近密云经济开发区，村内大部分有文化的青壮年在开发区就业上班，村民也凭借这一优势，抓住机遇兴办第三产业，开饭店、搞客运，腾出闲置房屋搞出租，村内有 30% 的农户经营房屋出租，成为了一项较为稳妥、固定的收入。

农村实行家庭联产承包责任制之前的 1982 年，全大队 203 户 749 口人，耕地面积 903 亩，人均年收入 172 元。

2018 年，全村农户总人口为 1289 人，农民人均劳动所得实现 29836 元，位居全镇之首。农户所得总额 3845.8 万元。

双井村

郭德昌

双井村位于镇域东部，与密云镇毗邻，是一个典型的“城乡接合部”村。村辖域面积1.89平方公里，现有610户1750口人，耕地450亩。村内有刘、李、张三大姓氏，其余有谭、郭、赵、曹、王、袁、贾、郑等姓氏。1949年新中国成立后，成立村党支部，1961年成立生产大队，1983年改大队为村民委员会至今。

双井村是密云水库移民村。明代成村，村名来历富有传奇色彩：相传，古时人们在街上发现一条双头蛇，认为是不吉祥的怪物，被大家轰到了水井里，还扣上了锅，又在上面修了五道庙。并在此井不远处打了第二眼井，故形成“双眼井”，村取名为“双井”。极为巧合是，1958年当移民到达燕落寨村后打井，钻探到30米深时却遇到岩石而废，只好在旁边又打了第二眼井，再次形成“双眼井”。竟然又与村名极其吻合，这一情形至今令老人们记忆犹新。

移民前的老村除有五道庙外，村内还有座大庙，供奉三世佛祖。寺庙分为两进院，东西各有厢房。殿前院内东有“胭脂柏”树，西有松树。每逢农历初一、十五为进香拜佛的日子，善男信女络绎不绝。

明代立村时的原住民为张氏家族，清代分别迁来刘氏、李氏。居民分三攒儿居住，人称西双井、中双井、东双井。东双井住户大多为张氏、李氏家族，户数、人口也多，其余两个村刘姓居多，三村总计不足200户。

刘氏家族　双井刘氏祖先有兄弟8个，来此圈地，“骑马插杆”，马跑到哪里，地界就占到哪里，号称“刘百顷”。其中双井的刘增甲之父清末中了举人，是旧时全双井村中文化程度最高的人。

李氏家族　清乾隆年间迁移至此。李氏家族中有一位曾任直隶河间知府，为官正派，却反遭奸人诬陷。朝廷虽免其官职，但念其秉公、正派，便赐给他一根“打狗棍”（遇坏人打劫可打死且无罪），确保其归途人身安全；民国年间，李氏家族中的李大成是一位彩绘画匠，专门为寺院庙宇、戏楼作画，其所绘的人物、景物栩栩如生。古北口内外，很多庙宇、戏楼的彩绘便出自他手。

张氏家族　原村中老居民，占有土地较多。张氏在三个村中算是有钱的家族，在土地改革时，被划为地主、富农成分的大多是张氏家族。

双井村在抗日战争、解放战争和抗美援朝战争中，青壮年踊跃参军。据不完全统计，有刘乃全、张明文、张明玉、张凤青、刘增江、刘明清、刘明泉、刘增海、郑云海、郑云普、刘振如、刘乃千、刘增勉、刘乃荣、刘乃纯、郭运祥、李连喜等人。其中刘明清、刘明泉亲哥俩双双参加丰滦密县大队，刘明清后升任副连长。另外，刘增勉后升任解放军某部师政委。在村内曾有一家4人捐躯革命：刘增海解放战争期间牺牲，其父刘乃朋（村贫农团团长）和叔父乃雨、乃臣在土地改革时均被“伙会”（反动地主武装）杀害，成为双井村史上“革命光荣”之家。

1958年修建密云水库时，双井村经政府统一安置到十里堡村、燕落寨村暂居。1960年在燕落寨村东新建移民村，双井村按原建制搬入新村，由燕落寨村拨划土地1100亩。移民搬迁以前有土地3146亩，人均4.18亩。搬迁后虽然土地减少了，但双井人奋发进取，大家齐心协力平沙丘、填沙坑，改造良田，苦干十多年，大大改善了农业生产条件。1972年大旱，社员完全采用人工作业，共打大口井8眼，实现土地全灌概。到1974年，粮食产量实现亩产600斤、1978年实现亩产800斤。大队党支部先后三次被评为县里学大寨先进单位。改革开放以后，村里又先后办起木器厂、鞋厂、床垫厂、笊篱厂、印刷厂等企业，既壮大了集体经济，又增加了村民收入。

进入20世纪80年代以后，因修建101国道、县棉纺厂，占去双井村许多土地。1992年，县开发区再次占用村土地，使得村民人均不足3分地。1996年，政府按农业户口1户转1人为非农业户口，全村“转非”497户，其中200人转非、237人转工，60名达到退休年龄的老年人直接领取养老金。

“筑巢引凤”，引农业进市场 随着社会的不断进步与发展，双井村逐渐成为“城乡接合部”。村两委班子发挥村庄区域优势，建设商贸专业村。先期投入10万元改造出一条商铺主街，招商引资近千万元，进行商业街铺面房建设。村民有些人率先做起小百货、服装销售、小吃饮食等生意，不到一年时间，全村770户有345户走上了自主经商之路。随着商贸街的发展，吸引和带动了整个区域的发展。2004年和2006年，共建商贸楼2座，商铺面积共达3000多平方米，形成较大规模的超市。连本村人在内和外来经商者有2100多人。外来经商者还在村内租住民房，又成为村民一项稳定收入来源。

改造旧村，让农村变社区 农民自主择业经商，家庭经济有了发展，生活水平得到提高。进而，村两委班子开始实施第二步发展目标：推进城市化建设，农民变市民，农村变社区。2003年6月启动这一工程。2004年，一期工程10000多平方米居民楼竣工，有147户第一批动迁户搬入宽敞明亮的楼房。他们和城镇社区居民一样，跨入了繁荣和谐的新时代。

如今，双井村民生活水平逐年提高。1988年，农民人均年收入734元。2018年，全村人口1022人，农民年人均劳动所得由2003年的6820元增至26189 元，全村农户所得总额2676.5万元。

水泉村

聂德友

现在的水泉村为两次搬迁的水库移民村。它的前身分别为水泉、扎窝山、小达峪沟、于菜园这4个自然村，同属北省庄行政村，距密云城15公里。

村庄组成及由来

4个家族式自然村的先祖都是由山西而来，分散住在北省庄村北边缘的沟沟岔岔里，祖祖辈辈靠开荒种地维持生计，赶上风调雨顺之年，多数人家吃喝不愁。

1958年因修建密云水库，4个自然村同时由水库淹没区分别搬至密云城东刘林池、城后沙河、溪翁庄镇白草洼、荞麦峪等村，少部分投亲靠友搬到其他村。

1962年经密云县政府同意，批准位于155米高程以上的村民重返库区安家生产。在自愿的基础上，有70多户搬回库内老家，重新选址盖房安家。搬出时为4个自然村，由于有部分人不愿搬回来，因此水泉、扎窝山、于菜园三个自然村组成一个村，重新取名水泉村。

水泉村有个传说，据说很久以前有位南方寻宝人路过这里，偶见山石下有宝物。他多日观察后发现一对金蟾时隐时现，寻宝人捉住一只，另一只逃脱。后来山石缝下流淌出清泉，有人说这是剩下的那只金蟾穿透石缝划出的水线。泉水清凉甘甜，无论天气干旱还是阴雨连绵，泉水似有人掌控一样细细流淌，人们便用山石垒成一眼小井。后来这个小村便取名叫水泉。

1963年，水泉、小达峪沟与恒河西山组成一个大队，隶属于穆家峪公社。

凡人趣事

两老汉勇救八路军侦察员　日本侵略者侵占密云后在小营驻有日本宪兵一个小队，该小队经常扫荡清剿。1944年4月8日，日本宪兵出来扫荡时认出并追踪八路军侦察员任宗祥。日本宪兵想活捉他，由北省庄追到于菜园村，因为村太小无法藏身就继续往北跑。这时扎窝山村两老汉聂凤田、聂凤山哥俩正在村东头和泥脱坯，见侦察员气喘吁吁跑来，得知情况后两老汉急忙脱下自身衣服给侦察员换上，将侦察员衣服埋在泥堆里，顺手抓把泥往侦察员脸上一抹。此时侦察员立刻变成一个地地道道的农民与两老汉干起了活，侦察员最终顺利脱险。日后他多次到两老汉家拜谢，并宣传抗日救国政策。聂凤田、聂凤山两老汉各送自己一个儿子参加了八路军。

能人“二木匠”杨士林　水泉村有个老手艺人，木匠手艺精湛后又学会了瓦匠，人们称他瓦木两作，给人修房盖屋，干完木匠活接着干瓦匠活。久而久之，人们忘记了他真实姓名杨士林，“二木匠”绰号及手艺在方圆百里的村庄中皆闻名。

勤于持家的聂家三爷　聂三爷是持家能手，在他当家十几年的时间内将一个贫穷家庭发展成有瓦房30间、马车2辆、土地200亩、大小牲畜80多头，雇长短工9个的大家族。在置办家当时，大至土地、骡马，小至针头线脑全部都精打细算。富有之后不忘勤俭本色，有时看见饭桌上有米粒也要捡起来吃掉。

两次移民搬迁

1958年修建密云水库需要集体搬家时，震动了水泉村民。他们的祖先为了活命逃荒至此，经过多少代人的辛勤耕耘，这里已俨然成了安居乐业之所。要迁徙到一个陌生的地方去，他们不愿意离开生养自己的地方，但他们没有向政府提出任何条件，离开了生活多年的老屋旧舍，抛弃大部分家用器具，大人小孩坐上马车搬去他乡。有的老人面对村庄、面对祖坟，拜了几拜之后才上马车离去。

1962 年，有些人返回库区居住。1973 年密云水库水位达 149.65 米，土地全部被淹，部分家庭的院落及室内都进了水，出行道路阻断。政府动员淹没区村庄再次搬迁。生活近 12 年的水泉村村民又一次拆掉刚刚盖起的新房，于 1974 年春至次年冬第二次整建制搬迁到现址，重新安家立业。

村庄的发展

第二次搬迁至今已 44 年了，通过上级政府帮助以及村历届班子辛勤努力，村民生活水平逐年改善和提高。现在家家通自来水，修整硬化大街小巷，安装路灯、监控器。村里建起纸箱厂，解决了村民就业，增加家庭收入。1999 年集体出地、个人投资建立 160 多栋温室蔬菜大棚，同年被农业部评定为无公害蔬菜基地。

2000 年由邻村靳各寨购置土地 17.7 亩，以村自筹加村民集资修筑了一条长 2000 米、宽 9 米的村级公路并安装路灯，大大方便了村民的出行及与外界的沟通。村民生活居住质量也得到改善，房屋外墙采用保温材料，用天然气替代煤炉取暖和做饭。

为丰富村民业余活动建设篮球场一个、健身园两处，健身器材 68 件套；健身园旁栽植牡丹、月季，形成赏花、健身、娱乐休闲于一体的乐园。

现在全村 246 户，有轿车 87 辆，饭店 8 家，商店、超市 9 家，小修理厂 3 家。

2018 年，村中 520 口人，农民所得总额 1143.6 万元，年人均劳动所得 21992 元。

庄禾屯村

郭克喜

庄禾屯是水库移民村，位于十里堡镇域西部，101 国道南侧，距镇政府驻地 1 公里。村域总面积 2 平方公里，现有农户 612 户 1475 口人。

移民前的庄禾屯

村名的来历　庄禾屯位于柏岔山前，潮河北岸的淤积川地上。西距董各庄村 6 公里，东面与学各庄相邻，北距不老屯 1.5 公里。

老人们传说唐代时，有一家姓庄的哥仨儿，从山东逃荒要饭来到密云柏岔山南的潮河北岸时，见到此地适合生活居住，于是定居下来，并以姓为村名，叫庄窝屯。新中国成立初期，村里把南庙改造成小学，从佛像腹中得到一本文字资料，确证南庙为唐代所建。

明洪武五年（1372 年），密云建中卫辖后卫，庄禾屯是后卫所辖六屯之一。明代时，庄窝屯改名叫庄禾屯并沿用至今。

村落布局及主要建筑　该村村域总面积 8 平方公里，房舍布局合理，街巷规整。南北有 3 条主街，东西有 4 条主街，分别是夹道、西门街、前街和后街。村中有一座皇帝住过的大四合院，还有大东院、大西院、当兴院、恭忍堂等彭氏高档房屋。庄禾屯有六眼井，供人畜饮用。

村中有庙 4 座。南庙为铁佛寺，坐北朝南。庙内有一棵古槐树，树干粗大得需几个人合围，树中空心，仍然枝叶繁茂。村中心偏东有一座龙王庙；村西北有座关帝庙，庙中有两棵老柏树；村北是观音庙，大殿有观音菩萨神像，庙中有钟鼓楼，上挂大铁钟一口，钟声能传三五里远。

1953年在村中心位置建成戏楼一座，坐西面东，戏楼前台房檐下中间有一块匾，上写“今古遗风”4个大字。

大姓家族 庄禾屯村的彭氏家族一世祖彭连，1644年随顺治帝进关，恩赏住在庄禾屯。三世祖彭商为骠骑将军。村中有一座大院，前后三层院落并有东西双跨院。这是清朝顺治年间朝廷拨款建造的，为了皇帝从京城到沈阳旧宫往来吃住所用。康熙年间修成了御道和行宫，庄禾屯大院的皇家功能从此废弃，便赏给了彭姓家族。

彭姓家族的世序是：德正大光明，兴玉（毓）传世广，昭宪庆景祥，承天崇文远，福寿绍绵长。现在排辈为明、兴、玉、传者居多。

孟氏家族也是随顺治帝进关，现排辈为大、久的居多，晚辈未排序。

张氏家族从本县南碱厂来到庄禾屯，现在排辈为文、德、明、建的居多。

胡世家族排辈为德、成、志的居多。

杨氏家族现在排辈为瑞、福的居多。此外，还有郑姓、苏姓、郭姓、刘姓等三十几个姓氏。

粮仓庄禾屯 由于地处平川，土质肥沃平整，盛产谷子、玉米、高粱，素有密云粮仓之称。移民前，村中有360户人家1316口人，土地7700多亩。由于地多产量高，“土改”后家家户户交公粮、卖余粮。合作社时期生产队骡马成群，大车多辆，每年赶着大车向国家交公粮、卖余粮。

生产队交公粮

庄禾屯村边布满菜园，蔬菜鲜嫩，种类繁多。果园中有桃、李、梨、杏等多种果树，花果飘香。农民除种地外还有做豆腐、卖烧饼、摊煎饼、卖油饼、卖杂面、做买卖的，那时村内生产、生活欣欣向荣。

搬迁后的庄禾屯

移民新村建设 1958 年自库区移民到十里堡，临时安置时大多数住进了河漕村；由于该村住不下，一些人搬到王各庄，另一些人搬到程家庄，还有 50 户移民搬迁到水库边的邻村。1962 年移民全部搬进新房。河漕村划拨给庄禾屯土地 1100 亩，王各庄划拨土地 550 亩，程家庄划拨土地 250 亩。由于移民水土不服，再加上三年困难时期，1960 年有 170 多户又从河漕等村搬回了库区庄禾屯旧址，在自家原宅搭建了油毡房，还按原来的生产队旧制成立了 4 个专业队。1975 年这部分移民又全部搬出水库区。

庄禾屯主村有两个生产队位于河漕村北，是统一规划的排子房，其余两个生产队分别住在程家庄和王各庄，共同归属于庄禾屯大队。

经济发展 庄禾屯村在改革开放前经济以农业为主，有耕地 1950 亩，主产花生、小麦、玉米等。农业学大寨时期，庄禾屯把原来的沙土包、茅草地全部改造成水浇地。1987 年推广适度规模经营，该村又建立了 4 个农场，实行场长责任制，农田采用喷灌技术灌溉。村民享受补贴价分口粮。

1981 年 11 月，村里建立了第一个印刷装订厂，因为管理好，印刷质量可靠，企业稳步发展，成为全县农民就业致富的典型。2000 年北京市乡镇企业局授予庄禾屯“北京市印刷专业村”的荣誉称号。2005 年成立起印刷协会，村里还建起了制本厂、装订厂、防伪商标厂、修配厂等。经济快速发展，2018 年本村有 1475 口人，农民所得总额 4242 万元，人均年劳动所得 28759 元。

人民生活 随着经济的发展，村容村貌和人民生活水平有了很大的改变。村里成立了印刷协会，修建了文化公园，重修了影壁，街道硬化、美化、绿化，清洁宽敞。

从1982年起，大队给60岁以上老人每天补助1.5元钱。过年给村民发米、面、肉；大队干部和各企业领导会开着汽车给村民拜年并送年货。

该村获得过“北京市村容镇貌综合治理样板村”“全国造林绿化千佳村”“五好村党支部”等国家和北京市多个荣誉。大队书记赵明廉同志1990年曾获得农业部、人事部颁发的“全国劳动模范”称号。

厚重的传统文化

庄禾屯一直有着厚重的历史文化，村中有武术、剧团、鼓书艺人等。

武术 武术名家赵生堂出生于1901年，自幼习武。成年后到瑞典、法国等十余个国家进行演出。回乡后边收徒传授武艺，边给乡亲们接骨拿环，治疗疔疮等疾病。他曾带领武术团先后到县内外各个村镇演出。20世纪70年代初，庄禾屯办起了业余武术班，80年代末参加了中国武术观摩交流活动。村里武术团经常参加县里演出，节假日给本村表演。

剧团 1953年至1956年，村中有评剧团，1956年改为河北梆子剧团，其中有老生张文成、大青衣孟淑兰、小生胡德全、花旦彭兴秋、老旦张永亮等四五十名演员。二青衣张慧琴于1963年被北京市人民委员会授予农业社会主义劳动模范。剧团的戏目有《大登殿》《牧羊山》《辕门斩子》等20多出古装戏。

“文革”期间剧团停办。1978年河北梆子剧团恢复，以唱古装戏为主。除本村外，还到山区演出。主要演员有冯桂荣、苏桂华、张淑芬等。

村里河北梆子演员赵玉珍已经66岁，多年来不间断唱戏、担任主角，2016年荣获“密云区河北梆子戏剧大赛”三等奖。

大鼓书 大鼓书是种乡村喜闻乐见的文艺形式，从新中国成立初期到改革开放前，艺人戴福海刻苦勤奋，记忆力好，他说的《响马传》《薛刚反唐》《三侠五义》等节目很受听众欢迎。

红光村

聂德友

十里堡镇的红光村是由原水库移民村西恒河、水洼屯和东井峪三个村组成的新村。

西恒河

红光村原名西恒河，在密云城区东北约20公里处，全村200多户800多口人。有土地五六千亩，主要种植五谷杂粮。

西恒河土地多，土质为粘性土壤，下过雨后行走极其打滑，鞋能沾上厚厚的泥巴。修建密云水库时，拦洪大坝用的土全是东西恒河的粘土。

西恒河村人的祖先也是从山西迁徙而来，师姓为占先户。张姓为大户，其次有赵姓、肖姓、孙姓、王姓、潘姓。该村处于潮白河交界处，也是分水岭，东恒河水往东流入潮河，西恒河水往西流入白河。早年间，流经西恒河的水变成红色，因而村名又叫红河村，后来逐渐演变成恒河。东边叫东恒河，西边叫西恒河。

西恒河村中间有座前后各三间的庙。前三间叫前殿也叫老爷庙，供的神像是关公；后三间为后殿，也叫菩萨庙。庙的结构为前出廊后出厦。两庙中间有一棵松树，树冠平顶，树荫能遮盖整个庙宇，树干粗约三人合抱。后来庙宇改为学堂。

村庄西头有座五道庙，只有一大间房，屋内供有阎王、判官等神像，村内有丧事时会到五道庙烧香烧纸，刮风下雨时行人能躲风避雨。

解放前西恒河村有一个艺术团体叫轿子房，其名声在外。吹鼓手多为赵家人，其中赵永言、赵俊发、赵俊起、赵俊生、王振生几人合在一块能唱坐腔戏，大户人家办红白喜事吹拉弹唱都请轿子房的人。

解放后成立过戏团，肖正有同志当时既是村长又是戏团团长。主演有肖正旺、赵书伶、师超云、肖振英等人，演出的曲目有《黄草坡》《绣鞋记》等。

1958 年西恒河村整建制搬迁到密云西田各庄公社疃里村。

1962 年春天，水库淹没区大面积土地裸露。村内 100 多户 400 多口人自发搬回库区扎窝棚种地，两年后水库水位上升，10 多户又搬离库区。剩余 80 多户仍然生活在库区，行政隶属关系归西田各庄公社西恒河大队。上下两个西恒河村相距 50 多里，在通信交通都不方便的时代，使得行政事务等很多问题不便办理。1971 年留在库区的 87 户村民提出申请另立新村，经批准成立红光大队，在经济、行政、土地、山场等方面与下边的西恒河村各自独立。红光大队隶属溪翁庄公社。

1974 年密云水库水位增涨，红光村成了库中孤岛，土地淹没，出行不便。县政府便决定将红光村搬迁到十里堡公社靳各寨庄西建立新村。

水洼屯

水洼屯村在移民前是四面高、中间低，形似盆底的小平原。因地势低，雨水不充裕的时候，村内也能看到积水，久而久之，人们将村子叫成水洼屯。

1958 年移民前全村 180 多户 700 多口人，有土地 5000 亩。因地势平坦，土地肥沃，主要种植高粱、玉米、谷子、杂豆等农作物，少量种些小麦、旱粳子。李、姜、赵三姓为村中大姓，丛、郑、朱三姓户数少。新中国成立前，村内大户赵玉顺家有土地 500 多亩，宅院占地 4 亩、瓦房 5 间，东西厢房，马车一辆，雇两个长工，忙时再雇些短工。东家赵玉顺本人与长短工长期一起吃饭生活。

村中心有一菩萨庙，正殿三间，东西配房。庙门口有四人合抱的大槐树一棵。解放后，大庙用作村办公场所。

1958年因修建密云水库，整个村子整建制搬到西田各庄公社疃里村，建立新村后仍延用水洼屯村名至今。1962年有28户搬回库区耕种祖籍土地，当时称之为水洼屯专业队。9年后，这个专业队合并到红光大队至今。

东井峪

原来的东井峪村是典型的浅山区小型村庄，修建密云水库前坐落在南石骆驼乡南石骆驼村东边的一条山沟里，距县城25里。

据说，东井峪村人的祖先早年到此地安家落户时，人口少，没有形成规模，也没有村名，后来人口增多逐渐成村。为了解决生活用水，族人们便在村口一锨一镐、一锤一錾地凿了一眼井，虽然是一眼直径4尺、深有丈余的小井，水量却异常丰沛，即使百年不遇的大旱井水都不干。特别是到了夏季经常从井口往外溢水，自然形成“井溢”。久而久之，人们将村子叫做井峪，由于它在南石骆驼村的东面，便又叫东井峪村。

1950年后，东井峪与庄户峪、大梁峪三个自然村划为一个行政村，隶属南石骆驼乡。因修建密云水库全村迁到原址南山洼的南侧，村名仍叫东井峪，划归溪翁庄公社管辖。1974年水库淹没大部分土地，阻断了交通，人民生活得不到保障。于是县政府决定东井峪村搬迁到十里堡公社红光大队。至此，水洼屯移民、西恒河部分移民和东井峪合并为一个村，仍沿用红光村村名。

村庄发展

现在的红光村是西恒河村和水洼屯村部分移民，以及东井峪村组成的一个新村。村庄无论在村干部选用、经济收入分配、设施建设等方面都统筹兼顾。几十年来红光村始终保持团结向上势头，在经济发展上先后开办装订厂、废棉加工厂，改革开放后又建立激光照排厂、锅炉厂，率先搞网箱养鱼和绿化库区荒山。2018 年全村 337 户 806 口人，人均土地0.3 亩，农民年所得总额 1782.1 万元，年人均劳动所得 22193 元。

在村庄建设上，大街小巷都进行了硬化、美化、亮化。修建了村民活动场所，安装各种健身器材 100 多件套，建大小公园两处，篮球、乒乓球场各一处。村中文体活动生机勃勃。

在村民福利待遇上，60 岁以上老人每年一袋米一袋面一桶花生油，生日另发 200 元人民币。八一建军节时，回乡退伍军人、现役军人每人 10 斤猪肉、10 斤鸡腿、2 箱啤酒。三八妇女节时，每名妇女发放 200 元。正月十五，每人 2 斤速冻饺子、2 斤元宵。端午节，每人 2 斤江米并在村老年活动中心组织婆媳包粽子活动，促进婆媳妯娌之间的亲情关系。每年国庆节，每人一袋米一袋面。中秋节，每人一斤月饼。

每到秋季，还向村民每人发放 50 斤萝卜、50 斤白菜、30 斤大葱，作为常备储存菜。

为让村民过一个快乐祥和的春节，每年组织全体村民进行一次环境大治理、大扫除，并且每人发放 500 元过节费。

以上这些福利给红光村村民带来一种幸福感和荣誉感。

杨辛庄村

聂德友

杨辛庄村也是水库移民村，但不是整建制搬迁，而是一分为二，一部分留在原地，还叫杨各庄；一部分移民到十里堡，即现在的杨辛庄。

老村杨各庄

杨各庄村最早是一杨姓人家为占先户，传说由于该户主人好逸恶劳，终以要饭为生，没几年光景就败了家。杨姓人家败亡后，杨各庄再没姓杨的。郭姓、王姓、郑姓为杨各庄大姓，齐姓、孙姓、董姓、张姓、于姓等陆续迁入该村落户。杨各庄董姓、齐姓、张姓、于姓的祖先们曾是看陵户。

杨各庄地处两山（奶头山、铁鸡山）两水（潮河水、白河水）之间，地理位置优越，环境秀美，清中期被皇室选中建太子陵寝。乾隆十七年（1752年），清乾隆皇长子定安亲王永璜与皇三子恂郡王永璋，以及皇五子硕荣纯亲王永琪的陵墓建于杨各庄村南。太子陵周围的山水呈弧形，墓地坐北朝南。进入墓地即是月河，月河上有座汉白玉石桥，月河后建有碑楼。宫门为明 3 间暗 9 间的门洞，门洞与红墙相接。进院有东西朝房，月台正中有云龙阶石。享殿明 5 间暗 15 间，绿琉璃瓦覆顶。旁边有东西角门，角门里月台之上是三个大宝顶。陵区四周植有松柏树 5000 多棵，陵区内庄严肃穆。民国时期，恂郡王的后人生活陷入困境，将陵区树木砍伐卖钱。1958 年修建密云水库时进行抢救性挖掘，将墓葬中的金银、珠宝、玉器等珍贵文物收藏于北京市文物管理处。

杨各庄村早年间郭家是富裕户，有土地上百亩。其祖上有人在民国时期当过河北省参议。郭家大院为两进院落，中间有厅门。修水库时郭家大院拆迁了。

二次移民杨辛庄

1958 年修建密云水库，杨各庄 180 多户 700 多口人，整建制搬迁到西田各庄公社大辛庄村。两年后，由于多种原因，原村民陆续返回水库淹没区杨各庄原址。20 世纪 60 年代末期有 184 户 800 多口人，3 个生产队。库水消落时有土地 450 多亩，主要种植玉米、谷子、高粱、白薯、杂豆等农作物，人均收入 50 多元。

1974 年密云水库水位高程达 153.01 米，淹没了该村大部分土地，剩余的山坡薄地不能继续保障全村的基本生活和口粮。于是县政府再次组织动员部分人搬迁离开水库淹没区。

杨各庄村按照当时情况，部分农户可以留下来，继续经营剩余土地、山场。留下或搬走采取完全自愿原则，经过酝酿，有 98 户又搬迁至西田各庄公社大辛庄村东 2 公里建设新村。新村的位置是，南面水泉村，村东靳各寨，西面为京密引水渠支渠，北面红光村。

杨各庄村这部分移民因两次搬迁都在大辛庄，耕地也是大辛庄村划拨的，为了能区分老杨各庄与搬走的新杨各庄之间的关联，取名为杨辛庄村。

见义勇为两英雄

杨辛庄村民风淳朴、心地善良，在 20 世纪 80 年代和 21 世纪初，涌现出两位危难之际奋不顾身、舍己救人的英雄。

1985 年 6 月 21 日，村民郑云成父子到自家沼气池里去取猪饲料时不幸中毒昏倒。本村村民孙进得闻讯后急速赶到出事地点，推开众人用湿毛巾堵住鼻子和嘴，抢先下到池中救人，但因毒气太大，未能救出郑氏父子，他也因中毒太深英勇献身。为此，北京市人民政府批准他为革命烈士。

2012 年 4 月 28 日下午，水杨红小学一年级学生郭东浩等几个小朋友到红光村东鱼池抓蝌蚪玩。郭东浩不慎掉进池中，其他小孩吓得四散，喊叫救人。这时张小康小同学奋不顾身扑向鱼池，用力将 8 岁的郭东浩推向岸边，自己却因初春水冷和年龄尚小（10 岁）、体力不支，未能游到岸边而牺牲。为此，北京市民政局授予张小康同学“见义勇为好少年”。

经济发展

杨辛庄村 20 世纪 70 年代通过农业学大寨，大平大整土地 200 多亩，先后打大口井、机井 16 眼。全村土地实现水利化和两茬种植，粮食产量得以翻番，社员口粮由玉米为主，变成小麦为主。

改革开放后，村集体建有规模化养猪场一座，与其他村合办装订厂、印刷厂，建立复合肥厂。这些村办企业的建立，为解决村剩余劳动力，增加村民收入发挥了很大作用。

2002 年，密云四期开发区征用杨辛庄土地 259.6 亩。村里 2010 年在剩余 120 多亩土地上建设农业大棚 54 栋，丰富了市民菜篮子，提高了土地收益。

如今杨辛庄有 239 户 549 人，村庄街道整洁，文体设施齐全，天然气取暖做饭，人民生活水平日渐提升。2018 年农民年所得总额 1255.2 万元，人均年劳动所得 22138 元。

河漕村

丁宏伟

河漕村，现有农户1039户2301人。村域总面积5760亩。村落位于十里堡镇域南部，东临密云经济开发区，北与庄禾屯村相连，东北距镇政府1.5公里。村庄地处潮白河北岸的淤积滩地，村址地面高程在54～57米。村西出街口向北有101国道，村南有右堤路，交通方便。

村庄形成和变迁

河漕成村于明代嘉靖至隆庆年间。自嘉靖三十四年（1555年）后，“引白壮潮”工程开始，历经17年，至隆庆六年（1572年）七月“初通漕运于密云”。在白河与潮河汇合处的北岸上，人们又开始建屋居住形成村庄（这里历史上已有几度村镇兴废）。一说是因该村坐落在人工挖掘河漕新开通的潮白河边，故村名为“河漕”；另一说是因该村地表层下埋有较厚的白色河沙，地下沙线曾是古渔水的河槽，因而以“河槽”为村名。由于村南潮白河长年通漕运，故后来多将该村村名写为“河漕”。

河漕村位于漕运河畔，明清时期有码头，码头货物的装卸搬运给村民增加了就业机会，带来务农之外的经济收入，使得河漕村很快发展起来。明末清初之际，河漕村的东北又形成一个小村称作小河漕，因而清代曾有大、小两个河漕村之说。

大、小河漕村坐落在潮白河北岸，既有大面积的荒滩沙丘可以开荒耕种，又可以在密云运河的河岸码头做工，还可以在空闲时打鱼捞虾。一般年景，村民生活还算不错。

河漕在明代成村以后，属于密云县广顺里，清代依旧。民国初期属于密云县第七区。1936 年被伪冀东防共自治政府密云县编为第二十乡。1938 年被密云县日伪政府编入第一警区（城关）第六大乡。密云解放后，1949 年 8 月划归密云县第七区。1950 年 1 月划归二区西田各庄。1956 年 9 月以后划归十里堡乡。1958 年 9 月划归红旗人民公社（后改为西田各庄人民公社），1961 年建河漕大队。1974 年 9 月改属十里堡人民公社。1983 年以后属于十里堡乡，河漕大队改为河漕村民委员会。

老村故事

河漕村坐落于密云运河的北岸，历经 400 多年，其沧桑变化远胜于一般村庄。

两河交汇，村庄兴旺　自明隆庆六年（1572 年）漕运通达密云后，朝廷拨给密镇（当时蓟辽总督府设在密云）的 15 万石军粮，“自通州径运至密镇”，即从大运河北端的通州张家湾码头沿潮白河而上，经牛栏山直接运抵密云县城西门外码头，不但节省了运输时间，每年还减少费用白银 2200 余两。在这段通密小运河上，漕粮运输高峰时有近 400 条漕运船只往返运输。除了运输漕粮外，还运输其他军用物资、民用物资等。

河漕村东南，正是白河与潮河的交汇处，也就成为了潮白河的起点。当时这里的特色是：白河水是凉而清，潮河水温而浑，交汇处可见“泾渭分明”之状。漕运船只行至交汇口时须左转进入白河道，逆白河而上驶向密云县城西门码头。枯水期时则在河漕码头卸货。

村在运河边，曾经出过水性极好的、著名的“十八水手”，“十八水手”成为河漕码头附近水上运输、水上救援的专业人员，他们的水上功夫享誉周围十里八村。相传，清朝每年皇帝去承德避暑山庄往返通过密云白河渡口时，都要调用“十八水手”前去做水上护卫人员。

康熙帝6次驻跸河漕村 1644年清廷入主中原，以古都北京为政治经济文化中心。康熙二十年（1681年）平定三藩之乱后，二十二年（1683年）七月又统一了台湾。天下一统，四海升平。康熙皇帝自然是龙心大悦，二十三年（1684年）夏，康熙皇帝再次出古北口避暑北巡。当年五月出行，八月回京，这一次往返途中都驻跸在河漕村过夜。此后康熙二十四年至二十七年间，康熙皇帝连续4次“巡幸塞外”，每次都曾驻跸密云县河漕村过夜。5年间，皇帝在此驻跸6次。因此，密云县河漕村之名多次被记入清廷皇家史籍。

康熙三十三年以后，密云行宫（即刘庄行宫）建成，继而又修好了北京至热河避暑山庄的御道。虽然皇帝没有再次驻跸河漕村，但御道还是由河漕村通过。顺治、康熙、乾隆、嘉庆、道光、咸丰、同治等7位皇帝，由此往返于京师与承德间。那时皇帝经过的村庄经常会有蠲免三四成税收的优待，也算是久沐皇恩了。

潮白泛滥，重建家园 时至道光二十八年（1848年），河漕成村已经260多年，发展成为大、小两个河漕村。就在这年七月，白河与潮河同时暴发了大洪水。汹涌猛涨的潮白河水将北岸上的大河漕村无情冲毁。遭灾的大河漕村民们，或到小河漕、王各庄、塔院庄几个邻村投亲靠友，或转移到村北的高岗沙丘地带，挖地窖搭窝棚，暂住度日。尔后，大多数受灾村民被原村东北的小河漕村接纳，灾后的村民们合建成一个扩大了的河漕村。另有大河漕村的程姓两家，迁到原村址西北更高一些的沙丘高地上，建成一村，名叫程家庄。

再建的河漕村，到民国时期，虽然没有了潮白河上的漕运，河漕村仍然是这一地区较为富裕的村庄。那时，村中不但有于家私塾，还有为本村和周围几村治病救人的于家诊所。

新的河漕村历经晚清、民国及日伪统治时期，至新中国成立前，将近100年。此间的1937年，全村计有164户897口人。

新中国建立后

20世纪60年代到70年代末，大搞农田水利建设。尤其是农业学大寨，扎沟垫地、大平大整、兴修水利等，开展持久的基本农田基本建设，全村不但增加了大面积的耕地，还使基本农田全部都成了水浇地，可以小麦、玉米双季产粮，解决了村民吃饱饭的问题，初步实现了丰衣足食。

实行农村改革开放、土地承包后，农村产业结构有了很大变化。果品、蔬菜、林木、花卉等非粮油作物的种植和畜禽养殖快速发展，农村工业与第三产业日益兴旺，村民生活水平进一步提高。到2018年经济总收入21707万元，村民人均纯收入24689元。全村拥有货运卡车23辆，面包车55辆，拖拉机15辆。全村共有劳动力2025人，其中：从事农牧渔业9人，占0.44%；从事公交仓储业1654人，占81.68%；从事第三产业362人，占17.88%。可见，今日的河漕是以第二产业为主、第三产业为辅、第一产业为补的“小城镇”了。

2018年河漕村102.3公顷土地上，产出粮食345吨、蔬菜1094吨、果品476吨、油料8吨。

如今河漕村社会主义新农村建设成果显著，村容村貌大为改观，人们已经步入“小康”生活。

岭东村

王万坤　聂德友

原岭东村位于密云水库中间偏北，东经 116 度 48 分，北纬 40 度 3 分，海拔高度 126.6 米。东临白河，西距南石城村 8 华里，北距原套里村 3 华里，隶属密云王庄乡管辖。1958 年时有 6 个生产队，190 多户 840 多口人，土地 2000 余亩。百姓住宅 970 间，大小耕畜 114 头，大车 4 辆。

岭东村名由来及位置

传说之一，岭东村西边有一大片黄土构成的山坡，比村庄位置高出 20 多米，形成较大的南北走向的黄土岭，人们称它为西岭，而村庄在它的东边，因而叫岭东村。西岭是由大小 18 个土岭构成，恰似十八罗汉耸立在村庄西面，守卫村庄。

传说之二，岭东村的西北 3 华里处有一个叫塔庄的小村落，比岭东成村时间早。该村人经常穿过黄土岭到东面从事生产及串亲访友活动，出村时乡邻问“上哪去”，答“岭东”。久而久之，黄土岭东面的这个小村便叫成岭东村了，而这称呼一直延续至今。村东 100 多米就是白河，自北向南半环绕村子而过，村里耕作的山场土地相伴在河的两岸。岭东人利用河水种植水稻。村里在白河东有约 4 平方公里的河套及山场，东面与不老屯镇的董各庄、杨各庄互为近邻。为了便于耕作及人们过往，岭东人在秋冬季用麦秸、荆条、木头及泥土建成土桥，夏季有木船摆渡。白河流域在岭东上下河段 20 华里处有一个渡口，这里也是石城一带通往燕落、不老屯

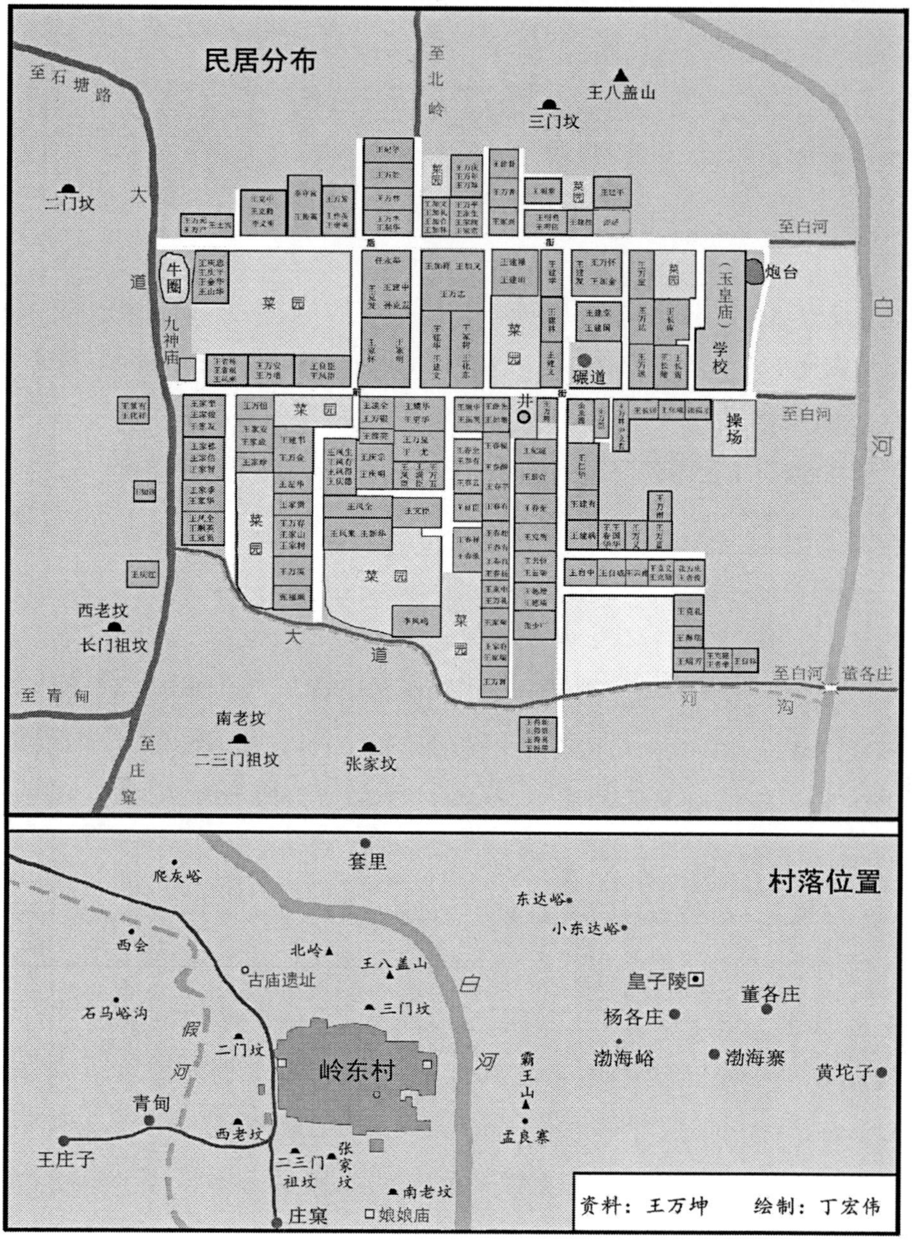
民居分布
至石塘路
至北岭
王八盖山
三门坟
二门坟
大道
牛圈
九神庙
菜园
街
炮台
至白河
(玉皇庙)学校
白河
碾道
井
操场
西老坟
长门祖坟
至青甸
南老坟
二三门祖坟
张家坟
至庄窠
河沟
至白河 董各庄
村落位置
套里
爬灰峪
东达峪
小东达峪
西会
北岭
王八盖山
古庙遗址
皇子陵
董各庄
三门坟
石马峪沟
杨各庄
假河
二门坟
岭东村
霸王山
渤海峪
渤海寨
黄坨子
青甸
西老坟
孟良寨
王庄子
二三门祖坟
张家坟
南老坟
庄窠
娘娘庙
资料：王万坤 绘制：丁宏伟

老岭东村平面示意图

的必经之道。

村庄西岭有较平坦的黄土地，大约 300 亩，是旱涝保收的肥沃土地。村北 300 米左右是平坦的土地。再往北就是一座东西连绵的山岭，形状似乌龟，故取名叫王八盖子山。山中有多条弯弯曲曲的沟峪，山上大部分开垦成山坡耕地。

村庄格局和庙宇

村中有东西向大街 3 条，分为后街、前街和大前街。后街和前街东西贯通，后街宽10 米左右，而前街较窄；大前街是顺着一道河沟而建成，干旱季节人和马车可穿行，雨季又成了一条水沟。前街与后街之间大概有150米，而前街与大前街之间就宽窄不一了，为50 ～ 250 米。街与街之间有七八条宽窄不一的胡同供人们过往穿行。民房及院落大多属于四合院形式，有一部分民房是带有前后走廊的双檐房屋。

在前街中间南侧有一口深约 20 米、用石头盘砌的水井。井口四周分别是长 2 米、高 1 米的石板，相互闸立形成口字状，四边各立一副木质的滑车，人们用柳罐斗拴上一根井绳通过滑车上下拉动取水，用于生活和生产。

村东头有一座玉皇庙，占地 30 余亩，有庙地（也叫公地）60 余亩。庙宇为二进院式，二院东西各有一小门，院内东有鼓楼、西有更房。进庙的大门上方有清朝宰相和珅题写的“昊天上帝”牌匾。正殿建在一个高台上，为砖木结构，单檐歇山顶，绿色琉璃瓦。殿前有明廊，两侧有哼哈二将。殿内正中是玉皇大帝的塑像，玉皇大帝左右塑有童男童女，背后是一片祥云，祥云中有很多小塑像，是天兵天将；殿的东西两侧塑有十八罗汉。殿前是 1 米多高的阅台，青砖铺地；阅台东西各有一棵大柏树，有十几丈高，树干需三人才能合围。据说此庙为明朝时所建。

在村的最西端有五道庙一座，共有三间房，房内有砖垒的供台。过去家有丧事的去该处报庙和办理接三程序，夜间又成了流浪人的过夜之处。

村民的繁衍和迁居

岭东村的张姓为占先户，由于单传，人口繁育较少，直到修建密云水库时只有四五户。最大姓氏为王姓，据说是明洪武年间从山西洪洞县迁移到密云的。传说王姓先祖有三个儿子，他们先迁到了密云的令公村，生活没有多久，觉得此处山高地少，发展不大，于是就让老大和老二另找地方谋生，身边留下老三原地生活。

老大和老二，来到白河岸边的岭东村，认为此处风水好，适宜繁衍生息，于是便在此居住下来。后来老大生了一个儿子，老二生了两个儿子，按过去家族惯例和出生顺序，老大的儿子排行老大，老二的两个儿子分别排行老二和老三，便形成了头门、二门和三门之说。之后每门都定了家谱，头门排序是“广仲庆华英，忠兴国哲宏，文武新乃胜，功克益金生”。二门和三门出自一家，就用一个家谱，排序是“成明建万家，化永仁恩普，天启国世荣，德大尚希振”。后来二门又育出一支系并另起家谱，排序为“臣春如继果，文茂保育良”。斗转星移，岁月更替，王氏家族繁衍旺盛，截至目前全村 700 多户，王姓占 90% 以上。

王姓落户岭东后的几百年期间，有很多人因生活或其他原因迁往他乡的。历史上族人中出过名人叫王久洲（人称麻五爷），清中期在北京大红门经营木材生意时与宰相和珅有过交往，并请和珅为岭东村的玉皇庙题写“昊天上帝”的牌匾。清末举人王建基的后代在社会变革中成为开明人士，他的孙子王加栋任过村首任党支部书记。

新中国诞生前，岭东村就是革命老区，抗日战争时期有很多人当了八路军。1947 年解放战争时期，全村百多户人家，竟组织了 103 人参加解放军， 这种情况在密云及北京地区都是少见的。

早年参加革命、新中国建立后曾担任各级领导职务的有：上海某机械厂党委书记王春良，海军某基地副司令员王纪选，中央某部门保健医生王纪荣，解放军报社王友英，河北开滦煤矿党委书记王加模，河北兴隆平安堡水泥厂党委书记王庆平，通州公安分局局长王凤德等。这些人念念不忘家乡，有的退休后坐轮椅还要来看看岭东村，看一看父老乡亲。

1958 年岭东村和其他村一道积极响应国家号召，舍小家为国家，离开祖辈居住的地方，另去他乡重建家园。

改革开放后的新岭东

1960 年，在政府的安排下，岭东村在十里堡镇靳各寨村东北 1.3 公里处建立新村，新岭东村街道宽敞整洁，东西 3 条大街，南北 18 条小街。新村面积 1.97 平方公里。

现如今的岭东村历经 60 年，人们不断辛勤努力，通过土地大平大整，千亩平原造林，建立农业设施，村内水电路改造，街道硬化美化，环境提升整治，村民住宅保温，天然气入村进户等一系列惠民政策实施，人们的幸福生活指数逐年提升，2018 年 1579 口人，农民年所得总额 3018.2 万元，人均劳动所得 18899 元。

改革开放后，村内涌现一批致富带头人，较典型的有“北京市三八红旗手”陈福兰；村民张学东在自家办起卡拉 OK 歌厅，免费为村内音乐爱好者提供场地。

日出日落，沧海桑田。今天，岭东村人过着幸福美满的日子。

统军庄村

郭德昌

统军庄村位于十里堡镇西部，东距镇政府2.5公里，距密云城区9.1公里。村庄西与清水潭相连、南临京承铁路、东临西统路。村域面积3.37平方公里，有耕地1845亩。地处潮白河冲积沙质平原，地势平坦，地面高程在52米左右。现有701户1560口人，村民多为汉族，有陈、刘、赵三大姓氏，其余姓氏有高、李、胡、蒋、于等。1949年建立村党支部；1961年建生产大队；1983年改生产大队为村民委员会至今。

统军庄村的名称源于一个“统”字。村民说古时候因附近驻扎了7个统领军队的将领，常在此商议军务、集结军队出征，军人家眷于此处聚居，村庄便称“七军庄”。具体这“七军统帅”为何朝何代，说法不一。根据《中国村鉴》（北京卷）记载：“明代以前成村，古代曾有统军武官住此，故得名。”村名与“军”字有关，其理由有二：其一，自汉武帝时，卫青大败匈奴，匈奴北去，武帝命迁乌桓五郡于塞外之地，这里又居住了大量乌桓人。魏晋时期，鲜卑人又进入该地区。上述均与军情军务相关。其二，1984年该村开挖自来水沟时，村民刘景斌挖出一把古剑，尽管没能考证其价值，但是与军队、军人必然相关联。

旧时，统军庄人十分注重农业生产，以陈氏为代表的家族，土地拥有量达3000多亩，成为这一带有名望的富庶人家，除了租种给本村、邻村人外，还放租到顺义、怀柔一带，以至形成有名的陈氏“大地主”。

新中国建立后，在党和政府领导下，村里家家分得了土地，从互助组、初级社到高级社及人民公社，村人始终把发展农业作为头等大事。尤其20

世纪70年代，在“农业学大寨”中，采取平沙坨、填河滩、黄土压沙等方法改田造地，平整出近千亩上等良田，仅平坟头一项就达100多亩。当年中国新闻电影制片厂来密云拍摄“学大寨”纪录片时，在统军庄黄土压沙现场，拍摄了胡广生同志赶着满载黄土的马车“多拉快跑”情景的镜头。1977年，全大队5个生产队，404户1763口人，有耕地3127亩，灌溉面积2950亩，粮食总产量128.4万斤、亩产923斤，油料总产量20.06万斤、亩产137斤。其中粮食总产、单产均居全公社首位。

改革开放给统军庄注入了新的发展动力。1984年，经时任村党支部书记刘立恒联系，与人民卫生出版社、新华出版社分别达成协议，在全乡办起第一个印刷厂——北京卫新印刷厂，负责人于丽荣。从东北聘请来史恭华、李秉宽为师傅，分铅印、油印两个车间，职工130人。在改革开放之初，该厂确实办得很有规模，每年产值都在三四十万元，经济效益相当可观，壮大了集体经济，为今后的发展奠定了基础。继印刷厂之后，统军庄村又办起奶牛养殖场、磁疗针厂。至今，村民当中仍有人使用当年生产的磁疗针用于保健。

统军庄兴办印刷厂的成功之路，在全乡带了一个好头。很快，王各庄、庄禾屯、双井等村通过内引外联也相继办起印刷厂、装订厂。从而成为十里堡全乡的主导产业之一，至今也是。

进入21世纪，统军庄村在继承传统农业的基础上，将发展现代农业作为村子的主导产业；把改善治理村庄环境、建设村庄公益事业作为发展新目标。

在发展现代农业方面，村党支部、村委会注重发现、培育人才，助力兴办产业，村里致富能手袁秀英就是其中的一个。2003年以前，袁秀英和丈夫以开出租车为生，因为经常拉送乘客去花卉市场，她觉得花卉种植是一个很有发展前途的行业。于是，她决定回家乡搞花卉种植。袁秀英找到村委会干部谈了自己的想法，得到了村里的大力支持。袁秀英的花卉基地投资20万元，占地10亩，有4个日光温室大棚。不到两年便形成一定规模，销售市场冲出密云，跻身于京城大都市。2005年，成立“北京香逸花卉合作社”，入社会员达到60余户，解决村里劳动力就业100多人。如今花卉基地已发展到120亩，拥有130栋大棚，有花卉120万株。种类有百合、郁金香、剑兰等，全部出售到北京莱泰花卉市场，年销售额达120万元。

在治理村庄环境、建设公益事业上，从2007年开始，统军庄村投入资金整治村庄环境，村内街道硬化22000平方米，安装太阳能路灯220盏，修建环保公厕1处，村文体广场绿化面积5000平方米。修建进村路口标识牌楼一座；改水改厕，整修通水管道15000米、铺设管道900米、砌井盖230个，为村民安装太阳能热水器600套，本着科学、环保的原则为626户村民改造了厕所，使农民充分感受到社会主义新农村的优越性。

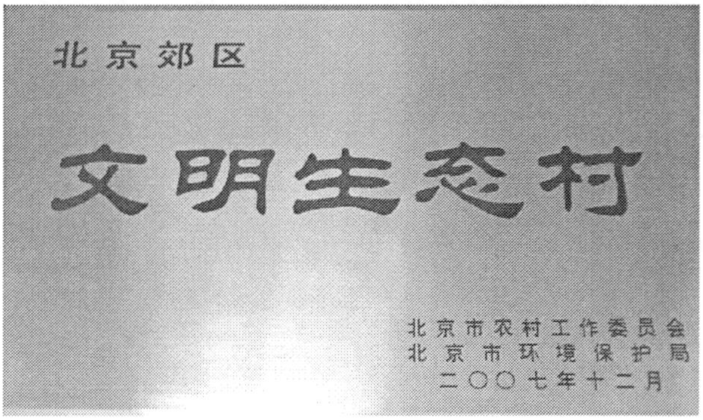

统军庄村荣获市级“文明生态村”

2018年，全村总人口为1585人，农民年人均劳动所得实现24822元，全村农户年所得总额2934.3万元。

清水潭村

丁宏伟

1960年秋，清水潭新村建设工程竣工。分散寄居在统军庄村的大小清水潭村村民，各自搬进了分配给自己的新住宅。原大、小清水潭两村，重新组建为一村，仍用旧名——清水潭。1961年下半年，清水潭村建立生产大队。1983年大队改为村民委员会，生产队改为村民小组。

村庄现状

如今的清水潭村，为十里堡镇辖行政村，位于镇域西部。村东北距镇政府驻地5公里；东部、南部均与统军庄村相连；北面为西田各庄镇域；西距怀柔区界0.7公里。村域总面积180公顷，有农户504户共1089人，多为汉族（少数为满族、回族）。村处白河冲积平原，地势平展开阔。村址地面高程51～52米，村落呈长方形。村东有西（田各庄）统（军庄）公路。村内有6路公交车直通密云城区，交通方便。

经济以农业为主，有耕地129公顷，种植花生、小麦、玉米等。

故乡旧事

据传，清水潭成村于明代以前。老清水潭村为大、小并邻的两个村，村庄位于密云中北部的潮白两河冲积平原上。大清水潭村在东、小清水潭村在西，相隔一里左右。两村北面有一条小河叫后河，河水从村后向西南流入渤海泉河，渤海泉河经东、西户部庄村北再向西流，注入白河。大清水潭村东北处是后河之源，该处多有地泉眼，泉水积渚成潭，潭水清澈见底，故村名叫清水潭；西村前恰有一个小的水潭，因而村名叫小清水潭。

清水潭老村的占先户是赵、刘两姓人家，村中至今还有“赵家占川，刘家占山”之说。后来，晁姓人家在小清水潭村繁衍旺盛起来。至新中国成立前后，大、小清水潭形成了以赵、刘、晁、揣（chuǎi）四大姓为主的村庄。

明清至民国，清水潭村各户贫富差距相对不大，本村没有大财主。村中最富的一户晁士相有100来亩地、47间房；最困难的是贫农，没有一个雇农。新中国建立之初进行土地改革时，清水潭村的贫下中农占80%，中农占19%，地主富农占1%。

大清水潭村，过去曾有私塾，出过一名秀才。小清水潭村的晁士连参加八路军后成为干部，新中国成立后，在河北省张家口市任文化局局长。

大、小清水潭两村前各有一座菩萨庙，两座庙处都有古柏树，最大的一株古柏直径1米多。新中国成立之初，两座庙宇尚存，两株古柏还在。

清水潭村东北邻近东、西双井村；正东有金沟村；东南邻近水洼屯村；正南稍远有西恒河村；西北邻近黄坨子村。这里土地肥沃，泉水充足，而且很少有自然灾害，非常适合居民繁衍生息。据史籍记载，这一带曾是古代的燕乐县故址；往东的金沟村旁还是4000年前古共工城遗址。

新中国建立后，清水潭村经过土地改革、互助组、初级社后，与水洼屯、黄坨子、西恒河等4村共611户，合建为一个高级社——五星社。1958年8月，因为要修建密云水库，大、小清水潭的村民们离开祖辈繁衍的美好家园，到陌生的地方生存。1959年1月，正是数九寒冬，全村196户人家985口村民，依依不舍地搬出老宅，离开故乡，迁移到西田各庄公社统军庄村，分散借住在统军庄村民的宅院中。小学生转学在统军庄小学，中学生转到密云一中上学。从此，近600年的大、小清水潭老村，776间房屋、

4162 亩良田，被淹没在了一片汪洋的水库之中。

新村发展

1961 年下半年，新建成的清水潭大队编为 4 个生产队，由统军庄村拨给耕地 2232 亩。原大、小清水潭村的人家，在清水潭新村落地生根。

在 20 世纪六七十年代，广大社员们艰苦奋斗，平整土地，兴修水利，开展农业学大寨，使得大面积的干旱沙地变成了水浇地，粮食产量大幅度提高。利用马车、拖拉机搞运输，开办砂石料场和养猪养鸡等副业，社员们的生活水平逐步提高。

1983 年，普遍实行了以土地承包责任制为中心的农村经济体制改革。同时乡镇、村分级兴办各种企业，一改往日的乡村农业格局。清水潭虽为全镇剩有耕地最多的村子，但以种植业为主的局面已不复存在。村民们在改革的大潮中，或搞运输、加工、种植、养殖，或开办民营企业和个体经营户，以及外出包工、打工等，各尽所能，多种经营，广开就业门路，加快了村民的致富进程。

2018 年全村经济总收入 2349.4 万元，村民人均年纯收入 20609 元。

程家庄村

丁宏伟

程家庄，位于十里堡镇域南部，距镇政府 2.7 公里；村域总面积 49.40 公顷。户籍人口 142 户 316 人，多为汉族，少数人口为满族。有耕地 14.4 公顷、果菜园林地 18.63 公顷。交通十分方便。

程家庄村口

村落形成与沿革

程家庄成村于清代咸丰年间。因清道光二十八年（1848 年）七月潮白河暴发大洪水，冲毁了原大河漕村。有两户程姓村民到原村北的沙丘高岗，搭起简易窝棚住宿，开发沙丘荒地谋生，后来繁衍成村。因成村时的村民皆为程姓，故名程家庄。

程家庄清代属于密云县广顺里。民国初年属于密云县第七区。1938 年被日伪政府编入密云县第一警区（城关）第六大乡。1949 年 8 月以后划归密云县第七区。1950 年 1 月划归二区西田各庄。1956 年 9 月以后划归十里堡乡。1958 年 3 月以后划归西田各庄乡。1961 年建立程家庄大队（下辖程家庄、王各庄两村四个生产队），仍属西田各庄人民公社。1974 年 9 月改属十里堡人民公社，1977 年程家庄大队析出王各庄村。1983 年属于十里堡乡，程家庄大队改为程家庄村民委员会。

程家庄历史有 160 多年，繁衍成村后，吴姓人家、张姓人家迁入。后来又有王、姚、金、武、任、谭、尹等 17 姓人家相继迁入，如今已是 20 多个姓氏、142 户人家的村庄。

吴家坟与吴家人　吴家坟遗址是程家庄村现存最老的“古迹”。据说，吴家祖上吴士栋曾经在外为官，老来归葬故乡，便有了本村规格最高的吴家坟。

吴家坟位于程家庄村西南 400 米处，现在尚存一座高丘。早年的吴家坟，后靠龙坨子，前望潮白河，坟丘高大、坟头成片，其间还有墓碑和汉白玉石供桌、石五供。吴家坟可谓是程家庄南的一景。

吴士栋以后，晚清时期又有吴义珍，成为锦州水军都督的侍从；还有参加过义和团的吴天宝；抗日战争中该村第一个入党并任首位中共村党支部书记是吴志广；如今作为北京市党建模范村党支部的支部书记是吴德金。

集体经济新生活　程家庄自成村至新中国成立前，村民经济境况相近，土改时评定最高成分的是上中农两户，贫下中农户占 98%。因此，无论是土改时期还是“文革”时期，村民间都没有发生大的矛盾冲突，在多次运动中基本上属于安心生产、形势稳定之村。

在集体经济的社队时期，全村编为一个生产队。20 世纪 70 年代大搞农田基本建设和兴修水利，经过多年的大平大整，移走沙坨、铲除地堦（jiē），全部成为畦田水浇地，不但可以大面积种植小麦，还能局部种植水稻，按人口每年每人分到稻谷七八十斤。在计划经济时期，广大社员能够吃上自产的大米、白面，不但能够吃饱，也能够吃好。这使程家庄村民们保持了较高的生活水平。

兴建小康村

社队集体经济时，主要是解决口粮和交售公粮、余粮。传统种植的粮食作物有玉米、豆子、高粱、糜黍和甘薯类，还有油料作物花生、芝麻、蓖麻，经济作物苘(qǐng)麻、线麻等。改革开放后不再受统购统销的约束，农业种植依市场需求和生长条件而自主确定。尤其是退耕还林政策施行后，许多耕地改为果园，农业生产从传统的生产粮食为主转向以经济效益为主。

村“两委”班子带领全村共同致富，共同发展。不但村民的物质生活富裕了，精神生活也丰富起来。村内现有阳光浴室1所，村民活动室1个，便民服务中心1所，图书阅览室1个，篮球场1个，健身场2处。2016年安装节能照明灯80盏。2017—2018年间，于村北、西两面的建筑墙壁上分别布置二十四节气图、新二十四孝图、仁义礼智信典故等宣传中国传统文化的“文化墙”。2018年又建成了党建园地1处。而今的程家庄，村容村貌整洁美观，村民精神健康向上。

程家庄村近年来充分利用土地资源，搞活多种形式的土地经营，集体、个人收入增加，2018年全村经济总收入8508.7万元，人均年纯收入20136.9元，村民的收入水平不断提高。

党建示范村

程家庄村党支部十分重视党的建设工作。支部书记吴德金是从村主任职务上被选举为党支部书记的，他先后担任村主任、村党支部书记十几年。在经济改革大潮中，程家庄村党支部抓党建，重点做好如下几项工作安排：

一是把好发展党员关，侧重发展有学历且品质好的年轻人，而且入党前就加强培养教育。二是重视支部委员整体素质的提高，多年坚持支委早会制度，有事议事，无事谈心。三是支部组织建设工作和其他重要工作都有记录档案，并设有党建工作管理员。四是实行党员承诺制，即每个党员每年要为村民做一两件实事，年初将承诺放在公示栏中公布，年中既有党员互评又有村民代表评定，年末把每个党员兑现承诺情况向全体党员和村民公布。

村党支部、村委会多年来坚持为村民办实事。如建立三室，即村民活动室、图书阅览室、谈心谈话室。还建立了两个中心，即党员教育中心和便民服务中心。便民服务中心为村民提供了一站式服务，村民缴纳电费、电话费、存取款、民事咨询、办理居住证等都不用出村。此外，每年主要节日都要向村民做公益慰问活动，如五一劳动节、端午节、国庆节、春节等，要向各户按人发放米、面、油等；三八妇女节对各位育龄妇女、六一儿童节对每个少年儿童、八一节对退役军人和现役军人家属、重阳节对男60岁和女55岁以上老人、春节对全村村民都要发放节日慰问金。使得村民们更加感觉到党的关怀和温暖。

程家庄村民风淳朴、邻里和谐，尊老爱幼、婆媳和睦。近十五六年间，村中没有吵架斗殴现象，没有群体上访事件，更没有大的刑事案件发生。

程家庄村党建工作结合村政建设，成绩显著，效果突出，多年来持续被评定为五好党支部和五星级党支部。2006年被评为北京市首都文明村，2007年被评为北京市敬老先进村，2016年被授予北京市法治示范村、全国民主管理示范村，2017年被授予北京市党建示范村。

靳各寨村

郭克喜

靳各寨位于十里堡镇域北部，东南距镇政府驻地 1.5 公里，村域总面积3.12平方公里。1961年建立生产大队，1983年大队改为村民委员会至今。

村落布局及建筑

靳各寨村落整齐，略呈方形，东西、南北各有 3 条主街。街道宽敞，道边树木成林，绿地鲜花成片。房屋规整，明堂瓦舍。

20世纪60年代中期以前，村中有4座庙。正中是三皇庙（原地藏庵），有正殿三间，东西厢房各两间，庙中有一棵老松树。庙的东南角有一座6米多高的钟楼，楼上挂着一口大铁钟。大钟高 1.4 米，钟底周长 2 米，钟厚 5 厘米。钟身上铸有两层6个长方框，每框中铭刻的是修庙捐款人名。大钟有三道环形腰箍，有点、线、方、圆等花形图案，大钟造型古朴、端庄。此钟现珍藏在密云博物馆。

靳各寨大钟

解放后该庙改造成小

学，20世纪60年代，村里把庙中的大松树砍伐了，给学生制作了课桌和坐凳。

村中偏北有一座观音菩萨庙，院内有一棵老松树，树围四人合抱不过来。院外有一棵槐树，粗细与院内松树相仿。村西北角有一座龙王庙，是旧社会大旱之年求雨免灾的处所；也是旧社会瓦匠、石匠、铁匠等手艺人供奉神灵的地方，匠人路过村庄时可以在此住宿。村西南有一座城隍庙，又叫闫君庙。

村名的由来

靳各寨旧址在村西南 1.5 公里的演庄坨子，是靳氏家族以姓命名的村落。传说不知哪朝哪代，靳氏祖先中有人犯了大罪，官府对其灭门九族，满门抄斩。幸存下来的家庭成员和在外乡的族人，一起逃到了演庄坨子安家落户建村，并以家族姓氏取名靳家寨。经过多年开垦荒地，建设家园，这里已成为宜居之地。后来王姓、李姓、刘姓等家族见靳家寨是个风水宝地，也逐渐搬了进来，逐渐形成较大村落。

到明代初期，东北长春地方官给皇宫进贡人参、鹿茸等珍贵药材经过此村时，被靳氏家族人抢劫，人称劫皇杠，又一次犯法。靳氏家族被官府镇压，族人中斩首的斩首，判罪的判罪，流放的流放，逃亡的逃亡。村庄被毁变成废墟，此地无法居住下去。于是靳家寨的王姓、李姓、刘姓等外姓家族在演庄坨子东北又建立了新村，即现在的靳各寨村。虽然本村已经没有靳氏家族的人，但仍沿用原名，还叫靳家寨。现在演庄坨子遗址还有古时建筑留下的砖头瓦块和缸盆碎片等。

根据大钟铭文记载，修建地藏庵的捐款人名单中共有 35 个姓氏 150 多人。建庙时间是崇祯元年（1628 年），从中可以推断，这时的靳家寨已形成一定规模。清朝末年，村庄名称演变成了今天的靳各寨。

姓氏家族

从靳各寨大钟铭文中得知，该村修建地藏庵的捐款人姓名中，王姓有王文俊、王宗尧等 7 户；李姓有李得阳、李可松等 7 户；刘姓有刘景、刘世科等 4 户；姜姓和宋姓各 3 户。还有任、蔡、郭、高等姓氏。

到 1949 年新中国成立时，村庄发展到 120 户 600 多口人。现在本村大姓有刘、李、孙、丁四姓；还有张、王、杨、田、高等人数较少的姓氏。

刘姓是靳各寨的老户，新中国成立前属于书香门第，祖坟在冶仙塔。清朝时出过拔贡，享有功名，在社会上很有地位。住宅门口的门楣上挂有匾额，门前有上马石。刘姓人口约占全村的 30%。

刘长林的爷爷刘世通和刘长林的父亲刘庆项都是解放前的私塾先生。刘长元、刘长红、刘长林三兄弟是一爷之孙。刘长元在民国时期当私塾先生，之后他成了新中国的教师。刘长红 1952 年毕业于保定农业学院，20 世纪 80 年代曾任河北省新城县县长。刘长林 20 世纪 50 年代初也考入保定农学院，1982 年调入密云农技校任教师，后并入首都经贸大学密云分校任高级讲师（副教授）。

村中的李姓来自密云鼓楼水塔胡同，李姓约占全村人口的 25%。李姓家族中的李文涛 19 岁开始学习木工，是能工巧匠。他不断发掘创新古代奇巧的锁扣类玩具和其他相关木制工艺品，至今已有 40 余年。是北京民间玩具工艺大师和北京市非物质文化遗产项目鲁班枕（瞎掰）制作艺术代表性传承人。其作品多次参加县市和国家级大赛，获得各种奖励，被多家电视台及《人民日报》《北京晚报》等新闻媒体报道。

孙姓占全村人口的 20%；丁姓占 15%；还有少数的其他姓氏。

村中田姓家族中的田玉凤小时候家境贫寒，聪明好学。20 世纪 60 年代初从密云一中当兵入伍，后在海军总医院工作，任主任医师。

经济发展

新中国成立时，本村有土地7000多亩。1956年成立联乡社，社中有靳各寨、西大桥、燕落寨三个村。西大桥土地少，社里把靳各寨的1600亩土地调剂给西大桥。1960年又划拨给水库移民村岭东土地3000多亩。

大跃进时，村里来了李万华、张素男两位下放干部，与村技术员一起，利用骡马粪、树叶等发酵，研发沼气发电获得成功，村中用起了电灯，安装了路灯。有了电力，还带动了粉碎机、磨面机等小型农机具，提高了劳动效率。用沼气发电当时在全县是头一回。

1972年农业学大寨中，村里请铁道兵支援大卡车，帮忙去河南寨、穆家峪拉黄土，把高低不平的沙土地治理成“田成方”“树成行”的良田，每块地100亩以上。通过大平大整，增加土地1000多亩；兴修水利把旱地改造成了水浇地，提高了粮食产量。

20世纪70年代初，村里建修配厂，逐渐发展到能制造玉米脱粒机等简单农机具。后来研制出水泵自动控制技术，从此自来水不用建水塔了。这项技术革新，得到广泛应用和推广。

80年代中期，在北京做工的刘长哲和刘长迎一起回到家乡，成了修配厂的技术骨干。他们共同研制的小麦播种机、黄豆播种机和花生摘果机获得成功。研发的花生摘果机自动清选既干净又省力，代表北京市参加“全国农业机械比赛”，荣获第二名。

现在，靳各寨经济以农业为主，有耕地3310 亩，主产花生、玉米等。村南有工业大院占地约400亩，有九恒齿轮厂、燕山木器厂等11家企业，年产值7500万元，年上缴税收150万元。2018年有农业人口1550人，年所得总额4004.5万元，年人均劳动所得25835元。

王各庄居委会

丁宏伟

王各庄位于十里堡镇域西南部。距镇政府驻地 3.5 公里。村南是潮白河河道；村西为就业园区。距怀柔区界 0.6 公里。村域总面积 273 公顷。2016 年全村居民 456 户 1405 人，大部分为汉族，还有满、蒙、回、苗、维吾尔和土家等少数民族。

村落形成与沿革

据村人说，商周时期这里就有村庄，而村落随着历史变化几经兴废。元代后期，这里重新有了人烟聚落，明初繁衍成村。其中王姓人家居多，村子便以姓氏为名，叫王家庄。

王家庄明初属于顺天府密云县。至明洪武十二年，西村郑家庄、梨园庄、统军庄及驸马庄都从密云县划给新设置的怀柔县，从此王家庄成了密云县的西部边界村庄。

王家庄，于康熙末年演变为王各庄，属于密云县广顺里。民国初期属于第七区。1949 年 8 月以后划归密云县第七区。1950 年 1 月划归二区。1956 年 9 月以后划归十里堡乡。1958 年 3 月以后划归西田各庄乡。1974 年 9 月改属于十里堡人民公社程家庄大队，1977 年建立王各庄大队。1985 年大队改为村民委员会。2003 年村民大部分转为非农户，同年 8 月调整建制改为王各庄社区居民委员会。

老村旧事

明初成村以后，由于村处潮河北岸，岸边有许多荒滩可以开发耕种，因而不断有外村贫民前来落户开荒，村民不断增加。

清康熙二十二年（1683 年）六月，康熙皇帝亲奉太皇太后出古北口避暑。由于收复台湾之战，皇帝一行提前返回。因当时还没有修建行宫，当年七月十一日晚就驻跸在王家庄。这使得王家庄小村名气大增，村名被记录在清代皇家史籍。

清代，皇帝自北京至古北口外，出行经过的村庄经常会得到一定的恩惠，这也促使王家庄在清代很快兴旺起来。王家庄除了王姓以外，还有赵、武、任、吴、廖、金、田、张、孟、刘等多个姓氏人家。

民国二十八年六月初十日（1939 年 7 月 26 日）潮白河暴发大洪水，不但冲毁了密云县城护城坝、冲毁顺义县苏庄的拦河闸，也将王各庄村大半冲毁，村边的老御道旧址也荡然无存了。灾后老村难以恢复，尔后在原村西北部的土地上重建新村，全村整体西移，建成了新的王各庄。

民国时，廖、金、田、张四姓人家繁衍旺盛，成为村中前四大姓。廖姓出了一名黄埔军校毕业生廖同元，曾为承德专区的官员；田姓出了田兆丰、田坦两家财主，田兆丰家除了本庄田地宅院外，县内外有 7 个商铺，还在北京城内置了房产，成为本村首富。那时，村东有座观音菩萨庙，村西有个小庙和4株老槐树，村西南有口“老龙头”四眼井。村中有村医、私塾，有商铺、画铺，成为一个邻里和谐、乡风淳朴的村庄。

艰苦奋斗三十载

新中国建立后，王各庄村从土改分田地、组建互助组、建立初级社，到 1956 年以后的高级社，又转入人民公社，实行集体所有制。至 1961 年，王各庄成为西田各庄人民公社程家庄大队所属村，全村编为 2 个生产队。新中国成立前，王各庄与其他大部分村庄相比，村民土地占有比例的差距和村民生活水平的差距相对较小，新中国成立后这里的民众利益矛盾并不激烈。

王各庄村 20 世纪 60 年代初有 20 多条荒地堦子和 7 个特大沙坨子。沙土旱地，守着潮白河水却不能灌溉，多少年来只能种植玉米、花生、糜黍、高粱及各类豆子等耐干旱的农作物。

王各庄村古槐
（古树名木编号 010402B0167，树龄 232 年。拍照整理：丁宏伟）

自 20 世纪 60 年代中期至 80 年代初，近 20 年的艰苦奋斗，平整 20 多条大地堦，挖除大小沙坨十几个，搬运上千万立方米的沙土填充坑洼地，耕地全面整平，不但能够实行机械化耕种收割，还开垦增加了部分耕地。在大平大整土地的同时，全村打出大口水井 24 眼，大小水渠纵横联网，耕地近乎全面灌溉，旱地变成了水浇田。从 20 世纪 70 年代开始冬小麦广泛种植，小麦玉米套种，粮食产量大增，村民口粮以白面为主，生活水平明显提高。

20 世纪 80 年代初，村里耕种、收割和粮食加工逐步实现了机械化。大队建起五六个小厂外，还建立了机务队，机务队曾有手扶拖拉机 13 台、28 型拖拉机 3 台、40 型拖拉机1台、55 型拖拉机 5 台、链轨拖拉机 1 台，另有黄河牌卡车 5 辆、130 卡车 1 辆、双排座卡车 2 辆。这些机车，农忙时耕种或收秋，农闲时出去搞运输，成为社队集体副业的主力军。

当时，王各庄大队农业、副业全面发展。社员劳动日值当时居全县前列，村民的生活水平越来越高。由于集体经济的优越性在这里充分体现，村民们已经乐于这样的生产生活方式，故而在全面推行农村联产承包时，王各庄大队是全镇最后一个解体的。1985 年年初，大队才转变为村民委员会。

小村进入城市化

王各庄村因 1958 年接收密云水库移民，拨出很多土地；又因地处京密公路旁，公路拓宽和近时期公共建设，而多次征用耕地；村民占有的土地越来越少，加之集体企业已经不复存在，村民的就业方式变为多渠道、多样化。村民们各谋就业之路，开办私企，从事客货运输、商业、服务业等。

为解决村民就业问题，20 世纪 90 年代在村西始建就业小区。2004 年小区建成投入使用，用出租场地房屋来招商办企业的方式，以达到村民就业的目的。

至 2003 年，村民全部转为非农业户口，村民委员会改为居民委员会。从此，全部村民成为城镇居民，生活福利待遇按城市居民标准执行，农村进入城镇化。

2014 年王各庄被纳入北京市首例在远郊区县集体土地上进行“棚改”的试点项目，并于 2017 年启动旧村改造工程。动迁工作自 2017 年 11 月 3 日启动，棚改签约第二天，居民与居委会就签约 82 %，至当年 12 月 2 日签约 97.4%，创当时密云拆迁项目签约纪录。约定全体居民于 2020 年年内回迁入住新居。

明珠花园居委会

郭克喜

明珠花园居委会成立于2002年，是十里堡镇政府下属的村级单位，地址位于十里堡村北。该居委会东北距镇政府1公里，位于101国道南侧；南与十里堡村接壤；西距十里堡中学50米。占地面积0.03平方公里，交通便利。

2000年，北京市政府出台了《关于进一步加快郊区小城镇建设推进农村城市化进程的意见》（简称《意见》）。《意见》要求各区县加快中心镇建设，发挥其吸纳农村人口、加快农村城镇化建设的作用。十里堡镇政府根据这个文件精神于当年开始建设，2001年年底建成了0.03平方公里的明珠花园小区。明珠花园社区是居民住宅小区项目，小区名称是房地产开发公司开发时命名的，建立居委会后仍沿用其名。

明珠花园小区有16栋住宅楼，共66个单元。现在有居民4000户5200多口人，常住户650户2500人。

明珠花园小区的标志性建筑是西北角有栋9层楼房，最上层是圆顶形的瞭望窗，第8层东西南北各方向镶有一面大钟，第7层装有拱形窗户，6层以下是住宅楼，给人以新颖别致的感觉。大门设在小区北面正中，上有鎏金的“明珠花园”4个大字。进门有一座假山，路的两旁是碧绿的翠竹。

明珠花园居民中绝大部分是北京市户籍以外的外省市的人，到此落户成为北京市小城镇居民。北京城里人来此地买房，看中的是密云的绿水青山，优美环境，房价便宜。

明珠花园小区的居民，有的人住在密云县城或密云农村，只是户口在本小区、人不在小区住，人户分离。

明珠花园于2002年成立居委会，现有管理和工作人员6名，办公面积100多平方米。工作人员每天24小时值班，负责管理居民的安全、户口迁移、水库移民登记、合作医疗补贴、非农户口办理、学生转学转户口和党建工作等。

明珠花园居委会党支部有党员100名，其中60岁以上的退休党员占80%，而人员分布在密云县城和农村。有一部分年轻党员，刚刚参加工作，由于工作单位的党组织不健全，于是把党组织关系转到居委会，参加了社区党组织。社区党支部每次组织党员活动时，大家都积极参加，党费年年全部交齐。

镇里对明珠花园居委会的工作人员统一调配，统一发工资。办公用品、水费、电费、杂费等由镇里提供，活动经费统一管理。专项活动资金，先造表上报镇政府，经审批后，再发放使用，很规范。

明珠花园小区的物业管理另由物业公司负责，有时居委会也要协调业主和物业管理公司之间的关系，共同打造小区和谐的居住环境。

明珠花园这种模式的居委会，在密云区还不多见，其管理形式及如何更好地开展工作，尚在起步和探索之中。

博世庄园居委会

郭克喜

博世庄园居委会距镇政府东 1 公里，北至规划路，东至规划路、与燕落寨接壤，南至 101 国道，西至规划路。

博世庄园居委会 2009 年成立，第一位负责人是十里堡镇民政科科长朱中富（兼职），有 2 位工作人员在十里堡镇社会服务中心上班。

博世庄园居委会负责管理博世庄园和赏星悦木两个小区，其中博世庄园小区居东，赏星悦木小区居西。两个小区都是房地产开发项目时命名的小区，总面积 0.13 平方公里。

博世庄园小区 1999 年开始建设。有 7 栋连排公寓，22 栋住宅楼，建设面积约 0.09 平方公里。公寓居民多数为北京城区居民，住宅楼居民多数是本地人，小区内共有 400 户居民。小区属于欧式建筑，设计新颖、别致，属于高档居住小区。建成后绿树成荫，有小桥流水、喷泉和大片绿地，很受北京城里人的青睐。

赏星悦木小区 2003 年开始建设，2011 年开始入住。小区总面积 0.04 平方公里，有别墅 153 栋，独立成院，均有栏杆或院墙。院内果树摇曳，蔬菜新鲜，一派田园风光。入住居民 120 户。

两个小区共有 520 户居民，常住人口 1800 人，流动人口 200 人，总计 2000 人。

为了加强对社区居委会的领导和管理，2017 年 12 月 1 日，镇政府又任命了新的居委会主任，并派了 6 位工作人员，由镇里统一发放工资。办公地址是小区内一座二层小楼，会议室、办公室、接待室齐全，计算机、办公用具配套，比原来大大地改进了办公条件。

2017年，北京欣达兴物业管理公司承接博世庄园小区的物业管理服务，清理垃圾、种花种草、绿植改造，从此小区管理服务走向正轨。

博世庄园风景一瞥

博世庄园居委会成立比较晚，居委会工作属于起步阶段。自居委会建立以来，党建、行政等项工作逐渐走向正轨，初步实现规范化管理，得到大多数居民的认可。

燕落寨居委会

郭德昌

有“密云最早人类聚居地之称”的燕落寨村，为密云首批脱离“农耕”而融入城镇化生活的村子：农村变为社区、农民成为城镇居民。

谈及密云历史的悠久，要从燕落寨村说起，根据密云区人民政府网站记载：“密云区历史悠久，距今6000年前，燕落寨雪山文化遗址出土的新石器、陶器等文物，考证已有人类聚居。”雪山文化分为三个时期：早期文化与中原仰韶文化、东北红山文化有相似之处，距今6000年，陶器以红陶为主；中期属龙山文化范畴，已属于原始社会末期，距今5000年。雪山文化一、二期的社会性质，相当于母系氏族社会向父系氏族社会转化时期。雪山文化晚期（三期），近似于夏家店文化与中原地区的商文化遗址。1960年在该村域出土的陶、簋等器物，经考古专家鉴定为雪山一、二期文化村落遗址；1970年，在村南三坨子、老丰沟发掘出古墓群及陶器；1974年，在村北老井又发掘出汉唐时期器物，其中有国家一级文物“三虎足唐三彩”；1975年后又多次出土过石斧、石磨棒、陶鬲、折腹盆等器物。燕落寨的遗址范围较大，文化层比较丰富，进一步确定为新石器时代至商周时期的古聚落遗址。

提到燕落寨村名的来历，根据《中国村鉴》（北京篇）记载：“明代燕王朱棣曾在此安营，故名燕王寨，后演为今名。”传说明朝朱棣平定元朝残余势力后，率兵来此，将马拴在一棵小槐树上，四下巡视。见此地水足草肥，平坦开阔，便修筑烟墩、土围，扎寨屯兵。后人便取村名燕王寨，以示燕王安过营、扎过寨的地方。600多年过去了，据传为当年朱棣拴过马的那棵小槐树今已枝繁叶茂，如今被村民们奉为“神树”。

燕落寨村位于十里堡镇域东部，总面积2.24平方公里。20世纪50年代末曾先后设燕落寨乡、燕落寨管理站。西距十里堡镇政府1.5公里，东北距密云区政府驻地3公里，东邻双井村，南接“G101”国道（已改线）。原辖燕落寨、五里井2个自然村，村民多为汉族。燕落寨有王、李、肖三大姓氏，其中王氏同姓不同宗，还有梁、薄、杜、赵、田等姓氏。

五里井村，按清制，因御道沿途每5里打一井而得名。20世纪90年代因修建“G101”国道和密云开发区占地，整个村庄拆迁，村民转为非农业户口，劳动力经县里安置就业。

燕落寨曾有古井、古庙等遗迹，但井、庙已无存，而那株明代与生俱来的槐树，却竟然“老来俏”，村民说它生了个“榆娃子”，故有了“怀（槐）抱鱼（榆）”的佳闻。究其原因，其实就是被风刮来一粒榆树种子落在槐树主干叉处，枝叉凹处积存着尘土，因此便滋生出一株小榆树来，至今榆树已约高6米，直径20厘米左右，这种奇特现象在全国也属罕见。槐树干径150厘米，高8.5米，树冠东西长5.1米、南北宽8.5米，已被列为区一级管护对象。树龄710多年，村民称“怀（槐）抱鱼（榆）娃”是吉祥事儿，象征着国泰民安、丰衣足食。

明代“槐抱榆”古树　（郭德昌 摄）

燕落寨村曾以农业经济为主，主产花生、玉米、小麦，曾盛产“金丝小枣”。改革开放以后，大队先后办起鞋厂、汽车修理厂、金属机加工厂、制瓦厂、铸造厂等企业。1982年，全大队301户1119口人，有耕地1399亩，粮食总产60.9万斤，农民年人均收入实现305元。10年后，即1992年，全村324户948口人，有耕地919亩，粮食总产36万公斤，农民年人均收入实现904元，其中来自集体部分201元、来自自营部分773元。

1993年，是燕落寨村具有划时代意义的一年。当年，密云工业开发区于村南起步建设，燕落寨人服从全县大局，积极支持工业开发区建设，让出被征用的本村土地。是年全村390户，总人口1143口人，其中年满18岁以上的883人。当年9月2日，按政策，全村1095人由农业户口转为城镇非农业户口，县里为685人安排了工作。1994年，撤销燕落寨村民委员会行政村建制，转制为燕落寨居民委员会。至此，这里延续6000年面朝黄土背朝天的农民，不仅身份变了，生活景况也发生了根本性变化。村政功能同样发生根本性改变，由原来农耕文化、农村建设、农民生活管理机制转到城市社区建设、居民生活上来。

历史上，燕落寨村曾有土地3150亩，1960年无偿拨给密云水库移民村双井村土地1100亩。至行政村转制前的1993年7月止，全村实有土地2050亩，其中在册耕地1322亩，非耕地1100亩。后来密云经济开发区全境征用5160亩（含荒滩林地），其中燕落寨村为密云发展做出了很大贡献。

燕落寨，1949年建立党支部，1961年建立生产大队，1983年改大队为燕落寨村民委员会，1994年撤燕落寨村民委员会，建燕落寨小区居民委员会，2002年改为社区居民委员会，自此揭开了燕落寨史上新的一页。至2018年，全社区有460户1276人。

第四部分

经济史谭

古人云：民以食为天。农耕时代，农业是国家的根基和命脉，“仓禀实而民知礼节”。

现代社会，无农不稳，无工不富；工业强镇的举措，现代农业的发展，第三产业的兴办，引导农民逐渐走上富裕之路。

庄禾屯印刷文化园　　（丁宏伟 摄）

农作物种植

丁宏伟

十里堡地区，耕地属于沙质土壤，气候属于半干旱型，虽然守着潮白河，但因河床缺少落差，耕地又距河道较远，难以形成水浇田，各村主要耕地多是干旱的沙土地。故传统种植物均为适于北方旱地生长的农作物。

传统粮油作物

明初，十里堡地区多为种植谷子、黍子、高粱、荞麦、小麦、大麦、旱稻、各色豆类等中国传统的粮食作物，还有种植芝麻、苏子等油料作物的。当时，谷子、高粱、黍子是主要种植的粮食作物，各种豆类种植次之。荞麦、小麦、大麦、旱稻，则是根据年景气候、个别地点，作为补充性的种植物。油料作物只有芝麻和苏子两种。

清代，十里堡地区的农业种植品种有了多项增加。影响最大的当属白薯。由于白薯具有高产的特点，为人口快速增长的百姓们应对缺粮、抵抗灾荒起到了至关重要的作用。

民国时期，十里堡地区广泛种植的主要粮食作物已有黄玉米、白玉米、白谷子、黄谷子、白高粱（包括大白高粱、马尾高粱）、红高粱、黏高粱、黍子、糜子；以及黄豆、黑豆、赤豆、绿豆、豇豆、豌豆、蚕豆；还有少量种植的小麦、大麦、莜麦、荞麦、粳子等；更有广泛栽植、被视同粮食的白薯。在农作物种植中，民国时期最突出的是油料作物的种植变化，由于当时此地百姓的家庭照明多改用了煤油灯，苏子油用量大减，故苏子的种植量也相应大减，芝麻种植比例正常，突出的是增加了一个全新的油料作物——花生。

至1934年，十里堡、河漕、燕落寨、五里井、王各庄、程家庄、小北庄、靳各寨及梨园庄等，住户人家均居于潮白河北岸，土地则分布于潮白河南、北两岸。土地贫瘠，白茅（当地称“万根草”）到处蔓延滋生，农作物产量颇低。

主要引进粮油作物

十里堡地区所种植的农作物，明清以来也增加了一部分新品种，有三个最为突出的粮油作物品种，即玉米、白薯和花生。

玉米　到万历年间，外来的粮食作物新品种——玉米，已经在密云十里堡地区批量种植了。

玉米，本地百姓都叫它“棒子”，本地史书记载它的名称则为“蜀秫”。玉米原产于美洲。根据多部省通志和府县志的记载，玉米于1531年（明嘉靖十年）最早传到我国的广西。广西种植收效甚好，随后很快便传到河南、河北，相应地传到北京密云。十里堡地区领先引种这个倍受欢迎的粮食品种，十里堡地区的自然条件也是非常适宜种植玉米的。

玉米种植对水土和气候的要求不苛刻，产量比谷子、糜黍、高粱等都要高，播种和田间管理简单，且玉米果实易于采摘、便于储存、方便加工、用途广泛。玉米籽粒可加工成粥䃜（chǎi）、饽饽面、细棒子面，可以制作多种食品；粗颗粒可以碾成棒子米；玉米破碎后还可以制作玉米淀粉。此外，新结的玉米穗可以煮食或烧食，甚至嫩的生玉米穗可以啃食充饥，因而深受百姓喜爱。玉米的种植量很快就占据了传统谷物类粮食作物之首。明代后期，玉米成为十里堡地区百姓的主要口粮。清代、民国、新中国成立后直至进入21世纪，玉米仍是十里堡镇粮食作物播种面积最大、总产量最高的品种。2016 年，十里堡镇玉米播种面积和总产量都占全镇粮食作物总数 85%以上。

白薯 学名甘薯，十里堡镇域过去普遍称其为“白薯”（白薯是甘薯的品种之一），全国多地称之为红薯，还有其他别名。据载，甘薯原产于秘鲁、厄瓜多尔、墨西哥一带，后来传到东南亚。甘薯从境外传播到中国，再从南方传播到密云十里堡，经历了漫长的时间和曲折的过程。

白薯开始传入中国，是在明朝万历年间。那时，福建长乐人陈振龙去南洋经商到吕宋岛（今菲律宾），发现了白薯不仅产量高，而且美味可口，便要引种回国。但当时那里的西班牙殖民政府有严厉禁止带出甘薯的法令。但陈振龙决心一定要把这个高产又好吃的作物带回祖国。他和儿子陈经纶向当地百姓学会栽种方法以后，在明万历二十一年（1593 年）回国时，把白薯蔓茎同其他纤维植物一起拧成粗绳，作为携带海鲜篮子的吊篮绳使用，蒙混过当地边检，秘密带回国内。陈振龙在他的老家福建，依所学栽种技术，把带回的白薯蔓茎截段扦插，繁育成功。此举得到福建总督的支持，并马上在福建省推广栽植。据说，那时正赶上当地冬麦歉收，春天大旱。恰好白薯是初夏栽秧，秋后获得丰收，大受欢迎。从此，这一珍贵品种迅速传播到各地，得以广泛种植。

白薯的生命力极强，不管是黄土地还是沙土地，无论是平原或是山区都可栽植。除了易于生长外，更重要的是它的产量很高，能在荒年充饥救命。据记载，清代乾隆年间人口猛增，为解决百姓的口粮问题，乾隆皇帝曾经发出号召，让全国各省多多培育栽植白薯。

白薯于明万历二十一年传到中国，到 300 年后的清末，十里堡地区才得以较普遍栽植。清代时栽植白薯虽然得到乾隆皇帝的提倡推广，但中国北方早春气温低，难以育成薯秧。后来有人发明了用火炕方式培育白薯秧苗并获得成功，解决了白薯育秧难题，此后，白薯在北方地区得以广泛种植。到民国初年，十里堡地区栽植白薯才 20 多年。

20 世纪 60 年代，白薯成为社员们的“救命粮”“当家粮”。

花生 原名落花生。十里堡人早先俗称它为“乐参（shēn）”或“花参（shēn）”。花生原产于南美洲巴西、秘鲁一带。一说是 1608 年（明万历三十六年）开始传入中国；一说是 1891 年（清光绪十七年），由一位长久居住在中国的外国传教士试种，初传于山东，不久便在全中国传播开来。大概由于原先的花生品种产量低，故花生种植的传播速度不快。种植引进到密云十里堡地区，大概已是清末民初了。

花生在十里堡地区一经试种，便很快得到认可。原来这里的白沙土壤、温度湿度、季节气候等，都十分适合花生的生长。这里生长的花生，果皮白净，果仁丰满，口感柔韧，口味甜香，而且产量颇高。再加上民国时已有了压榨花生油的技术设备，花生在北京地区已经成为既是美味食品又是上好食用油料，非常受人欢迎。因而，十里堡地区的白皮花生和金丝小枣并驾齐驱，很快就成为了北京东部郊区的著名产品而享誉京城。

20 世纪 70 年代，又引种来山东培植成功的大油果花生品种。大油果花生，种植单产量高，剥米出米率高，榨油出油率高。由于十里堡花生品种丰富、总产量高，成为密云县的主要油料作物产区之一。

蔬菜和其他经济作物

蔬菜 蔬菜是百姓生活的必需品。十里堡地区自明代至民国时期，蔬菜作物种植的基本传统形式有开发住宅近地菜园专种、利用房前屋后挤种、采用田间套种三种。菜园专种的有茄子、芹菜、韭菜、黄瓜、菠菜、莴苣、茼蒿、芥菜、冬瓜、大葱、大蒜、大白菜等；房前屋后见缝插针挤种的有葫芦、瓠子、扁豆、丝瓜、角瓜等；田间套种的有萝卜、豇豆、土豆；还有地堵种倭瓜等。

种植蔬菜品种，各代略有差别。据密云、怀柔两县的县志记载，明代种植蔬菜有萝卜、白菜、芥菜、莴苣、茼蒿、茄子、葫芦、芹菜、韭菜、大蒜、大葱等。至清代，种植蔬菜增加了黄瓜、丝瓜、瓠子、倭瓜、冬瓜、山药等。到民国时期，种植的蔬菜增加了菠菜、苤（piě）蓝、西红柿等。

新中国建立后，很快进入集体经济时期，各生产队都设立集体水浇菜园。集体水浇菜园种植的蔬菜品种迅速增加。

蔬菜，是粮食的补充，旧社会贫困人家度日有“糠菜半年粮”之说。到20世纪六七十年代，萝卜、白菜、土豆、豆角，以及倭瓜、角瓜、西葫芦等，都是贫困家庭的粮食半替代品。20世纪80年代以前的蔬菜作物，主要是高产低值、供社员家庭直接消费的品种。

其他经济作物　十里堡地区的经济作物种类还是较为丰富的。无论是田间种植，还是房前屋后、地塄、沟坎栽培，都有较好的收成。十里堡地区的金丝小枣，明代就很有名气，万历年《怀柔县志》中关于怀柔东北部与密云西南部交界地区的记载有：“枣，小者佳。”可见金丝小枣早在明万历年间就已是这里的著名果品。当时这一地区的果品还有杏、桃、梨、核桃、栗子、柿子、樱桃、沙果等。至清代，果品类增加了槟子、李子、葡萄、香瓜、西瓜等。田间种植的经济作物有芝麻、苏子、苘麻、线麻，清代至民国年间又增加了烟草、蓖麻的种植。

十里堡地区的农作物种植，形式以粮油作物为主、蔬菜作物为辅、其他经济作物为补充的格局。

耕作方式和生产工具

丁宏伟

中国的传统农业，数千年来一直以种植业为主，长期沿用传统耕作方式。十里堡地区的农业生产也是如此。土地耕作方式、作物栽培方法、农事生产工具等，都经历了长时期的传统方式阶段。直到新中国建立以后，才开始进行大规模的农业革命，在耕作方式、作物种植、生产工具，以及扩大农业品种范畴等方面，都有了大的改革和发展。

早期的粗放耕作

中国社会几千年沿袭下来的传统农业，一直传承到新中国建立之初。传统农业的特点是，以家庭为单位、男耕女织、铁犁牛耕、精耕细作。十里堡地区各村到新中国建立之初，都沿用着这样的传统耕作方式。

一是以大牲畜牛为主，驴、骡、马配合为动力，铁木犁杖和耠（huō）子为主要工具进行耕地、播种和耠青除草。

二是注重深翻土地改良土壤，实行深耕细作。

三是讲究轮耕轮作，休养地力。轮耕的一般方法就是土地隔年耕种，俗称“歇茬”，例如土地较多的靳各寨村就实行过轮耕。轮作就是不能连年种植同一种农作物，如果连年种植就会减少单位产量。按传统经验，许多粮油作物与豆类交替种植更为有利，因而轮作是各村普遍的种植方式。

四是主张“垄大苗稀”的耕作方式。曾有俗谚说：“垄大苗稀秸秆粗，粮食不少打，秸秆不少出。”也就是指纵向大间距地播种和间苗，以及横向加宽垄距的种植方法。

新中国成立后的耕作改革

新中国建立后，人民政府非常重视农业建设。党中央在20世纪50年代就提出了“土、肥、水、种、密、保、管、工”的农业“八字宪法”。其具体内容是指：土，即指深耕、改良土壤；肥，即指合理施肥；水，即指兴修水利和合理用水；种，即指培育和推广良种；密，即指合理密植；保，即指植物保护、防治病虫害；管，即指田间管理；工，即指工具改革。这“八字宪法”是中国传统农业技术和当代科学技术经验与理论的结合，影响了中国农业20多年，在相当程度上促进了农业生产的发展。十里堡公社各大队，遵照上级下达的任务种植，按照“八字宪法”发展农业生产：

一是各队社员们深翻沙土地，根除多年滋生的万根草。又推广实行“黄土压沙”，即在沙地上面铺垫黄土，以改良耕地土壤。

二是利用生产队的猪圈、牛圈、羊圈及驴马圈等大量造粪；号召每户社员养猪多造粪；还挖河泥、沤绿肥、积肥，让土地得到充分的有机肥。

三是打大口水井，修水渠，增加灌溉面积。至1970年，水浇地面积达到18358亩，占集体总耕地21790亩的84%。

四是积极使用高产保收的优良新种子，使农作物优质高产。

五是根据不同情况讲究合理密植。

六是注重农作物保护，防旱、防冻、防治病虫害。

七是农具改革。如耕地，20世纪50年代有双轮双铧犁，60年代开始使用拖拉机，70年代大量使用手扶拖拉机。运输方面，大车由20世纪50年代的铁瓦木轮车，到60年代全部更换为胶轮铁毂大车。20世纪60年代中期以后，全公社共有胶轮大车210多辆，同时近乎每户一辆独轮小推车，彻底改变了送粪、运土靠人挑、驴驮的老旧方式。

八是农田耕作在“管”字上下功夫。保持精耕细作，加强田间管理，改进耕作方式，扩大复种、套种和间作、轮作面积。如保持花生白薯轮作（花生地若连年种植会出现产量10%～30%连年递减）、谷子豆子轮作（谷子地若连年种植，不但连续减产还会降低粮食质量）。燕落寨、靳各寨还曾实行过局部土地歇茬轮作。尤其是小麦玉米套种、玉米花生套种、小麦白薯复种等方式，取得了非常好的增产效果。套种间作主要有两种两收、两年三收与三种三收等几种方式。经过几年的实践，各村一致认为：一年两种两收，总产量最高，更利于耕作管理。因而，村民们总结出套种的经验为“三三见九不如二五一十”。因而，后来普遍实行小麦、玉米平播两种两收。

总之，新中国建立后，十里堡地区经过20多年农田基本建设和农技推广体系改革，农田耕作方式有了质的变化。

社队集体农业

20世纪50年代末，广大农村普遍实行集体所有制。十里堡地区也同全国一样，自20世纪60年代初公社、大队、生产队三级管理定型后，至80年代初的20余年间，各村共同经历着集体所有制的社队农业阶段。

60年代，各大队的生产经营为同一模式，即每年年末至下年年初，公社向各大队下达一年的基本任务，大队再向所辖生产队分解布置诸如种植、养殖、平整土地、兴修水利等各项任务。生产队长根据上级分配的任务和本队土地、劳力情况，确定安排本队哪些土地种植什么，什么季节安排什么作物的播种、管理、收割，什么时节安排农田水利基本建设，并要根据本队社员情况合理安排使用劳动力，安排好农业生产及其他工作。

生产大队属于村组织，负责管理本大队各项事务，协调指导所属生产队的各方面工作。大队是公社的下级组织，一旦公社有任务或命令下来，大队就要召集生产队社员开会，动员、安排或督促生产队社员接受任务、完成任务等。

农田水利基本建设自20世纪50年代末至70年代末展开，十里堡人大干20年，成效显著。尤其是20世纪60年代中期“农业学大寨”以后，掀起集体农田水利基本建设的高潮。70年代初，在学大寨运动中，实实在在进行了农田水利基本建设。十里堡公社的土地都在潮白河岸，这里既是古渔水淤积平原，又有潮白河冲击沙滩，各大队的耕地均在潮白河北岸数不清的大沙坨子之间。这些高低不平的土地，既有许多生地堦子，又有许多枣树行（hàng）子。刨挖地堦、平整地面、铲平沙坨，成为了十里堡人民农田基本建设的重大任务。王各庄、程家庄、河漕、十里堡、燕落寨、靳各寨、庄禾屯等大队，当时每年冬季都要进行挖地堦、清恶草、起高岗、垫低洼的“大平大整”运动。经过多年的艰苦奋斗，到70年代后期，全公社已经完全实现了“田成方，树成行”的目标。

当时，十里堡公社各大队的沙地改良主要使用两个方法：一是“黄土压沙”，一是“开膛破肚”。“黄土压沙”就是从别处运来黄土，将本处沙地全面覆盖成为耕地；“开膛破肚”即深挖出沙层以下的黄土，用其覆盖到地面沙层之上，使之成为良好的耕种土壤。河漕大队自1972年至1975年，以“黄土压沙”法改良沙地950亩。靳各寨、王各庄、燕落寨等几个大队，把沙坨挖平运走垫埋坑洼地，又到穆家峪、河南寨等公社土丘多的村庄运来黄土，覆盖本村的沙地，其中靳各寨大队用此法增加耕地上千亩。岭东大队1970—1975年间，用“开膛破肚”法深翻黄土覆盖沙地2800亩。

因为坚持全面进行农田水利基本建设，平整了土地、改良了土壤，还增加了许多耕地。如水泉大队大平大整，增加耕地200多亩；燕落寨大队原有耕地1300亩，大平大整后增加到1600多亩；靳各寨大队将2300多块高低不平、零散的小块地，规划平整为百亩大块良田。同时，进行配套水利建设，水渠纵横成网；机井、大口水井连片分布。到80年代初，十里堡公社域内，全部成为一马平川、方畦连网的水浇地。六七十年代开展的农业学大寨运动期间，全公社累计大平大整土地和改良土壤30812亩（全县第二名），总土石方986万立方米（全县第二名），总投工189万个（全县第一名），在全镇各村的农田水利建设中发挥了历史性作用。

农业生产机械化

实行集体农业，使得农业生产工具很快产生了变化：一是大车数量增加，不但增加了木轮铁瓦车，还有新添的胶轮大车；二是出现了新型耕地工具——双轮双铧犁。1959年，大片耕地开始使用链轨拖拉机。1959年至1960年，兴起独轮车热潮。20世纪60年代初，几乎每户都打造一个独轮小推车，以此结束了千百年来肩挑、肩扛的人体承重式农事运输。20世纪70年代初，公社成立农机站，有计划地改变生产条件，为实现农业机械化创造基础条件。

70年代中后期，十里堡公社的农业生产机械化已见雏形。1974年，公社就建有拖拉机站，农忙时为各大队的生产队轮番耕地。各大队的每个生产队都购置手扶拖拉机，在大平大整后的连片土地上，普遍实现了机耕。

80年代中期，已经是耕有拖拉机，种有播种机，收有收割机；农事运输，拖拉机、汽车并用；秋粮整理既有脱粒机又有扬场机；粮食加工有小钢磨、粉碎机、碾米机、磨粉机等。各村基本都实现了机械化。

当今，十里堡全镇实现了农业生产机械化，耕种、收割、整理、加工以及春秋收运输，大小各类型机械、车辆，应有尽有。十里堡镇所属各村，再也见不到用于耕作运输的大牲畜，也很少见到以前每户家庭都使用的独轮小推车了。

农村土地权限的变迁

丁宏伟

十里堡镇所属各村，经历了不同时代社会体制和土地产权所有制的变化。不同的生产关系，决定了不同的农业特点和农民的生产生活特色。

土地私有制时期

土地私人所有制，是一个漫长的时期。今十里堡镇域，曾有统军庄、王各庄、十里堡、燕落寨、靳各寨、河漕、程家庄、五里井等8个老村，其中明代以前成村的6个，清代成村的有2个。新中国成立前的十里堡地区诸村，与其他地区村庄相比，村民间贫富差距相对较小，没有太富裕的大地主，也很少见无房无土的雇农。贫下中农是大多数，中农次之，富农再次之，实际的地主与纯雇农相对较少。

十里堡地区的农民，依土地拥有量而分成几类不同的等级，其大概情况如下：

其一，雇工耕种，出租土地。新中国建立前，几个原住老村拥有土地较多的人家有：王各庄田兆丰、田垣、金权；河漕村王增、李本固；统军庄村陈立笙、陈光荫；燕落寨村王璞恩、李云；靳各寨村刘庆佩；以及十里堡村的罗士荣等。几个移民老村中土地较多的人家有：庄禾屯彭大用、彭大绶；清水潭村晁中福；双井村张福江、刘乃昌；杨辛庄（小杨各庄）郭西文、郭西田；红光村（原老村）赵凤奎等。这些村的殷实之家，土地多的有几千亩，如靳各寨刘庆佩有地2800多亩；王各庄田兆丰家的土地占全村的五分之一；其他村少的也有近百亩。这些富裕人家，有的雇长工加季节短工进行耕种收获，有的则将土地出租，坐收租粮。

其二，自耕自种，自食其力。主要有：十里堡村罗士常、罗连茂；河漕村于长发、吕春荣；统军庄村刘立德、陈志新；燕落寨村王希恩、李德本；岭东老村王玉华的祖父、王万玉、王新华；水泉村（原老村）聂连贺、杨荣林；双井村（原老村）李连丰、刘奎堂；杨辛庄（原老村）郑若银、董仕贤；红光村（原老村）赵士文等。这些中等人家，基本上是自耕自种、生活上自给自足，有的略有节余。

其三，土地不足，租地耕种。大多贫困人家人多地少，收获粮食有限，难以度日，就采取租地耕种方式。村民拥有土地较少的是十里堡和五里井两村。十里堡村的土地多数是县城宁家或苏家的。五里井村最贫穷，过去“除了小庙没有瓦房”，大多都靠租种县里宁家土地过日子。租地耕种，是按不同肥薄的土地，双方约定租粮标准，收获时按约定标准、以每亩每年多少租粮向土地所有者交纳地租。这种租种方式，丰收年景还可以，一遇歉收之年，就有可能连地租也交不齐。这些人家生活上不能自给，多为“糠菜半年粮”。

其四，出卖劳力，扛活打短儿。各村都有些许无耕地的人家，如王各庄金仲昆、王志瑞、韩文成、王志和、田兆海，燕落寨薄银亮、吴氏，靳各寨李本启、李本荣，岭东村（原老村）的王如伶，水泉村（原老村）的杨福成、杨辛庄村的王坤，清水潭村（原老村）的刘庆虎，双井村（原老村）的张景中、张明林、刘中玲，红光村（原老村）的师景永等。这些人家有的不但没有耕地，甚至连房也没有，因租地没有保底财产，只好去给富裕人家做长工、打短工，为人耕种土地。

农业合作化时期

十里堡地区，1949 年实行土改，土地平均分到各家各户。1950 年每家拿到了人民政府颁发的土地房产证。百姓开始了新生产和新生活。

1952年春，燕落寨村孙占生等6户组织起该村第一个农业互助组。1954年11月，李玉存等12户组成了一个初级农业合作社——前进社。1956年1月，燕落寨、靳各寨、西大桥、五里井等4村联合组建一个联村高级农业生产合作社——红星社。1957年春经过调整，联社分开，成立燕落寨红星高级农业生产合作社。其他村也在同时组建互助组、初级社、高级社。

互助组是由几户或十几户村民自愿结合而成，组内各户劳力合作，取长补短，互相协助；春种、夏管、秋收、冬藏，组内劳力协作互助，可以重点突击，便于农事耕作管理，利于提高生产效率。互助组的特点是不管合作比率多少，谁的土地生产的东西即归谁所有。

初级社，完全实行自愿原则组建。初级社实行土地入社，统一经营，民主管理。村民入社，基本定为秋后按“地四劳六”的比例分成，也就是入社土地按40%的比例计算，投入劳力按60%的比例计算，耕牛、驴、骡、大型农具等另计，付给一定报酬，秋后或年终进行结算。初级社，土地统一耕种，能够地尽其力；大牲畜、大型农具统一使用，能使物尽其用；劳动力统一安排，因人分工，可实现人尽其能；资金统一使用，投入农业基本建设和采用新技术，能促进农业增产。

高级社，土地归集体所有，取消土地报酬；耕牛、马、驴、骡等大牲畜及大中型农具作价入社，也转为集体所有，由高级社统一经营、统一核算。社员参加集体劳动，实行分组作业，评工记分，执行“按劳取酬，多劳多得”政策。社员私有房屋、家具、粮食等生活资料，以及家禽家畜和小型农具仍归个人所有。高级社还要把一部分土地分给各户作为自留地，由各户自种自收。高级社，是农民初步进入集体所有制。

6年间，村民把自己土改时分得的土地入互助组、入初级社、入高级社，甚至有的把自己的大牲畜也投入给高级社。

至1958年春，8个老村调整组建为4个高级农业生产合作社：永远社（下属十里堡、河漕、王各庄、程家庄等4村）、统军庄社、靳各寨社和燕落寨社（含五里井村）。

人民公社时期

1958年9月，成立人民公社，当时十里堡地区的老村加上水库移民的4个新村均归属于密云县红旗人民公社(后经调整,改为西田各庄人民公社)。

人民公社，属于一种“政社合一”的组织，既是生产组织也是基层政权。进入人民公社时期，土地、大牲畜、大型农具、男女劳动力等，均归公社之下的连队直接调度管理。种植农作物的品种，须按订购任务，由公社管理站统筹安排。男女劳力集体出勤耕作，实行半军事化管理，统一指挥。

这一时期，各种农作物均有种植，数量大的种类要按上级规定种植；养殖业主要是生猪养殖；果品主要是小枣。每年要完成粮食、花生、小枣、生猪的交售任务。这一时期，加强了农田基本建设。

人民公社初期，曾出现大炼钢铁、集体大食堂、实行生活供给制等做法。至1961年，解散了集体大食堂，取消了供给制。仍保持人民公社这个政社合一的体制。实行按劳分配，恢复评工记分制度。

1961年4月，从西田各庄公社析出，单独建立十里堡人民公社。十里堡地区的8个老村和当时正在陆续建成的庄禾屯、双井、岭东、清水潭等4个移民新村，12个村组建成为10个生产大队43个生产队，共有集体耕地21790亩，社员2680多户13000多口人。

1962年秋，进一步确定了“三级（公社、大队、生产队）所有，队（生产队）为基础”的管理体制，取消了大队核算的办法，改为以生产队为核算单位。从此，“三级所有，队为基础”的管理体制，在20多年的时间内成为十里堡地区乡村管理的固定模式。

当时，各大队的生产经营为同一模式。大队所属村内的生产、生活、政治、经济、治安、医疗、文化、教育，以及计划生育、婚丧嫁娶、住宅建设、外出做工、参军入伍、户籍变动等，都要统一管理。

1965年开始“农业学大寨”后，大平大整改良土地，打井开渠兴修水利，成为农村集体经济时期最为显著的特点，也收到显著的成效。

到20世纪70年代末80年代初十里堡公社各大队，集体经济发展走在密云全县的前列，社员生活水平大幅提高。

改革开放时期

在人民公社时期，农业生产基础条件经过20年的农田水利建设，耕地平整连片，水渠成网，耕、种、收基本实现了机械化，集体经济发展较好，此时要散队分地、实行个人承包，有许多人不愿接受。

在普遍推行家庭联产承包责任制，将土地承包到户之后，十里堡乡却出现了几个集体农场。因为这里的平川耕地和已经建成的水利灌溉条件，不同于山区，实际上更适于集体耕种。

集体农场　从1987年到1992年8个村陆续建成28个农场，经营土地1万多亩。集体农场，就是将分到各户的“承包”耕地收到一起集中耕种，以耕地1500亩左右为一个规模化农场，这样更利于发挥机械化、水利化的作用。雇用土地原承包户的一部分劳力作为农场职工，实行工资制。剩余劳力可做其他经营工作。集体农场的负责人为承包者。农场作为企业实行独立核算，自负盈亏。土地所有者、经营承包者、村委会三方以所签合同实行和兑现责、权、利。农场按每年每亩地200元的定额标准，代原承包户向村委会交纳承包费，并保证每年以国家所定的平价标准价格，向原承包户供应口粮。

当时，平原乡村实行这种小型集体农场进行集体经营是很适宜的，因而得到密云县、北京市两级领导的肯定和支持，并作为试点经验进行推广。

当时建立小型集体农场的有：河漕村4个、庄禾屯4个、十里堡1个、岭东村1个、双井村2个、王各庄4个、靳各寨4个。7个村先后建起小型集体农场20个。其中，河漕村与庄禾屯村的集体农场办得最为出色，河漕村的4个农场年利润8万多元；庄禾屯村的集体农场除了按合同上交利费并保证每年供应平价口粮外，还能给全体村民发放一定的福利。庄禾屯村的集体农场经营了14年。

到20世纪末，这些集体农场有的因密云经济开发区占地而解体，有的到第二轮承包时转归个人所有。在集体经济转型时期，应时而生的小型集体农场，在十里堡地区的经济体制转型时期起到了平缓过渡作用。

个人承包与流转租赁 土地承包到户，提高了土地经营者的积极性。实行家庭联产承包责任制后，各村呈现出多种多样的土地经营方式。有的种粮，有的种菜，有的种植果树，还有搭起临时建筑办企业的。灵活机动、自主经营，什么能合法赚钱就做什么。

土地承包给个人以后，充分体现了土地自主经营的特点。近些年随着土地可以流转经营后，有一些户主把承包的土地出租给别人，另搞别的营生。在镇属的14个行政村中，有十里堡、统军庄、靳各寨、程家庄、岭东和水泉等6个村里的105户村民，共租出土地528亩；还有十里堡、河漕、统军庄、靳各寨、程家庄、庄禾屯、清水潭和岭东等8个村，将公共土地出租给其他个人经营使用，总面积3939亩。村民个人和村集体共计租出土地4467亩，形成十里堡地区流转经营的一种土地经营方式。

畜牧养殖业

丁宏伟

农耕社会时期，畜禽养殖均为家庭各户散养，直到新中国建立之初。在人民公社时期，各大队的养殖业主要是养猪，每年均有交售任务。养殖大牲畜牛、驴、马、骡等，主要是为了用于农事耕种和运输，作为农业主要生产工具。社员个人少量养猪、养鸡、养羊以及鸭、鹅、兔之类。

1983年以后，村集体养殖业时兴起来。各村相继建起现代化、规模化的养鸡场、养猪场和养牛场。进入21世纪以后，养殖大户兴起，形成多家、多种类的养殖企业。

集体养殖

人民公社时期的养殖生猪，为生产队积肥和完成上级每年下达订购生猪的交售任务作出了贡献。各大队每个生产队都要建立养猪场，养猪少则几十头，多则上百头不等。生产队养猪场，一般建在生产队场院一隅或场院附近，安排1～2名有责任心、善于养殖的社员为专业饲养员。早时生产队养猪均为自配饲料，夏季自配饲料主要是用鲜白薯秧、青玉米秸等铡碎作青储饲料；秋冬季饲料则用干花生秧、干白薯秧、干豆叶子、干热草等，用粉碎机将其加工粉碎，再掺兑少量玉米面混合而成。生产队的养猪场，每年向国家出售生猪，不但完成上级下达的交售任务，还有一定的副业收入，更有益的是造就大量的有机肥，用之作为种植各类农作物的底肥。

1978年，由国家资助，曾在程家庄村西建起半机械化养猪场（俗称“万猪场”）。尔后产生了诸多专业猪场。专业猪场养猪均为专用饲料喂养，育肥时间短，出栏快，以获得较高经济效益。比如，杨辛庄大队养猪场，5人负责养殖，年获利润2万余元；十里堡大队养猪场，6人经营，也取得一定的效益。集体养猪场一时兴旺。至1983年以后，社队解体，集体养猪场随之消失。

通过养殖大牲畜，作为早期生产队的必要畜力工具。20世纪70年代以前，耕地、播种、运输、轧场、碾磨加工等，都需要以大牲畜为动力，因此生产队要饲养牛、马、驴、骡等大牲畜。各类大牲畜要按需定数量、分类圈养，设置专业内行的饲养员，以负责喂食草料和日常监护管理。牛是耕地的主要动力工具，一般要批量饲养，饲养方式为喂养与放养相结合。马、骡为驾车的主要动力工具，一般按大车数量定养马、骡数量，马、骡全是喂养，且要用好草（多用谷草）配好料（多用黑豆）喂养。毛驴则是最常用的驮运或拉套的畜力工具，多为批量圈养。这些大牲畜的养殖，直到运输、耕种全部实现机械化后才终止。

家庭养殖

人民公社时期，家庭养猪、养鸡、养鸭、养兔、养羊的，都是少量散养，不能形成私人养殖业。

20世纪六七十年代，几乎每户社员家庭都要养育肥猪。但那时个人家喂猪，春、夏、秋三季靠野外放养和打猪草野菜，冬季用刷锅洗碗水烧热当泔水，配以草秣子。可以说是，喂养艰难、出栏不易。但当时是社员唯一的家庭副业，一般人家都是靠卖鸡蛋换钱购买日用油盐酱醋，靠卖猪钱置办衣物等物品。而且养猪卖猪，一举三得：积肥、卖钱、获得饲料粮指标。家庭养猪一般是喂养近一年左右才能出栏。也有人家饲养繁殖母猪，每年能繁殖出售一两窝小猪崽儿。

农村经济改革后，家庭养殖越来越少。到 21 世纪，家庭养殖基本消失。

规模养殖

1984 年以后，养猪业发展缓慢，猪肉市场的货源曾经几度紧缺。到 20 世纪 90 年代初，国家出台扶持养猪政策。1992 年实行“三八”投资政策，建设规模化养殖场，即自行投资 8 万元、国家支持 8 万元、县政府支持 8 万元，建设养殖 1000 头以上生猪的养殖场，名为“规模养殖场”。

在国家、北京市和密云县政府支持下，十里堡乡有 5 个村集体建起规模养猪场，即清水潭养猪场、庄禾屯养猪场、十里堡养猪场、燕落寨养猪场和杨辛庄养猪场。每个养猪场养殖生猪均在千头以上。十里堡乡的 5 个规模化养猪场发展势头良好，成为全县开展“规模养殖”的领头乡。

规模养殖生猪，一是农村的一条致富之路，二是国家丰富猪肉货源的有效举措。规模养猪业，在十里堡乡蓬勃发展 10 年左右。

至 21 世纪初，乡村集体经济转制后，全部转为私有。此后，养殖场有的关停转，有的艰难维持，繁荣不再。

养殖大户

集体经济性质的规模养殖场衰落以后，私营养殖业开始发展。养猪、养鸡、养牛、养羊大户兴起。养殖规模大的有河漕村落户企业北京大发正大公司，饲养肉鸡种鸡 7 万只；庄禾屯落地企业浅山牧业公司，养奶牛近 3000 头。

规模较大的还有靳各寨的大发养鸡场、曹正义养牛场等；岭东村的陈福兰肉鸡养殖、宰杀、销售公司，瑞普养牛场，刘立国养猪场；清水潭村的肉牛、奶牛养殖场和最早起步的统军庄养牛场。

零散养殖

20 世纪末，十里堡全镇各村已呈现大户养殖与零散养殖共存的局面。因土地日益减少，零散养殖成为村民就业、致富渠道之一，故政府也给予帮助扶持。村民零散养殖，有养猪、养鸡、养羊、养鸭等多个种类；有圈养、放养，以及成品饲料、自配饲料喂养等多种形式。

21 世纪初，十里堡镇政府提倡并扶持资助一种“养殖带种植”的新形式——“四位一体”，即以封闭猪舍养殖生猪，以猪粪转化为沼气，以沼气作为饲养人生活及养猪所需的燃料，以转化沼气后的猪粪残渣再发酵作为大棚内种植蔬菜的有机肥料。提出，谁以这种形式养殖种植，谁就可以在政府 2 万元资助款的支持下，建成一个有居住房屋、有养猪设施，还有种植大棚的一个新式“农家院”。这种新形式很快为多数村民所接受。

“四位一体”养殖院，少的养猪 2 ~ 3 头，多的养猪 70 多头。有“四位一体”养殖院 100 多户。因而，零散养猪占全镇养殖业的比重大增。

从规模养殖，到养殖大户和零散养殖，2000 年前后，十里堡镇域内的生猪、肉鸡、蛋鸡、奶牛、肉牛等畜禽养殖业，达到空前的兴旺。

现代设施农业

丁宏伟

21世纪初，十里堡镇根据本镇实际情况，大力推广设施农业。

现代设施农业

2010年以后，十里堡镇逐步退出大宗粮油项目的生产，传统农业和集体农业基本无存，取而代之的是现代的设施农业。设施农业，是在环境相对可控的条件下，采用工程技术手段，进行植物、动物高效生产的一种现代农业生产方式。它的核心设施就是环境安全型温室、环境安全型畜禽舍、环境安全型菇房等。关键技术是能够最大限度利用太阳能的覆盖材料，做到寒冷季节高透明高保温；夏季能够降温防苔；能够将太阳光中的无用光波转变为适应光合作用需要的光波；并具有良好的防尘抗污功能等。

设施农业的生产项目

设施种植　又称设施园艺。按技术分类，有连栋温室、日光温室、塑料大棚、小拱棚等4种。各村规模种植园采用的主要设施是塑料大棚。统军庄、河漕、王各庄、程家庄、十里堡、庄禾屯、清水潭、靳各寨、岭东、水泉、杨辛庄等11个村，先后建设蔬菜大棚700多个，总面积3000多亩。其中，统军庄规模种植园，有100多个塑料大棚，总面积210亩，主要种植蓝莓、草莓和有机蔬菜；河漕的规模种植园，现有100多个塑料大棚，面积300多亩，主要种植有机蔬菜，直供北京10多个直销店。

蔬菜种植 建成钢架塑料温室大棚，以种植商品蔬菜。配套设施有新型猪舍、化粪池、沼气池和上水及排水系统等。施自制农家肥，种植芹菜、菠菜、西红柿、黄瓜、苦瓜、丝瓜等各种绿色蔬菜。列入适度规模的温室大棚种植园，还能得到政府给予的经济补贴。

果品种植 草莓、西红枣（圣女果）等果品，先在多个村子进行大棚种植，后来统军庄村又形成了规模化种植。2002年，河漕村部分村民组建起仙桃种植合作社，以种植“陆王仙桃”品种为主，开创桃园基地。基地施用有机肥为主。至2017年秋，建成桃园200多亩，果树1300多株。仙桃园在101国道北侧，成为春季观花、秋季摘果的一处观光采摘园。

花卉种植 2003年，统军庄村的袁秀英投资20多万元，建成花卉基地，有4栋日光温室大棚。主要种植百合花、郁金香和剑兰等花卉，年纯收入近10万元。2005年，袁秀英又建成北京香逸花卉合作社，入社会员达到60户。到2010年，花卉基地发展到120亩，拥有130栋大棚，培植花卉120万株，年销售额达120万元。

设施养殖 十里堡镇各村主要是畜牧养殖。有养猪场、奶牛场，还有外来人租地开办的养鸡场等。镇内所属村有十里堡、庄禾屯、燕落寨、清水潭、杨辛庄等5个规模设施养猪场；还有岭东、统军庄、庄禾屯、清水潭等4村的9座规模奶牛场，存栏5800头，日产鲜奶62吨，成为密云奶牛第一镇。

五彩农业

主要有：101国道沿线5村“春季看花，秋季看果”的中华圣桃园；王各庄村的香白大杏兼养黄油鸡的朝凤园。另有庄禾屯的五彩农业园，生产“蓝（蓝莓）、绿（绿色有机蔬菜）、黑（黑色粗粮）、白（香白杏）、黄（北京黄油鸡）”等5种颜色的产品。这是十里堡镇独具特色的五彩农业。

工业兴起和发展

丁宏伟

十里堡镇的工业，始于20世纪70年代中期，起于80年代，盛于90年代。进入21世纪以后，农村转制，私营工业企业迅速发展。至2016年年末，十里堡镇有企业203家，其中工业企业155家，占76%。从业总人数18624人，其中第一产业（农业）3373人，第二产业（工业）人，第三产业6794人，第二产业从业人数是第一产业的2.5倍。工业产值87102万元（不含建筑业产值7104.9万元），农林牧副渔业总产值27865万元，仅工业产值就是农林牧副渔业产值的3.1倍。

乡（镇）办企业

1975年，十里堡人民公社就建立起十里堡公社农机修配厂。修配厂主要设备有车床、刨床、钻床、电焊机等几台旧设备。主要经营范围是公社及各大队所使用的各类农用机械的故障修理和部件更新，同时兼营金属构件的加工制作。20世纪80年代中期，十里堡公社农机修配厂更名为密云县机电配件厂。当时，配件厂已经有了冲压、铸造、钳工、汽车活塞等4个加工生产车间，员工70多人。1991年，该厂改名为北京弘密机电配件厂；1993年与北京电视机厂联营；至1994年，正式改建为北京牡丹电子有限公司。

20世纪80年代中期，十里堡乡建立密日兴食品工业公司，是北京郊区第一家中外合资企业。

十里堡乡（镇）工业企业有多家，其中最为著名的就是密日兴食品工业公司和牡丹电子集团有限公司。

村办企业

十里堡镇所属各村，自20世纪70年代中期至90年代末，村办企业蓬勃发展。20多年间，14个村先后办起过30多个企业。

集体经济时期的起步

有人说，农村要富，就要搞工业、做商业。20世纪80年代尤其注重搞工业，当时十里堡除乡镇党政领导班子之外，还建立农工商总社，有专职总经理，成为专门管乡镇企业、主抓村级企业的领导机构。当时乡村副业转向办企业成为热潮。各村在开办养殖场、沙石料场、运输队等项副业的同时，又纷纷办起多种小型工业企业。

运输队 20世纪七八十年代，车辆运输是各大队、生产队的主要副业项目。尤其是70年代末80年代初，生产队有大马车、手扶拖拉机；大队有大拖拉机甚至大卡车，多在农闲时用于搞副业。80年代十里堡镇有马车运输队、庄禾屯机务队、靳各寨马车队、统军庄运输队、岭东运输队、王各庄运输队、河漕运输队、双井运输队等。运输队既有畜力车，又有机动车。主要运输项目：一是运送沙石料；二是自乡村往城里运送农副产品、果品，再从城里往乡下运送工业品和日用品。大多运输队都有十几年至20年的运营史。其中庄禾屯机务队，自1978年组建直至2001年转制，运营了23年。

沙石料场 十里堡镇域南部，不但有潮白河河滩，而且河滩之北的地表层下还埋藏着古渔水故道的深厚白沙。镇域南半部蕴藏着大量的沙石料资源。燕落寨、十里堡、河漕、王各庄、双井、庄禾屯等村，都曾较长时间地挖掘沙石混料，整理分类为细沙、粗砂、石子后，按类分别运到密云沙河火车站或直接运送到市、县建筑工地出售。这是一项安排就业劳动力多、收入稳定的集体副业。

开办工厂　自20世纪70年代后期开始，大队、生产队陆续试办小型工厂。到转制以前，各大队先后共建立过20多个小工厂。具体如下。

十里堡大队：开办腻子粉厂，生产建筑材料821腻子粉，年效益7万元左右，运营5年；还曾开办过蜂窝煤厂和微肥厂（生产液体化肥）。

庄禾屯大队：开办粮食加工厂，年效益4万元左右；开办地毯厂，年效益10万元左右；建立修配厂，年效益7万元左右，运营18年。

靳各寨大队：开办修配厂，年效益10万元，运营12年；还曾开办过拔丝厂、塑料厂、木器厂等。

统军庄大队：开办过尺带厂、印刷厂、磁疗针厂、制本厂、木器厂等，都获得一定的经济效益。

燕落寨大队：开办修配厂，经济效益较好；还办过鞋厂、水泥瓦厂。

河漕大队：开办米面加工厂17年；开办修配厂（带铁匠炉）20多年，都获得了稳定的效益。

双井大队：开办印刷厂，获得较好的经济效益；还开办了简易木器厂。第一生产队开办鞋厂，制作云光牌布鞋；第二生产队开办床垫厂。

王各庄大队：开办地毯厂、修配厂；还曾开过两年的榨油厂。

岭东大队：从20世纪70年代初就开办米面加工厂，后来开办九格砖厂、地毯厂和毛线厂。

建筑队　社队时期搞副业，安置劳动力较多的是建筑施工业。1976年左右，统军庄大队建筑队有60人，常到密云县城等地承揽建筑施工项目。庄禾屯大队建筑队20余人，年效益10余万元。

这时期，各大队解放思想，广开门路。除上述项目外，还有搞养殖的、开饭店的、办商店的，以及开办其他服务业的。

改革时期的工业兴起

1983年以后，农村社队解体，土地分块承包到各家各户。私营企业起步，村办企业兴起。各村在原大队集体企业的基础上，继续兴办村集体企业。

王各庄村，自1983年以后，相继建立服装二十四厂、九州立体地图厂、砂石场、玩具厂和装订厂。

燕落寨村，1983年开办汽车修理厂，专做汽车维修业务，安置劳动力40人，年效益达20万元。

岭东村，开办珐琅厂，制作工艺美术品。

杨辛庄，1987年开办复合肥厂，加工生产复合肥，安置劳动力20多人，年效益3.5万元。

十里堡村，开办工艺美术厂，生产景泰蓝工艺品，安置劳动力50人，年效益4万元左右，运营8年。

在村办工业企业中，当时最有影响的是九州立体地图厂。

九州立体地图厂，于1983年秋筹备，1984年春始建，1985年基本建设完工，建成投产。占地42亩（28000平方米）、厂房100多间。

塑料立体地图是该厂独家生产的新产品，虽为村办小厂，产品很快销往全国各地，并且打入了当时尚未回归的中国香港地区。并在1987年获得全国科技三等奖。

该厂生产立体地图半年后，开始兼营生产制作笔记本、练习本等多种本册产品。到1988年，年生产产值达到700万元，员工达320人。

民营企业

农村实行改革开放后，人口多、耕地少的十里堡乡，其民营企业相继诞生并迅速发展起来。不仅有工业，还有运输业和第三产业。自20世纪

80年代以来，各村陆续都有了民营的工业企业项目。

至2016年，十里堡镇属村的本土民营工业企业有36家，注册资本总额3720万元，资产总额27754万元，年收入总额17600万元，年获利近270万元，年上缴税金480余万元。

这36家民营工业企业，分布于庄禾屯、王各庄、双井、统军庄、红光、河漕、十里堡、岭东等村及隆源工业小区内。生产经营涉及印刷装订、书刊发行、纸张覆膜、防伪标志、服装加工、锅炉制造、汽配生产、钣金加工、铝合金加工、包装箱制作、涂料制作以及屠宰加工等各种项目。其中，注册资本在100万元以上的13家，不足50万元的13家；年获利10万元以上的13家；年上缴税金10万元以上的14家（其中3家年上缴税金50万元以上）。年安排劳动力550余人。

这些民营工业企业，有庄禾屯申永国的北京云浩印刷有限公司、刘怀祥的北京圣夫亚美印刷有限公司、胡得海的北京密云青云装订厂；河漕村于江的北京密兴印刷厂、刘春林的北京密东印刷有限公司；红光村王德文的北京华北方圆锅炉厂、王桂芝的北京雁林吉兆有限公司等。这几家企业是20世纪80年代建立起来，稳步运营至今的民营工业企业。

1990年以后，又有27个民营工业企业，相继建立并健康发展起来。其中主要有庄禾屯袁贺林的北京同文印刷有限公司、王瑞明的北京中安防伪印刷有限公司、魏成国的北京密云长城集邮文化用品厂、赵明廉的北京艾威印刷有限公司、胡宾的北京新悦源通物流服务有限公司；王各庄刘怀生的北京富生印刷厂、辛李的北京益兴佳金属结构有限公司；统军庄赵得甫的北京京文制本装订厂、丁小雪的北京棋淼工贸有限公司、赵德学的北京京云覆膜厂；岭东村陈福兰的北京奥斯云食品有限公司等。

这些民营工业企业中，较有特色的是北京方圆锅炉厂；健康持续发展，形成一定规模而效益较为稳定的是印刷装订业。

京郊合资企业第一家——密日兴

丁宏伟　聂德友

1985年春，北京郊区第一家中外合资企业在密云县十里堡乡成立，这家公司就是北京密日兴食品工业公司。该公司为密云县十里堡乡贸易公司与日本大阪市城东有限公司的合作项目。

艰辛起步

1984年10月18日，十里堡乡农工商联合总社干部刘兴亚，到北京与日本大阪市城东有限公司代表安宅正峰洽谈合资兴建企业事宜。通过友好协商，双方愿意在中国北京市密云县十里堡乡共同投资兴建密日兴食品工业公司。当日签订了《合资兴建密日兴食品工业公司》合同。合同约定：合营公司为中国法人，地址在密云县十里堡乡；组织形式为有限责任公司；投资总额51.4万美元，甲乙双方各出资25.7万美元。甲方（中方）主要负责土建工程、领取营业执照、招收员工等；乙方（日方）主要负责中国境外机器设备选购、提供技术管理。

合同生效后，十里堡乡政府委派乡农工商联合总社干部刘兴亚同志为该公司中方总经理，负责全面筹建密日兴食品工业公司。

刘兴亚走马上任，白手起家建公司。在当时的政策规定下，即便是有资金，开办个公司也并非易事。可刘兴亚决心啃下这块硬骨头。

刘兴亚在县、乡政府帮助下，跑工商、找税务及各个相关部门，于1985年年初取得了密日兴食品工业公司的营业执照（同时，根据实际情况，双方协商决定：日方合作单位由大阪市株式会社城东有限公司改变为名古屋市株式会社前进公司，法定代表人：张廖富男）。

密日兴食品工业公司确定在十里堡乡程家庄村西建设。可中方须投资的25.7万美元还没有着落。当时十里堡乡的年工业收入才20余万元人民币，要拿出66万元人民币（按当时汇率折算）进行投资，是不可能的。刘兴亚去找银行，先借点贷款开始土建开工，结果银行一听连抵押的资产都没有，怎能贷款?

刘兴亚想尽办法，最终以临时“建立”的“十里堡乡贸易公司”为抵押担保，终于按银行要求办齐相关手续从农业银行先借来10万元贷款。有了这10万元，确保了土建工程开工。此后在县、乡领导的大力支持和有关部门的协调下，农业银行又贷给了42万元，县农财科又贷给了17万元，凑齐了中方投资额，保证了按合约进行基本建设。

渡洋学习

1986年2月，1680平方米的土建工程即将竣工，公司将要进入机器设备安装阶段。当年3月，刘兴亚和技术员刘兴国赶在机器安装之前，马上去日本学习花生米制酥豆技术，上级按有关规定批准：只限2人在境外半个月。

一到日本九州稻田豆厂，刘兴亚2人由老板带领参观了车间全部生产工艺流程。本来这套全程的生产操作技术，按常规应该学习半年，可只限半个月时间，他二人深知自己此行需要什么样的付出。他们没有心思游览异国他乡的风光景物，一头扎进酥豆生产车间十二分地用心学习、领会、记忆。每天跟随两班工人扎在生产车间16个小时，睡在车间仓库临时地铺上，吃在车间休息室，经常以方便面为工作餐。

他二人深入车间、认真学习、悉心钻研，其行动和精神感动了日方工人和领班。领班将自己保存的一本酥豆生产技术配方资料和他自己掌握的关键技术，全部传授给了他二人。刘兴亚虚心求教，还非常注意随时随地收集一些标签等相关资料。这样经过半个月的认真学习，刘兴亚二人掌握了生产酥豆的基本生产操作技术。

学习回国后，公司车间的生产机器设备开始安装。基本建设和购买机器花完了双方的入股投资，眼看面临投产了，却还没有启动生产经营的流动资金。刘兴亚又临时借来 1 万多元，作为购买生产原材料的流动资金。当车间机器设备安装完毕时，十几种原料、辅料也全买来了。

1986 年 5 月 23 日，刘兴亚和技术员刘兴国带领 5 名工人试生产成功。这一天，正式生产出了密日兴酥豆。首批试生产出来的酥豆送到北京几个有名的涉外饭店供人们品尝，反馈的信息是：与进口的日本酥豆没什么两样！

从此，密日兴酥豆进入北京各大饭店、食品商店，还送进航空公司，成为了航空班机上的食品。不久又进入人民大会堂，成为招待外宾食品。

迅速发展

密日兴酥豆，一经投放市场，即得到一致好评。因而订单源源不断，产品供不应求。库房不压货，货款无拖欠。新产品排号运送到北京大饭店、食品商店和航空公司，回笼款及时进入公司账户。如此周而复始，到当年年末，累计销售收入 25 万元，获得利润 10 万元。

“密日兴”的成功得到了各级领导的肯定和表扬，也使银行产生了信心。县、乡领导鼓励“密日兴”乘胜前进，增加产销量。银行畅快地向“密日兴”发放了生产运营流动资金贷款 15 万元。

1987 年 2 月，一个 20 尺集装箱装载着 12 吨密日兴酥豆，漂洋过海，发往日本市场。首批中国产的酥豆得到日本市场认可，从此，密日兴酥豆堂堂正正地走入国际市场。

1987年，密日兴食品工业公司年销售收入297万元，获利53万元，出口创汇22万美元。密日兴不但顽强地生存下来，而且得到迅速发展。

密日兴食品工业公司，一方面，妥善利用国外的先进设备认真生产，及时通过ISO9001国际质量体系认证，建立健全严密的生产质量管理体系，严把产品质量关，并不断开发新产品；同时严抓企业内部管理，保持岗位竞争机制，完善企业用人机制；优胜劣汰，生产工人择优录用，管理人员竞争上岗；管理架构是经理、副经理直管车间班组，不设中间科室，使得企业管理制度不断完善。另一方面，努力开拓销售市场，总经理直接抓销售，加强销售人员队伍建设，以保持畅销国内市场、拓展国际市场。

“密日兴”自成立起，以自强自立求新求进，以产品开拓市场，以市场赢得利润。

1988年，“密日兴”进行第二期工程扩建，至1990年完工。扩建后，增加厂房车间和配套经营管理用房4820平方米，总建筑面积扩大到6500平方米；增加两条生产线，使企业能够三条生产线生产。

1991年，产值、利润比1987年分别增长5.6倍和3倍。产品有酥豆、炸花生米、炸蚕豆3个系列，有3酥豆、3A酥、3B酥、奶油果、可口花生仁、玉带豆、梦味花片、兰花豆等19个品种。主产品除了供北京人民大会堂作为招待外宾的食品外，也是北京市政府首推的招待宾客食品。产品不但在北京、上海、天津、石家庄、哈尔滨等大城市畅销，还远销到日本、美国、英国、荷兰等国。

1988年，时任全国人大常委会委员长万里同志来公司视察。北京市原市长焦若愚也曾前来视察。1992年7月5日，北京市市长、副市长等领导同志到“密日兴”视察指导工作。每次领导来都表示很满意。

到1993年年底，密日兴食品工业公司拥有职工250人，固定资产800万元，年生产能力3000吨，产值2500多万元。自1987年投产至1993年，累计实现利润850万元，出口创汇870万美元，上缴国家税金310万元。

北京远郊县一个乡镇合资企业，发展得如此兴盛，被誉为合资企业“京郊第一家”。该公司多次受到密云县政府和北京市政府的表彰并授予优秀企业的称号；总经理刘兴亚也曾多次获得“优秀厂长”“优秀经理”“农民企业家”等嘉奖表彰，还被授予“北京市劳动模范”称号。

刘兴亚荣获的荣誉证书

21世纪初，“密日兴”因多种原因破产解体。

“牡丹电子”的辉煌

丁宏伟　聂德友

1993年，十里堡乡属企业北京弘密机电配件厂与北京电视机厂（生产牡丹牌电视机）挂钩合作，为其加工生产电视机配件。原本一个乡属的集体经济性质的小企业，抢抓机遇，成为了著名国有企业的协作单位。

次年，北京弘密机电配件厂正式更名为北京牡丹电子有限公司。

成长经历

“牡丹电子”，其原单位是密云县十里堡公社修配厂，始建于1975年。20世纪80年代，改名为密云县机电配件厂，开始实行自主经营、照章纳税、自负盈亏。当时该厂有铸造、冲压、钳工和汽车活塞等4个生产车间，全厂职工70余人。机电配件厂的主要经营项目有各类农业机械日常维修换件、大修改造、铁件铜件铸造、钣金制品件冲压、汽车108型活塞攒装，也承接一些单位和村民的钢件、铁活，以及承揽一些电焊、气焊业务。至80年代末，这个机电配件厂已经完全从原来的农机服务型转为市场经营型。

1990年11月，配件厂原厂长赵岐调到十里堡乡农工商总社，新厂长王德云上任。王德云接任机电配件厂厂长后，决心要把这个厂搞活、搞好、搞大，扩大企业的业务量，既要让更多的村民就业，还要为十里堡乡增加集体经济收入，同时使机电配件厂的规模进一步发展壮大。

1991年，机电配件厂注册更名为北京弘密机电配件厂。当时，全厂员工80多人，加工生产车间有十几台老车床、两台磨床、一台刨床、一台万能铣床、两台钻床，还有后添置的四台注塑机等生产设备。全厂职工用这些老设备不断刷新着该厂的产量、产值和利税等各项指标。

1993年年初，王德云联系上北京电视机厂，开始为北京电视机厂加工牡丹牌电视机的小配件。不成想，弘密机电配件厂生产的电视机配件，经检验和试用完全合乎技术要求。从此，这个远郊县的乡属小厂与北京城里的著名国有企业——北京电视机厂结成了友好协作单位。

为使企业能够得到更多加工订单，让企业效益更好，把“蛋糕”做得更大，就需要把机电配件厂与北京电视机厂的合作关系绑得更牢。于是，1993年7月，厂长王德云同志特邀北京电视机厂领导黄国强和后来担任电子集团公司总经理的陈杰来密云。此事得到密云县政府领导的大力支持，当时的常务副县长王正在和副县长李福珍一同到洽谈协商现场给予支持。由于有厂长王德云的诚意，有配件厂可靠的技术加工能力，又有县政府领导的大力支持，双方洽商终于达成协议。协议约定：按联营体制，共同成立北京牡丹电子集团密云公司；由密云十里堡一方负责出场地、出厂房、出附属设施设备和招收工人；北京牡丹电子集团公司一方负责出生产技术设备，负责工人技术培训、岗位技术指导，负责市场销售。

共同成立北京牡丹电子集团密云公司，对十里堡乡来说，是件莫大的好事，但又是件前所未有的难事。按协议要求，建设厂房车间需要投入1580万元资金。当时别说一个弘密机电配件厂，即使是十里堡乡政府也拿不出这1580万元的巨额资金。

但王德云没有气馁，他决心借鸡生蛋，借米下锅。他连续奔走十里堡、河南寨、石城、大城子、城关、新城子、高岭、上甸子等8个乡镇的农村信用社，协商拆借贷款800多万元；又找到农业银行、建设银行和中国银行，求得多方金融单位给予贷款协助，凑够这1580万元的改造建设资金。

1993年8月开始拆除老旧厂房，9月5日新厂房动工，即在旧厂房原址上新建80米长、24米宽的钢筋框架混凝土结构、两层楼高的车间厂房。同年12月初，厂房建设尚未全部完工，就进行车间设备安装，也就是在建设二层厂房的脚手架下，进行一层车间的生产设备安装，一切为了争时间、抢速度。进入1993年12月中旬，新车间试机生产。当年12月17日，生产出了第一件合格产品——电视机机芯主线路板。机芯主线路板，相当于电视机的心脏和大脑，一块主线路板上有1300多个电子元件。

一个乡镇企业，能够生产出完全合乎质量要求、供给著名企业著名产品使用的核心部件——电视机机芯主线路板，可想而知是多么不易。

企业建成后不断发展，效益快速增长。1994年产值22600万元，上缴税金200多万元。一个乡属集体小企业一跃成为了密云县的著名工业企业——北京牡丹电子有限公司。

走向辉煌

一个乡属的小型农机修配厂，初步发展成为有80多名员工、年上缴

北京·松下电子部品有限公司密云分公司成立

50万元利税的机电配件厂，又一跃发展成为拥有600多名员工、7条机芯主板生产线、年产55万件电视机机芯主线路板的中型企业。1994年，上缴利税250多万元，完成产值22600万元。

1995年，北京电视机厂按市政府部署，接收了亏损企业东风电视机厂，同时也接收了3400名职工和外欠28000万元的贷款，两厂合并成立了北京牡丹电子集团有限责任公司。北京牡丹电子集团有限责任公司背上这个大包袱，企业效益大幅下滑。牡丹电子集团密云公司因受到主厂影响，效益也随之下滑。

根据形势变化，必须寻找新生路。1996年夏，王德云又去北京松下电子部品有限公司找到中方经理刘和平，经洽商谈成合作，牡丹电子集团密云公司又更名为“北京松下电子部品有限公司密云分公司”。更名后，仍保留与北京牡丹电子集团的合作生产。

新的联营合作，使得生产规模进一步扩大，又增建厂房4600多平方米。此后，公司领导班子有总经理1人、副总经理2人、工会主席1人，另有经理助理2人。公司下属有制造科（下属三个系）、质检科、设备动力科、运输科、综合办公室、财务劳资科、后勤科（食堂）和保卫科等8个科室；全公司员工2800多人，厂房9300多平方米，总资产额1.1亿元，净资产4500多万元。当时，共有16条生产线，主要生产诺基亚、爱立信、摩托

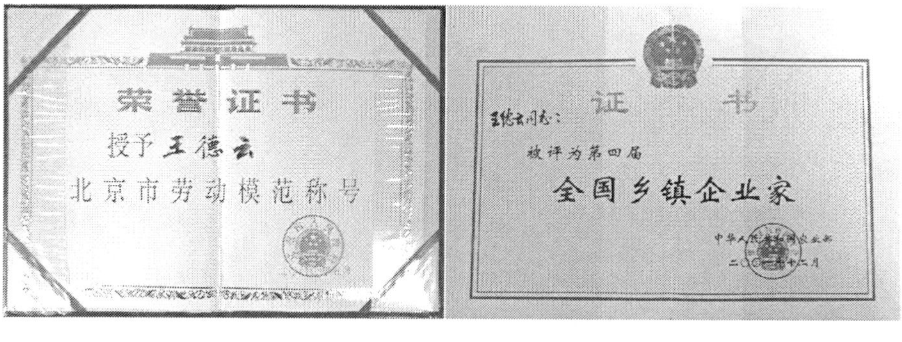

王德云获得的荣誉证书

罗拉等品牌手机的扬声器，月产量上千万件，产品全部销往国外。平日，专用的 14 辆封闭货车长期往海关送货。20 世纪 90 年代后期，年纳税额达千万元左右，年利润近 500 万元。

北京松下电子部品有限公司密云分公司（人们还是习惯称为“牡丹电子”）成为了十里堡乡的支柱企业。总经理王德云于 2000 年荣获省部级劳动模范称号；2002 年又被评为全国乡镇企业家，同年上调到十里堡镇政府任副镇长。

随势而终

21 世纪初，由于中国的劳动力成本上升，日本松下母公司将主要生产基地由中国转移到了越南，项目减少使得北京松下电子部品有限公司密云分公司（原牡丹电子）生产经营每况愈下、举步维艰。经几次提出要求，经协商，日方给予 1800 万元作为企业职工安置费。最终于 2009 年企业彻底解体。

一个由公社修配厂经历“牡丹电子”，发展到“松下电子部品密云分公司”，前后历经 30 余年，其发展成长的历程，体现出十里堡人民在改革开放的伟大洪流中那种拼搏创业、不断进取的奋斗精神。而今，昔日的辉煌成为了永久的记忆。

印刷行业的“集团军”

丁宏伟

农村经济改革伊始，以工致富成为乡村大众的共识。1981年，庄禾屯村又瞄准了装订印刷这一行业。村里首先派人到西田各庄乡小石尖印刷厂学习培训，随即建起了村办印刷厂。1983年，河漕村的于江建起私营企业——北京密兴印刷厂。这公私两家印刷厂成为了十里堡乡印刷装订业的开路先锋。

从1981年创建装订厂开始至2016年，十里堡乡（镇）印刷业蓬勃发展，从集体、私营混合发展，到全部转为民营，历经30多年经久不衰，成为十里堡本地工业企业的骄傲。

2016年，十里堡镇有本地工业企业36家，其中有24家是从事印刷装订、印刷出版、排版、覆膜等项经营的。据统计，24家印刷企业占全部本土工业企业总数的各项相关比率为：注册资本2713.38万元，占73%；资产总额19990万元，占72%；年上缴税金399万元，占83%。十里堡镇内有8个村子加上隆源工业小区，开办有印刷企业。其中，庄禾屯一个村就有12家，统军庄有2家，河漕、王各庄、双井三村各1家，隆源工业小区有4家。可见，印刷业成为十里堡镇本地民营工业企业中的主导行业。一个镇内有24家本地印刷企业，还有隆源工业小区的8家引进落地的印刷企业，因此，十里堡镇有“印刷行业第一镇”之称。

上缴税金　十里堡镇印刷企业稳步发展、健康成长，如今已是本地企业中的支柱企业。其中，2016年上缴税金前10名的企业有：

1. 北京密东印刷有限公司。法人代表：刘春林，年上缴税金65万元。

2. 北京中安防伪印刷有限公司。法人代表：王瑞明，年上缴税金60

万元。

3. 北京密兴印刷厂。法人代表：于江，年上缴税金 50 万元。

4. 北京雁林吉兆有限公司。法人代表：王桂芝，年上缴税金 45 万元。

5. 北京云浩印刷有限公司。法人代表：申永国，年上缴税金 42 万元。

6. 北京圣夫亚美印刷有限公司。法人代表：刘怀祥，年上缴税金 27 万元。

7. 北京同文印刷有限责任公司。法人代表：袁贺林，年上缴税金 24 万元。

8. 北京新悦源通物流服务有限公司。法人代表：胡宾，年上缴税金 20 万元。

9. 北京密云长城集邮文化用品厂。法人代表：魏成国，年上缴税金 20 万元。

10. 北京富生印刷厂。法人代表：刘怀生，年上缴税金 20 万元。

庄禾屯——"印刷专业村" 庄禾屯大队，从 1981 年就开始建立大队印刷装订厂。尔后，随着农村改革发展，在原集体企业的基础上，纷纷建立起多家小型印刷装订企业。到 21 世纪初，庄禾屯的民营印刷企业已经初具规模。

该村申永国的北京云浩印刷有限公司，起步于 1984 年，多年经营印刷装订。如今，注册资本 486.88 万元（居本镇同行业之首），拥有资产总额 2650 余万元，年获利 20 余万元，年上缴税金 40 多万元。

王瑞明的北京中安防伪印刷有限公司，成立于 1992 年，占地 48 亩，厂房建筑面积 4000 平方米，专业从事研制开发、印制不干胶标签及防伪标识的现代化商标的印刷业务。该公司为北京市及华北地区生产高端防伪标识的知名企业。生产的防伪标识产品，集特种造纸、防伪版纹、数字信息、激光全息、安全油墨等各领域先进防伪技术于一体，为同仁堂、红星、古船、大宝、六必居、华泽集团等 100 余家企业提供了品牌保护。该公司已成为中国防伪行业第一梯队企业，具备从制版到成品全部自主完成的能力。其成功研发的“印刷全息数码揭开式防伪标识”获得国家颁发的实用新型专利，被中国名牌战略推进委员会指定用于“中国名牌”产品上。该企业成为中国名牌战略推进委员会防伪标识定点生产单位、北京市技术监督局全息防伪标识防伪商标定点生产厂家、首批中国产品质量电子监管网可变条码标签印刷企业。2016年，该公司拥有资产总额2859万元，上缴税金60万元。

庄禾屯村的印刷企业起步早，管理好，印刷质量可靠，企业稳步发展，成为全县瞩目的农民就业致富的典范。2000年，北京市乡镇企业局授予庄禾屯“北京市印刷专业村”的荣誉称号。

在效益与荣誉共同激励下，庄禾屯及本镇其他村的印刷业共同进一步发展壮大起来。2005年年初，庄禾屯民营印刷企业自发成立印刷协会。协会以庄禾屯为主，邻村同行企业也可以加入。初始有17家会员企业，至2016年年末，会员企业已有24家。

河漕印刷业　与庄禾屯村印刷业并驾齐驱的还有河漕村。河漕村具有代表性的印刷企业有于江的北京密兴印刷厂和刘春林的北京密东印刷有限公司。

于江在农村改革之初的1983年，通过向私人高息借来500万元为创业资金，于河漕村建起私营印刷厂。开始时为中国人民大学出版社、经济科学出版社、中国审计出版社、华语教学出版社等单位做装订。21世纪初，生产经营高峰时员工有150人左右。于江的北京密兴印刷厂现已移建到十里堡镇隆源工业小区。如今该厂有四色套印、双色及黑白多种功能印刷机10台，还有CTP制版机、胶订龙等多台配套机器设备。资产总额850万元，年产值800万元，年上缴税金50余万元。

刘春林的北京密东印刷有限公司，在河漕村占地30亩，始建于1987年。该公司经营印刷装订，注册资本150万元，资产总额1859万元，2016年上缴税金65万元，居本镇同年本地企业纳税之首。

应时而生的“方圆锅炉”

丁宏伟

方圆锅炉厂是红光村村民王德文在20世纪80年代初期创办的。方圆锅炉厂是从一个电气焊加工点发展起来，成为“北京市密云县常压锅炉厂”，又进一步发展成为“北京华北方圆锅炉设备制造有限公司”。公司法人代表王德文，公司地址在今十里堡镇红光村。

1983年，十里堡镇红光村原拖拉机手王德文，贷款3000元购买一台电焊机和一些必要的工具等，在自家院里办起了电焊加工点。开业当年，还清了贷款，又招工人、增设备，把加工点扩大为小型电气焊加工厂。

随着农村经济快速发展，农民生活水平不断提高，许多村民富裕后拆了旧房建新房，传统土炕换新床，普遍面临缺乏冬季取暖设备的问题。民用暖气炉——俗称“土暖气”，成为具有广泛市场的取暖设备。王德文决意向生产农村土暖气的市场进军。他历尽艰难曲折办好锅炉制造营业执照后，又解决了技术、资金问题。但在自家小院内制造锅炉，场地是远远不够的。经过向村委会申请，王德文获得了临街3间旧库房的租赁使用权，终于解决了制造场地和仓库的问题。一个新生的民营企业——红光土暖气厂诞生了。红光土暖气厂生产制造“小力神”牌暖气炉，产品一经投放市场就广受青睐，获得很好的效益。

1985年年初，王德文作为农民致富典型出席了密云县委、县政府组织召开的“万元户”表彰大会。以后，随着改革形势不断发展，王德文的土暖气厂实力也不断增强。8年后，该厂由制造土暖气改为生产锅炉，厂名改为“北京市密云县常压锅炉厂”。锅炉厂生产的“常压”锅炉，就是王德文潜心研究、请教业内知名专家、争取政府主管部门支持，自行设计制造而成的产品。王德文分析了传统锅炉的优点和缺点，确立了主攻方向，从改进锅炉燃烧室的结构入手，大胆设计。经过反复论证、试验，终于研制成功了传统锅炉的替代品——扣桶式多回程无压锅炉。

扣桶式多回程无压锅炉是采用单层炉排，将正燃和反燃两种燃烧方式巧妙地结合在一起，实现了科学的燃烧方式与烟气流程形式的完美统一。这种正反结合的燃烧形式，比任何一种单纯的正燃或反燃形式所产生的燃烧势能更加强劲、科学、合理。这种锅炉体积小、火力足、节省能源、易于操作。还有一大特点是自然抽送风，取消了鼓风机和引风机，不耗电能，没有噪音，实现了锅炉污染程度最小化。有关报道说它的“节能环保性能、操作使用性能、综合经济性能均达到了当时同类产品的世界领先水平”。此锅炉经国家环保局北京除尘设备质量监督检验中心实测，多项技术指标都超过国家规定的指标水平。经北京市节能技术服务中心实测鉴定，“该炉设计新颖，体积小、易操作、热效率高”，成为中国小型锅炉中的典范。

1996 年，王德文租下原红光大队已关停的占地 5.5 亩、30 多间房屋的废棉加工厂，作为规模化生产扣桶式多回程无压锅炉的常压锅炉厂。10 年后，为扩大生产规模，王德文于 2007 年到王各庄就业园租赁 34 亩土地建新厂，企业第四次更名为“北京华北方圆锅炉设备制造有限公司”。设计产出的定型产品有 DZL 系列燃煤热水锅炉、燃煤蒸汽锅炉、SZL 系列燃煤热水锅炉、CWSG 系列燃煤反燃热水锅炉、CWSL 系列型煤热水锅炉和 KCY 系列燃煤茶、浴锅炉等 8 个种类 40 多个型号。还增加了卧式燃油（气）蒸汽锅炉、热水锅炉，以及立式燃油（气）热水锅炉和蓄热式电热锅炉等 4 个种类 41 个型号。

扣桶式多回程无压锅炉，在 1994 年 1 月获得了国家专利局颁发的实用新型专利证书；1994 年 6 月荣获“首届中国金榜技术与产品博览会”

金奖，同年9月再获得“全国新发明国际博览会”金奖；1995年在北京国际展览中心举办的“首届中国青年发明及新技术、新产品博览会”上，又获得银奖（金奖空缺）。王德文凭着在此项专利中发表的科学论文，美国著名的哈佛大学曾向他发来“哈佛大学客座教授聘请通知书”，并邀请他去美国参加有关论坛。1995年6月8日《农民日报》以“土专家——王德文”为题，将其研制发明的事迹刊登在“成功之路”栏目中。1998年在北京私营个体经济协会举办的“北京私营个体经济成果20年回顾展”中，王德文的发明成果再次在大会上展出。

《首都私营经济》刊登的“锅炉大王——王德文”一文中说，这种小型锅炉“填补了国内外空白”。2003年，扣桶式多回程无压锅炉系列产品被注册为“火箭”牌商标。2006年6月，王德文到北京人民大会堂光荣地参加了“第三届中国诚信企业家”大会，得到时任全国人大常委会副委员长铁木尔·达瓦买提等国家领导人的亲切接见并合影留念。2007年王德文又参加了“中国节能减排论坛”大会，华北方圆锅炉公司的“环保先锋——型煤系列锅炉”被确定为“中国节能减排论坛——2007重点推荐产品”。

进入21世纪，王德文的企业快速发展。2009年至2011年间，北京华北方圆锅炉设备制造有限公司进入鼎盛时期。公司新址占地21600平方米，总资产达到3000多万元，年生产能力可达几百台套，最高年销售额近千万元。

2012年以后，国家加强环境保护治理，城镇取暖、饮水停止使用燃煤锅炉，首都北京的要求更加严格，国家环保战略直接影响到华北方圆锅炉的销售量。因此，北京华北方圆锅炉设备制造有限公司退出王各庄就业园区，回到红光村锅炉厂旧址维持生产经营至今。虽然方圆锅炉公司缩小了规模，但曾经的成就和荣誉，仍是十里堡镇民营企业的荣耀。

十里堡镇的第三产业

丁宏伟

十里堡地区以服务业为主的第三产业，是从 20 世纪 80 年代初开始出现的，至 21 世纪初开始迅速发展起来。到 2016 年，第三产业的从业人数共 8322 人，比第一产业（农业）从业人数 3498 人多 1.38 倍。

至 2016 年，第三产业分布于镇属各村。仅登记在册、长期营业的私营小型企业、小门市部等有 110 家，营业建筑面积 23400 多平方米。其中饮食服务业 50 余家；汽车修理和电器修理 10 家；货物运输业 8 家；其他服务行业 42 家，营业面积 4730 平方米。规模出租土地房产 11 处，出租土地 128 亩，出租房产 25150 平方米。各村、居民小区私人无定期出租土地、房屋难以统计。而今，十里堡的第三产业已是遍地开花。

饮食服务业

从 101 国道到各村主要街道，多处都有开饭店、餐馆的，各小区和各村的街道、胡同内还有许多早点铺。流动人口多的地方，也有冷热饮服务部等。

河漕村有鑫红源饭庄、轩辕顺通饭庄、银地宝来小吃店、王随勤小吃店、富华小吃店、高明香小吃店及宝克利发馒头部等 7 家饮食企业（店铺）。

燕落寨村有农家田园快餐店、北京绿林小吃店、北京园盛林小吃店、北京檀广泓小吃店、北京盛杰宏远小吃店、北京杨宗绅小吃店、北京红金六六小吃店和北京黄雪山小吃店等 8 家。

水泉村有水泉小成饭庄、爱国五福小吃店、荣祥太和小吃店、顺亿家小吃店、春鑫利小吃店和水泉源凤小吃店6家。

十里堡、王各庄、杨辛庄三村各有饭店、快餐店、小吃店4家。统军庄、靳各寨、清水潭、红光村均有饭庄、餐饮部、小吃店等。

双井村有北京火红餐饮有限公司、北京固味居餐饮有限公司、北京蜜香满城餐饮有限公司、北京顺佳餐饮中心、北京聚合欢饺子馆和北京湘香缘餐饮有限公司等6家较成规模的餐饮企业。

以上私营餐饮企业，直接从业人数200余人，营业面积18150多平方米，都有较好的经济效益。

还有许多外地人在此租赁房屋开办的餐饮企业，比如有格林豪泰连锁酒店、老北京食府、王婆大虾、龙继斑鱼庄、老北京铜锅涮肉、众德食府、大扬骨头馆、田老师红烧肉、利和成饭庄、伊兰拉面、现烙肉饼、凤翔家常菜、火红餐厅、纸上烤鱼、香河肉饼黄焖鸡、重庆小面、烤串烤吧、顺佳快餐、秦大碗手擀面、红烧肉刀削面、胖子羊汤烧饼店、火锅鱼烤肉、煎饺侠等字号。这些企业所缴纳租金和上缴税金都为十里堡镇的经济发展添砖加瓦，同时还增加了当地人的就业机会。

汽车、家电维修业

十里堡镇域有101国道东西横贯通过，国道两侧是开展汽车修理业务的有利之处，加之各村多有机动车辆，汽车修理成为新兴的修理服务业。还有日益增加的家用电器，更让原有的家电修理业愈加红火。至2016年，专业从事汽车修理的，有十里堡村的津云汽修、恒盛恒远汽修2家；有双井村的北京同济汽车修理有限公司和北京迎奥汽车修理部2家，燕落寨还有2家。专门从事电器修理的有河漕村王桂福家电修理部、靳各寨村刘复山修理部和刘克利修理部、燕落寨村天荣顺发电器修理等4家。汽车修理和家电修理共 10 家，营业面积 530 多平方米，直接从业人员 20 余人。

货物运输业

十里堡镇辖村内，目前共有货物运输部（户）8 个。河漕村有北京安安兴达运输部，有运输汽车 8 部，从业 20 人；赵尊增运输个体户，有汽车 2 部，从业 5 人；北京瑞松运输部，有汽车 2 部，从业 5 人；士银和东凯顺达运输部，有汽车 2 部，从业 4 人。王各庄村有金铁元运输部，有汽车 2 部，从业 3 人；吴迎军运输户，有汽车 2 部，从业 8 人。靳各寨有翟军运输户，有汽车 3 部，从业 6 人。

以上 8 个运输部（户），共有运输汽车 25 部，直接从业人员 50 余人。

资产租赁业

自农村实行联产承包责任制后，租赁经营业应时而生。尤其是集体经济解体以后，集体土地除分给各家各户以外，其余出租；还有集体厂房、机器设备出租等。村民分到的“承包地”有出租的，建成的种植大棚也有出租的。密云经济开发区和二期扩建、十里堡镇隆源工业小区、王各庄就业园区等建立后，大量外来人口来到这里就业，生活住房需求量剧增。因而家宅房屋出租，又成为了各村较为普遍的家庭经营项目。

还有企业开办的建筑设备租赁、挖掘机械租赁和运输工具租赁等。十几年来租赁业迅速发展，成为十里堡镇经济发展不可或缺的一个行业。

村集体资产出租

比如，河漕村租给北京大发正大公司土地 68000 平方米（102 亩）、房屋建筑 21000 平方米，年租金收入 89 万元。租给金鼎华阳公司土地 5300 平方米、房屋建筑 950 平方米，年租金收入 11 万元。租给顺鑫多利公司土地 6700 平方米、房屋建筑 760 平方米，年租金收入 7 万元。租给火炬金星公司土地 1900 平方米、房屋建筑 950 平方米，年租金收入 4 万元。租给李红开土地 3400 平方米、房屋建筑 1200 平方米，年租金收入 10 万元。出租给以上 5 户的土地和房屋，年收入 132 万元。

王各庄村，出租土地给落地企业汉业先科 19 亩、振兴铝合金 10 亩、邵胜华木器厂 2 亩，合计出租 31 亩，年租金收入约 10 万元。

靳各寨村，出租土地余 59 万平方米（约 900 亩），年收租金 27 万元。

十里堡镇各村，规模化出租土地、房产的有 11 处，共出租土地 165 亩，房屋建筑 25150 平方米，年收租金约 150 万元。

此外，还有十里堡村、河漕、统军庄、王各庄、程家庄、靳各寨、清水潭、水泉、杨辛庄等 9 个村，共计出租厂房 21 处、93000 多平方米，年租金收入约 500 多万元。

村民资产出租

村民资产出租主要是住房。由于密云经济开发区十几年来不断扩展，众多企业的管理员工、生产工人等大量涌入。101 国道两侧许多服务企业经营者和多数员工也是来自外地。十里堡镇到 2015 年，外来人口有 8778 人。当今许多企业雇用员工一般不负责住宿，房屋出租便成为热门。2016 年，村民私人出租住房的有 838 户、面积 34900 多平方米，年收入租金 720 多万元。

其他服务业

除饮食服务业、维修服务业、货物运输业和资产租赁业外，还有经营家具店、装饰店、建材店、粮油店、美发店、小超市、浴室和废品回收等服务业的 41 家，营业面积 4730 余平方米，从业人员 50 余人。

河漕村有王春利商店、红日商店、素荣商店、浩然兴达商店、王海洋家居装饰店、彭凤芝木制品店、王燕成废品回收等。燕落寨村有北京夜来香粮店、北京福禄秀平商店、安泰祥和粮店、北京百利鑫颖商店、王文利建材商店。清水潭村有廷高超市、缙云联华超市、溸鑫超市。还有统军庄浴室和王各庄理发店。

非本地人租用十里堡房屋、场地经营其他服务业的也占有一定比例，比如开住宿行业的祥和旅馆、仙人阁旅馆、众淼居旅馆、乐意宾旅店、双兴盛旅馆、乡情旅店、悦来旅店；开保健行业的保健养生会所、完美服务中心、足道会馆、北京永济源足疗中心、足浴巴山密水保健；开办娱乐行业的迪曼龙 KTV、蓝尊 KTV、东方神韵 KTV、爱尚网吧。还有十里堡口腔诊所、太宁康大药房、红木家具店、强力家具广场、多柔美家建筑装饰公司，以及吉普车服务、二手车服务展示厅、汽车配件市场等。

第三产业所包括的项目繁多，且分布面广，经营分散，尤其是许多外来人口所从事经营的项目，由于关停频率较高，难以统计齐全。但第三产业从业人数的比例是日益增高的。

近些年来，十里堡镇的第三产业在增加村集体和村民（居民）收入、增加纳税额、扩展村民就业之路、促进地区经济发展等诸多方面，都已起到了举足轻重的作用。

引进落地企业

丁宏伟

十里堡镇从20世纪90年代初就开始招商引资。政府创造有利条件，制定优惠政策，吸引各业经营户前来本镇域内建立企业开展经营。到2016年已有167家外来企业在十里堡镇域内生产、运营。这些企业在引领各业发展，扩展村民就业之路，增加地方税收等方面，发挥了积极作用。

落地生根

1994年，北京海燕津云汽车维修公司在十里堡村落户。1997年，北京排山工程机械配件公司也在十里堡村落户。1999年又有北京凯捷散装设备公司在双井村落户。20世纪90年代以这3家企业开头，到21世纪初，多家企业来到十里堡镇域“落户”。

十里堡村 继20世纪90年代两家企业落户后，自2000年至2015年又有北京兴发旺盛商贸有限公司、北京安瑞迪商贸有限公司等26家企业落户十里堡村。至2016年，十里堡村域内有涉及工业生产、工业加工、服装加工、食品加工、机械销售、建材销售、汽车销售、汽车修理、机械租赁以及饮食服务等行业的28个落地企业。

双井村 进入21世纪后，又有北京泰然金属加工厂、北京三鑫机械厂等24家企业入村“落户”。加上原来1家，共25家落地企业。经营项目有建筑施工、印刷装订和物流等行业。

靳各寨村 2002—2015年，“入户”的企业有北京燕山木制品加工厂、北京久恒齿轮制造公司、豆果乐园食品有限公司等21家。经营项目涉及粮食加工、医疗器械生产、仓储业等。

河漕村 2001—2013年，引来了北京点球液压机械制造有限公司、北京龙耘种业有限公司、北京世英豪液压机械有限公司等19个落地企业。涉及种子销售、兽药销售、酒店、商场等行业。

王各庄村 位居十里堡镇域最西南，有工业仓储用地面积53公顷（占村域面积的19.4%）。该村积极招商引资，于2006年在村西部建起一个面积24公顷的就业园区。在方便本村和本镇企业来此“落户”的同时，也吸引多家外来企业到此落地生根。2001年至2011年，王各庄村引来北京北超伺服技术有限公司、北京聚利威科技有限公司等17个落地企业。王各庄村就业园区已作为十里堡镇的二期工业小区，由镇政府宏观指导管理。

庄禾屯村 虽然是十里堡镇域内本土企业最多的村（本土企业13家，占全镇36家的36.1%），但招商引资也不落后。从2002年至2013年，引来北京世纪鑫机械厂、北京宏基世达液压有限公司、北京瑞隆泰达装订有限公司等12家落地企业。而且在引进这12家企业中有5家是印刷行业，更彰显出庄禾屯“印刷专业村”的特色。

统军庄村 2000—2013年，引来落地企业有北京龙鼎源科技有限公司、北京京华商品混凝土搅拌公司等10家。

岭东村 2008—2009年，引进北京瑞普工贸有限公司、北京兴宇海洋科贸有限公司和北京王氏昊天金属结构加工厂等3家落地企业。新增加了养牛业和饲料加工业。

清水潭村 2001—2004年，引进北京艺琢石材制品有限公司、北京绿科缘生态工程有限公司田乐生物复合肥厂和北京清水湖垂钓园3家落地企业。

程家庄 2009—2011年，先后有北京雅迪力特航空新型材料有限公司和北京九都腾飞铁柜有限公司落户。这两家企业至今仍健康发展。

燕落寨村 引进了北京同力兴工贸有限责任公司。

以上 11 个村，共引进落地企业 141 家，占全镇引进落地企业的 84.4%。

筑巢引凤

密云十里堡镇隆源工业小区，北依十里堡村，西近河漕村，南临潮白河，东接密云工业开发区。

该小区是十里堡镇于 2001 年申请，当年即得到密云县政府批准建立的。此为十里堡镇工业小区的一期工程。一期工程占用十里堡、河漕两村土地 300 亩，于 2003 年建成。由于该小区良好的地理位置和基础条件，又有十里堡镇招商引资的优惠政策，引得众多企业踊跃前来落户。2003 年年底，北京三浦百草绿色植物制剂有限公司首先入驻。尔后各行各业企业陆续而来，隆源工业小区很快招来落地企业 16 家。

隆源工业小区筑造美巢，引来金凤凰“落户”。一期满园，共进驻北京、河北、湖北、江苏、辽宁 5 省市及密云县的共 19 家落地企业。其中，有北京三浦百草绿色植物制剂有限公司专业生产植物制剂 1 家；有北京万润森泰机械有限公司从事机械制造 1 家；有北京蓝拓医疗器械有限公司和北京纳川伟业医疗器械有限公司专业生产医疗器械 2 家；有生产机械零配件、汽车零配件、铁路配件及其他设备零配件的 8 家；还有生产农药、塑料制品、保温材料、印刷装订、门窗加工和仓储等 7 家。

除隆源工业小区内的 19 家企业外，十里堡镇政府直辖地界上还有北京金润汽车维修服务有限公司、北京金信恒通汽车维修服务有限公司等落地企业 7 家。

开花结果

20 多年来，十里堡镇及所属各村大力招商引资，取得显著成果。据统计，到2016年年末，全镇行政区域内已引来落地企业167家。这些落地企业共计在十里堡镇经营占地面积2335亩，注册资本5亿1251万元，资产总额29.1160多亿元。

160多家企业，涉及多个行业，经营范围广泛。其中，有工业企业119家，商业企业26家，饮食服务业5家，租赁业4家，其他行业13家。

工业企业经营范围有：数控电机、机械配件、配电柜、医疗器械、液压机械、液压设备、智能电网设备、钢丝钳、挤压板、太阳能真空管、保温材料、玻璃钢制品、灌装机、铁路配件、汽车配件、链条、表链、膨化食品、塑料制品、橡胶制品、化学制品、植物制剂、中药饮片、农药、生物复合肥、钢制书架、实验室钢制设备、橡胶制品、电子胶带、液体净化设备、消防器材、新型建材、环保设备、精密铸造设备、专用车配件、齿轮、控制柜、专用机械、水泥构件等。

加工企业经营范围有：混凝土、金属、水泥罐、服装辅料、汽车配件、洗涤用品、石材、门窗、木材、木器、饲料、米业、食品、服装、羊毛衫、彩钢等。还有印刷装订、建筑施工、锅炉安装、汽车修理等。

商业企业经营范围有：销售各类汽车、汽车配件、工程机械、工程机械配件、五金、建材、保温瓶、兽药、种子、汽油、机油等。

饮食服务企业经营范围有：酒楼、餐馆、食府、酒店带商场等。

租赁企业经营项目有：建筑设备租赁、机械设备租赁、挖掘机车租赁等。

其他企业经营项目有：物流、仓储、蔬菜保鲜、蔬菜配送、暖气供应、自来水供应、打字、复印、康复娱乐、休闲垂钓、养殖等。

一镇之内，引进落地的各类企业生产经营项目有近90个。

这167个落地企业，注册资本在1000万元以上的有16个（其中3000万元以上的2个）。年上缴税额在50万元以上的16个（其中100万元以上的11个；1000万元以上的2个）。安置就业人员30人以上的23个（其中用工100人以上的3个）。这些引进落地企业每年安置就业2900多人，上缴税金近6000万元。

引进落地企业中的知名品牌

北京北超伺服技术有限公司，是引进落地企业中的一个突出典型。该公司是超同步创始人项久鹏先生设于北京中关村的北京超同步科技有限公司在十里堡镇建立发展起来的又一个公司。

该公司于2007年年末开始租用十里堡镇王各庄就业园区32.5亩土地，于2008年8月8日成立北京北超伺服技术有限公司，主要生产数控电机。其技术和产品迅速得到了市场认可，企业迅速发展。至2012年年底，北超伺服技术有限公司又建设了24000平方米的厂房和研发中心，掌握了交流伺服系统的核心技术，实现了三大系列百余种伺服电机及驱动器的生产和销售。2014年5月完成股份制改造，并于同年12月19日顺利挂牌新三板，进入资本市场。

2016年，北京超同步科技有限公司成为工业和信息化部智能伺服电机智能制造示范试点企业，成为中国高端装备制造业的知名品牌，打造了以智能伺服电机、核心功能部件、高档数控机床为核心产品的高端装备制造的垂直产业链。产品广泛应用于高端装备制造、工业机器人、新能源汽车等领域。北京北超伺服技术有限公司注册资本100万元，而今总资产已达到4.1亿元，年利润5800多万元，年上缴税金1500多万元；公司员工800余人，其中有550多人是当地劳动力。

近5年间，十里堡镇引进落地的企业及总部企业中，注册资金在1亿元以上的有：北京住总绿都投资开发有限公司、北京中民祥珠实业有限公司、北京新元售电有限公司、北京通润博园房地产开发有限公司、北京舜民新能源开发有限公司、北京金龙源房地产开发有限公司、北京宏博凯科技发展有限公司、北京程春海建筑劳务服务有限公司等8家，上缴税收

11.11 亿元，实现镇级财政收入 2.31 亿元，为镇域经济发展打下坚实基础。

十里堡镇有绿色印刷企业 32 家，这些企业推广应用中科纳米制版技术，使印刷产业由固有、传统的生产方式向高效、环保的全新模式转变。

十里堡镇有汽车销售和维修企业 23 家，形成集销售、维修、装饰为一体的产业集群。现有奥迪、福特、现代等多家知名汽车 4S 店落户十里堡镇域内。“101 国道汽车服务聚集带”成为京东地区汽车销售服务的重要节点，年销售额突破 10 亿元。

十里堡全镇引进落地高新技术企业 13 家，拥有专利项目 300 多项，形成产值过亿元。其中，北超伺服、雅迪力特、中鼎牧业和龙鼎源 4 家企业相继在新三板上市；三浦百草、海普瑞森等企业也基本具备上市条件。镇域上市企业数量居密云区各乡镇、街道之首。

至 2016 年年末，落地实体企业实现总收入 28.6 亿元，解决劳动力就业 2951 人。

2016 年尚在正常运营的引进落地企业 118 家，注册资本 35987.5 万元，资产总额 275129 万元。目前停止运营的企业有 49 家，注册资本 15263.5 万元，资产总额 16037 万元。

第五部分

文教卫生

十里堡镇中小学教育颇具特色，莘莘学子走出校门后，努力报效家乡、报效国家。

新中国成立后，医疗事业的发展减少了人民的疾病痛苦，“新农合”使人民的生命健康得到了充分保障。

多姿多彩的文化扮靓了人们今天的幸福生活。

十里堡中学　（郭克喜　摄）

十里堡中学

郭克喜

十里堡中学是密云区属初级中学，校址位于十里堡镇十里堡村西北。学校建于 1961 年，1962 年停办，1971 年复校至今。

建校初期　艰苦创业

1961 年 7 月，密云县教育局派冯泰安到十里堡创建中学，任校长；派张文祥和孙进才具体负责建校工作。校址选在靳各寨和十里堡两村中间的乱石滩上（当时京承公路在校址南侧）。那时是国家困难时期，一切都是白手起家。临时的院墙是用玉米秸夹成的，伙房和宿舍安置在窝棚里，老师们没有节假日，整天忙于建校劳动。

经过紧张筹建，在当年 10 月建成了 12 间房屋和必要的附属设施。墙未干，就开始招生。当时开办初一年级两个班，学生 100 人。教师有徐景茹、王亚文、薛松琴、王恩俊、李凤玲、王振海等 10 人 。招生对象是十里堡、庄禾屯、河漕、靳各寨等村的学生。1962 年，因国家处于三年困难恢复时期，十里堡中学停办，师生转入密云第一中学。

1971 年，密云县教育局决定恢复十里堡中学。教育局派杜桂林任十里堡中学党支部书记兼革命委员会主任，谭有为任副主任，主抓教育。当时学校仅有 1961 年建校时的两排房子，共 12 间。复校的第一年招生 2 个班，97 名学生。招生对象是十里堡、河漕、庄禾屯、靳各寨、程家庄等村的学生。

学校的首要任务是盖校舍。公社（即当时的密云县红旗人民公社）党委组织各大队书记开会，把需要建造的50多间房分配到各村。经过认真组织施工，不到一年时间，松木檩、松木柁，红砖墙、大红瓦，一排排砖木结构的教室、办公室和老师宿舍建成了。学校也达到3个年级12个班的规模。学校的附属房屋及院墙等，都是师生们自力更生修建的。老师们没早没晚地加班加点，毫无怨言。紧接着又修建食堂、扩建操场、垒观礼台、植树造林等，都是师生们自己动手完成的，到20世纪70年代中期，一个整齐、宽敞、较为规范的学校建成了。

复校初期，师生饮水困难，校领导和老师便自力更生打井。一天，当井挖到两丈多深时，杜桂林和谭有为在井下干活，3个女老师在井上摇辘轳。当装石头和沙土的大筐快到井口时，只听某个老师叫了一声，土石筐掉了下去。只有1.5米直径的井底，杜桂林正在挖井下的石头，谭有为手疾眼快，迅速把杜桂林拉到一边，躲过一劫。从此，他俩成了生死考验的朋友。

那时，学校要建学农基地，河漕大队书记答应可以去潮白河南岸的荒滩上去垫地。定下来之后，师生们半天学习，半天劳动。经过一个冬天的努力，垫出100亩学农基地。学农基地建成后，初一、初二年级的学生，学农种花生，当年获得了花生丰收。初三年级学生，学工办小工厂编织麻绳。学工、学农、兼学别样是当时办学的大趋势。

到1975年，十里堡中学又开办高中，学制二年，但只办了两届半，1978年高中撤销，在校高中生转入密云一中。

步入正轨　中考夺魁

20世纪70年代末80年代初，大学恢复考试招生，办学有了教学大纲。学制小学6年，初中3年，高中3年。中小学从春季开学、冬季毕业，改为每年9月1日开学，暑假毕业。

1979年，密云县举行初中统考，考试结束后统计各校考试的及格率和升学率，郭振国校长结合学校特点，分析了全县中考形势提出：争取用三年时间，十里堡中学的中考成绩力争排在全县中学（当时全县有50多所中学）前列。经过全体师生的共同努力，在1982年中考成绩居全县第6名，实现了预期的目标。

1988年教育实现正规化，学校以学为主。十里堡中学退掉了学农基地，关掉了赔钱的汽车修理厂和化妆品厂。县乡两级财政拨款，保障学校经费，以及校舍维修；学校此时增添了必要的教学设备，办学条件得到改善。

1989年，学校中考及格率96.7%，升学率31%，考上师范、中专16人，取得全县第4名的好成绩，同年获北京市学籍管理先进单位称号。这时期出现了其他中学的学生往十里堡中学转学的现象。

由于取得了较好成绩，乡领导重视，各村干部大力支持鼓励，学生家长殷切期盼，这些转化成了老师们的巨大教学动力。尤其是初三年级各科任课教师早晚加班加点，无偿地给学生补课辅导；教师针对学生的薄弱学科有针对性地一对一辅导；有的成立业余学习小组，也有的教师利用业余时间到学生家中辅导。学生很受鼓舞，起早贪黑，勤奋学习。1990年，学校初三两个班百名左右毕业生，考上师范、中专的有36人，考上重点高中的有17人。中考升学率、及格率、平均分均为全县第一。

1990年，十里堡中学"基础薄弱学校改变面貌"建设项目通过市局验收合格，县里奖励学校2万元。十里堡乡政府为学校开庆功会，奖给学校5000元。各村的大队书记也都各带奖金前来祝贺，全校教职员工很受鼓舞。

1990年7月，王连远接任十里堡中学校长，统军庄中学并入十里堡中学。学校以教学为中心，突出教学质量意识。并注意培养美术、体育等特长生，教育教学出现了新的飞跃。1992年，参加北京市初中统考，全县50来所中学6000多名考生，十里堡中学初三有4个班的中考成绩位居全县第一。密云师范当年招4个班160名学生，其中十里堡中学考上38人；同时考上重点中学和其他中专学校的有23人。

1993年3月，密云县教育局向全县教育系统下发了《关于学习十里堡中学抓教育教学质量的决定》，要求各中学学习十里堡中学提升教学质量的做法和经验。1995年，学校自筹资金建成密云县第一批计算机房，培训教师熟练使用多媒体教学技术，促进课堂教学模式的改革，并成功承办了全县素质教育展示活动。

这时期学校在社会上的声誉越来越高，学生人数增多。岭东、燕落寨、双井等村（一中招生范围）的学生要求回十里堡中学读书，西田各庄、东庄禾、石城等乡的学生也往十里堡中学转学。1993年秋，新盖的教学楼投入使用，初一招生扩大到8个班，1994年扩大到10个班。全校班级由1992年的14个班，到1996年猛增至28个班。从1994年开始，学校安排了住校生，教职员工增至99人。1997年，初三（4）班的学生李万斌、于润国考入清华附中。2002年，张石磊同学考入清华附中。杨辛庄村普通农民家庭的子女郭超男、郭英男在十里堡中学毕业，经过高中、大学各时段的努力学习，都成为硕士研究生。姐姐郭超男供职于民政部社会救助司。弟弟郭英男2018年进入硕士研究生学习阶段。

十里堡中学一直坚持“一切为了学生健康发展”的办学理念，狠抓教师队伍建设，在1997年北京市教师基本功比赛中获得优异成绩。还有十多位教师所任学科的中考成绩居全县第一，涌现出李怀春、王化民、陈月球等一批密云县名师。在全校师生的共同努力下，从1989年到2001年，学校中考成绩一直位于全县前列。2000年，学校通过“北京市规范化学校建设”项目验收。

达标建设　更上层楼

随着教育形势的发展，逐步推广素质教育。密云县教育局规定，从1998年秋季开学，学生户口不在十里堡镇的学生，一律不能转入十里堡中学。从此，生源逐渐减少。到2017年，在密云工业开发区上班的外省籍职工子女就近在十里堡中学读书，他们占在校生总数的47%。2017年，十里堡中学只有12个教学班，且学生和教师结构都发生了变化。全校师生员工，坚持和发扬十里堡中学优良传统，始终如一勤奋学习和工作。

2004 年 11 月，中央教科所（即现中国教育科学研究院）批准十里堡中学为家庭教育实验研究基地。

2006 年 6 月至 2009 年 10 月，学校在密云县教育协会指导下，独立立项的北京市市级课题《创建班级文化对加强班集体建设作用的研究》展开，从而达到促进每一个学生的健康发展。课题结束后，王玉、郭英男等 12 位学生获北京市春蕾杯优秀奖。岳淑华、尹宗云2位老师荣获北京市教育科学研究院基础教育科学研究所论文一等奖，有 9 位老师荣获市级论文二等奖，梁瑞彬、方凤华、王小月等几位班主任先后被评为该课题的先进科研工作者。

2008 年 11 月，十里堡中学被密云县教委、北京师范大学基础教育研究院授予实验区项目“优秀团队”。

2011 年，十里堡中学被评为北京市教育科研先进学校。

2014 年 9 月，学校开展的“基于学生发展的多学科教师合作的校本研究模式的构建与实践”课题研究，获教育部颁发的国家级教学成果二等奖。

时至 2015 年，十里堡中学有 12 个教学班，在校生 309 人。学校占地面积20914平方米，校舍建筑面积1816平方米，运动场地面积11556平方米。全年教育经费投入1688.87万元，固定资产总值913.31万元，图书23261册。普通教室14个，物理、化学、生物等专用教室10个。学校有教职员工65人，专任教师全部是本科及以上学历，其中中学高级职称13人、中级职称32人，县级骨干教师 6 人、校级骨干教师 5 人。

十里堡中学历任校长：冯泰安（1961—1962 年）、杜桂林（1971—1977年）、郭振国（1978—1984年）、肖延胜（1984—1988年）、郭振国（1988—1990年）、王连远（1990—1993年）、肖延胜（1993—1996年）、王晓光（1996—2003年）、郭宝山（2003—2010年）、王守才（2010—2016年）、张明静（2016年至今）。

统军庄中学

韩志正

统军庄中学始建于1967年，至1992年后转为职业高中。2001年更名为密云县第二职业学校，2008年与密云县职业学校合并，成为密云职业学校烹饪专业、现代服务业、现代农业等专业的实习实训基地。目前是北京市中小学生综合实践和社会大课堂资源单位、密云区青少年法制教育基地。

办学初期即辉煌

1967年，西田各庄公社西南部地区的几个村子已有两届六年级上百名小学毕业生因为没有初中可上，家长和村干部很着急。于是1967年8月，西田各庄公社与密云县文教局领导、5个村的支部书记召开会议决定建立中学，以解决小学毕业生的上学问题。校址确定在统军庄。

当年秋天开始施工，统军庄村提供40亩地，由大辛庄、沿村、清水潭、统军庄、程庄等5个大队承担建房和附属设施建设任务。至1968年春，统军庄中学建成并投入使用。

1968年春，密云县文教局任命吴玉清为校长，当时的教师有新分配的大学生：何文武（浙江大学）、李国忠（华东师院）、张淑珍（北京师院）、谭有为（政法学院），还有老教师杨士常和一名会计孙长旺。当年招收6个村的两届小学毕业生200多人，编成5个教学班。

不久，张淑珍的爱人董庆祥（北京师院）、李国忠的爱人肖瑞莲

（北京外国语学院）、唐振民（北京体院）等陆续调入学校。1971 年张敬调任校长。

统军庄中学在“文革”中诞生，当时的教育情势处于一种无序状态。但统军庄中学的起点高，初期的教师都是本科生。开始时，教师由统军庄村安排在老乡家吃住；白天教学，业余时间整修操场、盖宿舍、建食堂；坚持家访，劝学生回校上课。何文武同志一次到沿村家访，回来时遇到几只狼，把鞋都跑丢了，多亏快到学校时老乡放出几条狗吓跑了狼群。

统军庄中学以体育专长为其主要特色，短跑、中长跑和篮球实力强劲。邹立燕、姚雪梅、邹秀清等学生在短跑方面曾创密云县纪录，吴凤霞同学打破密云县长跑纪录，后来邹秀清同学调入北京市自行车队。学校的篮球队多次获全县中学联赛冠军。

“文革”期间，统军庄中学是一片净土，学校周边几个村的学生在那个时代能享受到正规化、高标准的教育也是幸运的。20 世纪七八十年代后，有些教师因工作需要陆续离开学校，好几位老师后来担任了不同单位的领导职务。

发展和步入正轨时期

1974 年十里堡公社单独建制后，统军庄中学不再招收西田各庄公社的学生；不久，水泉、杨辛庄、红光新建移民村，中学生到统军庄中学就读。统军庄中学于 20 世纪 70 年代开办过两届高中班。1976 年，全校有 800 多名学生、37 名教师。

1978 年教育步入正轨后，学校狠抓教学质量，教育教学成绩保持在全县中上游水平。至 20 世纪 80 年代末，从统军庄中学考入密云师范 30 多人、密云二中 20 多人。这些学生中有的成为各级领导干部，有的成为企业家，有的成为教育战线的骨干，在不同的工作岗位上做出了贡献。

职业教育时期

20 世纪 80 年代末，统军庄中学的学生人数开始减少。1992 年，密云进行教育结构调整，将西田各庄中学的两个职高班调入统军庄中学，部分教师也随之调入。1992 年暑假，密云县教育局正式下文将统军庄中学改为密云县职业学校分校。

1994 年，统军庄中学分别与北京纺织工业学校、北京无线电学校、北京水利水电学校联合办学。当时开办外事文秘、民用建筑、会计等专业，招收 5 个班 180 名学生，其中 120 名可转非农户口。至 1997 年，学生再次达到 500 人以上的规模。

2001 年学校更名为密云县第二职业学校，2007 年合并到密云县职业学校，成为职业学校的农业、餐饮、现代服务等专业的实训基地。

2012 年以后，市县两级政府陆续投资 2000 多万元，在统军庄校区陆续建成生态餐厅、宾馆会议服务室、公共安全馆、法制教育厅、警示厅、模拟法庭、3D 打印室、开源硬件、梦想教室、人工智能等 20 多个实习实训体验室；还有现代化生态植物大棚一座，内有 300 多种稀有植物、药用植物供学生辨别认知。

目前校区有 6 项社会功能：现代服务实训基地；北京市中小学生社会大课堂资源单位；密云区中小学综合实践基地；密云区中学生创客空间；密云区青少年法制教育基地；北京市中学开放性科学实践资源单位。每年接待密云区、北京市及全国各地的学生参观、培训的人数超过 5000 人次。

十里堡地区的小学教育

韩志正

十里堡地区的近现代小学始建于民国六年（1917 年），历经百年沧桑。从最初的2所小学校、3名教师、30 多名学生，发展到 2017 年拥有1所中心校、1所完全小学、2所公立幼儿园、118 名教职工、1060 名学生的现代化小学（幼儿）教育体系。

新中国成立前的小学教育

解放前，十里堡地区的教育形式主要是私塾，学习内容是《千字文》《百家姓》《三字经》等蒙学教程。民国初年，十里堡地区有 4 所私塾学校：小河漕村于鲜珠私塾、十里堡村吴家清私塾、王各庄村王义贤私塾、统军庄村陈廷树私塾，共有学生 38 人。

1917 年 2 月，十里堡地区第一所近现代小学校——怀柔县统军庄初级小学成立，有教师 2 名、学生 37 名，招收怀柔县东部统军庄、梨园庄、大辛庄、沿村等村的学生。1918 年密云县河漕初级小学建成，教师郭鸿，有学生 20 名；1931 年靳各寨初级小学建成，教师李树纪，有学生 16 名。

民国时期因连年战争，教育时衰时兴。1946 年，统军庄村划归密云，统军庄小学归密云县管辖。1948 年年底，十里堡地区解放，各村开办学校，由村里有文化的青年人担任教师。河漕村在大庙里办学，吕春宣同志任教师，有二十几名学生，大的二十几岁、小的七八岁。1949 年春，第一名公派教师马德云来河漕村任教，当时有一、二年级两个班。新中国成立前夕，十里堡地区只有统军庄小学和河漕小学两所公立小学校，有教师3名、学生30多人。

西田各庄人民公社初期

1950年，河漕小学学生增加，马德云又让大儿子马冠英来校当老师。1951年，又调进周庆奎、席和林，其中席和林任教务主任。1954年秋，统军庄、河漕两个村建立高小，学制6年。其余4村（靳各寨、王各庄、程庄、燕落寨）建初级小学。当时十里堡地区由李士庭任片长。1955年，曹乃增接任片长工作。那时，王瑞生担任河漕完全小学校长，王新民任统军庄小学负责人。

1958年之后，随着库区移民的迁入，学校办学的规模逐年扩大，到了1960年以后，十里堡公社辖区内的自然村增加到12个，学校也增加到12所。其中程家庄小学规模最小，一直是复式班，教师只有1名。

1966年开始“文化大革命”，期间各小学打乱了教学秩序，小学由6年学制改为5年。至1973年年底，十里堡地区有庄禾屯、河漕、统军庄、双井、岭东、水泉、王各庄、清水潭、燕落寨、十里堡、靳各寨、程庄等12所小学，共有70个教学班2017名学生。

“文革”之前，各学校在加强学生思想品德教育的同时，努力提高学生的文化素养，培养出了一批优秀人才，后来成为密云各条战线的骨干和佼佼者。

十里堡单独建制以后

1974年9月，十里堡从西田各庄公社中分离出来，成为一个新的县属公社。同年，十里堡公社成立文教组，对中小学统一管理，第一任文教组组长是张玉荣，副组长隋秀梅。当时12个自然村有14所学校（含两所中学）。教职工 151 人，其中队派教师 23 人，有 77 个教学班。

1976 年“文化大革命”结束，学校恢复了正常的教育教学秩序，规模逐渐扩大。1979 年 1 月，文教组更名为十里堡学区，学区负责人是吴俊明。1980 年，十里堡学区有 4 名学生被密云二中录取，分别是岭东小学的王红霞、王者斌，王各庄小学的尹小杰，统军庄小学的刘洪顺。

1984 年，十里堡学区更名为十里堡中心校，中小学分开。其中，统军庄中学、十里堡中学归密云县教育局直管。聂竹林任中心校校长（1985—1989 年）。1986 年 9 月，程家庄小学合并到河漕小学。

1989 年，十里堡中心校更名为十里堡中心小学，先后任校长的是张玉明（1989—1991 年）、王文德（1991—1995 年）、张凤云（1995—2004 年）等。中心小学地址在河漕小学。1990 年，中心小学通过市级首批验收。1996 年、1997 年、2003 年，双井小学、燕落寨小学、岭东小学先后并入密云县第六小学。2002 年暑假，河漕小学、庄禾屯小学、王各庄小学合并到庄禾屯中心小学。合并后的新中心小学占地面积 18667 平方米，开设 19 个教学班，有学生 680 多名、教职工 54 人。

2004 年 1 月，田东明（2004—2010 年）接任十里堡中心小学校长兼书记。2005 年扩建水杨红完小的教学楼，2006 年统军庄小学、靳各寨小学合并到新的水杨红小学。水杨红小学开设 14 个教学班，学生 426 名，教职工 52 名。同年，十里堡中心幼儿园建立，新园址在原庄禾屯小学院内，开设 5 个班，有幼儿 119 名，教职工 18 名。至此形成中心小学、完全小学（带幼儿园）、中心幼儿园“三位一体”比较合理的小学及幼儿园办学格局。

2010 年，北京市特级教师陈长泉（2010—2016 年）接任十里堡中心小学校长兼书记，成立特级教师工作室，实现专家治校。2016 年，陶瑞忠任校长。至 2017 年，十里堡共有 24 个教学班 860 名学生和 280 名学龄前儿童，其中 500 多名学生和儿童来自开发区及外来务工人员的非京籍子弟，为全区比例最高。

办学特色

十里堡小学教育经历了学校数量的变迁及办学条件的日益改善后，办学效益和知名度不断提高，逐步形成了体育、汉字书写、珠心算、教科研引领等办学特色。

十里堡中心小学　（郭克喜 摄）

体育名校　自 20 世纪 80 年代起十里堡中心校先后获得密云县小学生运动会五连冠、中小学生跳绳比赛五连冠和全县课间操、跑步评比五连冠等三个“五连冠”的骄人成绩，成为密云体育强校。

1984 年至 1986 年，十里堡中心校在密云县小学生体育运动会上获得团体总分五连冠（每年春秋两次运动会）。1986 年，水泉小学姜海涛同学打破北京市小学生男子组 100 米、800 米纪录；王瑞环同学获得 1986 年北京市龙潭湖小学女子1500米越野赛女子甲组第一名，并打破纪录。1987 年水泉小学李海勇同学获得北京市中小学运动会手榴弹项目冠军。

20 世纪 90 年代开发了“花样跳绳”特色体育项目。学校成立了 50 人的花样跳绳表演队，20 人的竞技跳绳组。2010—2014 年，花样跳绳连续 5 年获得密云县冠军，比赛中都是囊括 20 个单项比赛第一名，以绝对优势获得团体第一名。2010 年参加北京市中小学生跳绳比赛，获得 6 个项目的冠军。2012 年获“万众齐心跳 ”运动项目的北京地区决赛冠军。

1986 年，河漕小学获得密云县传统校身体素质比赛团体第一名，1989 年获北京市课间操评比一等奖。2004 年被评为密云县课间操标兵校。2010 年至 2014 年，在课间操、跑步运动方面连续 5 年获一等奖。

汉字规范化书写 从 2005 年起，学校重视写字教学，把写字教学作为学校的特色项目常抓不懈。2005 年密云县小学生“写字现场会”在十里堡小学召开。2006 年 6 月“北京市学生汉字书写规范化专题研讨会”在十里堡镇中心小学召开。之后学校编辑出版了《规范书写导练手册》（12 册）的校本课程。2012 年 6 月被教育部评为国家级规范汉字书写教育特色学校；2013 年，十里堡中心小学校的汉字规范化书写教学经验在全县推广。多年来学生在汉字规范书写方面有 12 人获得国家级奖励；有 35 人获市级奖励；有 95 人获县级一、二等奖。

教改一面旗帜 1998 年 9 月 29 日，密云县教育局在十里堡中心校召开“推广马芯兰教改实验现场会”，活动延续至 2007 年，历时 10 年。该活动以小学数学教改为基础，取得了良好的效果，被称为“密云教改一面旗帜”，培养了一批如康玉梅、司如琴、王加俊等密云县名师。

2006 年 4 月，原国家教委副主任柳斌来十里堡中心校视察密云县珠心算教学工作，田东明校长介绍了学校珠心算课程开发建设情况。姜瑞红老师上了一节一年级的珠心算示范课。课上师生的精彩表现博得了在场的领导阵阵热烈掌声和赞叹声。学校也成为北京市珠心算特色学校。

2010 年，北京市特级教师陈长泉担任校长，成立了特级教师工作室、骨干教师工作室、春蕾教师工作室。专家治校为十里堡中心校注入了新的活力，促进了教育教学工作的全面提升。

2016 年以后，学校以“润泽生命”为教育理念，在保持传统优势项目的同时，以地方教材、校本教程和学生社团为依托，开发足（篮）球、旱滑和国防教育等特色教育项目，力争办成一所“十全十美”特色鲜明的著名农村小学校。

十里堡地区学子撷英

韩志正

十里堡镇在科举时代出过进士、举人；近代有黄埔军校、清华北大的毕业生。新中国成立后，普通百姓人家的孩子有了上学机会，他们励志求学，很多人迈上高等学堂，成为国家各条战线的佼佼者和有用之材。

旧时知名学子

统军庄陈姓　统军庄陈姓原是怀柔县名门大户，八世祖陈庆升以监生中进士，曾任清朝翰林院编修、太学教授和江南知府；陈庆钧清末曾任拔贡，怀柔县教谕。民国期间有三位大学生：陈治通，北平朝阳大学毕业；陈治本，清华大学毕业；陈光泊，南开大学数学系毕业。

岭东王姓　清末王建基考中举人。

程家庄吴姓　清朝拔贡吴士俊任湖广长沙县职务；吴家鼎光绪年间岁贡，任教谕；吴汝霖宣统元年加额拔贡。

庄禾屯彭姓　庄禾屯彭姓祖籍沈阳，初祖彭继贵之子彭商为清代骠骑大将军，随施琅收复台湾。彭姓后人彭正伦国子监监生。彭正伦之子彭大愉，朝阳大学法律专业毕业，民国时曾任密云女校、密云第二小学（石匣）、密云第三小学（古北口）校长。

除以上大户外，双井李姓出过一名进士，曾任河间知府；双井刘姓清末出过举人刘子仁；清水潭出过拔贡揣正心；王各庄出过廖从洲（黄埔军校二期毕业生）、孟广仁（民国时期清华大学毕业）。

四代从教的靳各寨刘氏家族

靳各寨刘士通（字恒斋）曾为清末密云县拔贡、任教谕，其品行醇厚、学识渊博，为人敬仰，为刘家已知的第一代为师者。

刘家祖训曰：“耕读济世，不做脏笔之官。”刘士通有子5人：庆仁、庆义、庆佩、庆相、庆同；长子刘庆仁，晚清秀才，本村私塾教师；四子刘庆相，通州师范毕业，在密云公立小学为师。刘家第二代有两位为师者。

第三代有兄弟9人，老大刘长元，县学毕业，民国初年在靳各寨小学任教；老六刘长红，河北省高级农校毕业，曾在杨柳青任教师，后任保定市新城县农科所所长、副县长等职。老七刘长满和老八刘长山都是顺义师范毕业，为林业部顺义进修学校教师。老九刘长林，1949年考入河北省高级农校，1954年毕业后进入邯郸市政府秘书处，任市长秘书，1982年调入密云县农业技校任教师，后并入首都经贸大学密云分校，任高级讲师。刘家第三代中有5位老师。

刘长林之子刘春森首都师范大学毕业，现为丰台区第十八中学高级教师，其为刘家第四代为师者。

20世纪60年代的两位大学生

于乃增　十里堡镇河漕村人，北京大学无线电电子学系毕业，曾任密云县经委主任。家中兄弟姐妹6人，乃增最小。1952年在河漕小学上学，1958年考入密云二中初中班，1961年升入二中高中班。三年困难时期，有时把家里拿来的小米泡在暖瓶里，第二天早晨当粥喝，既省钱又管饱。1964年参加高考以优异成绩被北京大学无线电电子学系录取，成为本村第一个大学生。

1971年毕业后，被分配到河北东光无线电厂从事半导体研究。1986

年调回密云，后任密云县经委主任，为密云经济发展做出了贡献。

晁中显 十里堡镇清水潭村人。1952—1958 年在老家小清水潭村和董各庄村读小学。1958 年高小毕业后被密云一中录取。因修水库，全家 7 口人搬到统军庄村。兄妹 5 人，晁中显是家中老大，因具父亲有病不能参加重体力劳动，本没有条件再读书，但父母坚持举全家之力、甚至全家族之力，也要供孩子读书。

主要靠学校每月 5 元的助学金维持学业。记忆中，初中三年包括后来的高中三年，从来没吃饱过。大伯家的堂姐给买的一条裤子穿了 6 年，短了接，再短了再接，一条裤子三段颜色。1961 年考上二中高中部，每学期学费 4 元、书本费 4 元，这 8 块钱父母要借半个村子。二中的齐文越和欧阳重山两位老师经常接济他，帮助他申请困难补助，他才得以完成学业。

1964 年参加高考，由于军校是免学费的，所以报考了军医大学，最后被陕西第四军医大学（6 年制）录取。1969 年，提前分配到兰州军区工程兵部队做军医，1978 年转业到密云县医院骨科，先后任骨科主任、县医院院长、县卫生局局长等。

晁中显同志常说他这个大学生属于整个家庭、整个家族，属于那个无私的年代！

一家三个大学生

燕落寨村的孙书田家，在改革开放初期，5 年内一家出了三个大学生，十里八乡传为美谈，成为寒门学子立志成才的榜样。

1977 年 10 月 21 日，国家发布了恢复高考的消息。当时孙家大女儿已经工作，二女儿正读高二，三女儿读初二，小弟读初一。恢复高考的消息令孙家人很兴奋，农村孩子能上大学是很不容易的事，因为在他们的记忆中村里没有人考上过大学。1978 年，在老师的帮助下，在父母亲的鼓励下，孙家二女儿以应届生的身份参加了高考，最后以全校第一名的成绩考取了师范学院，成为恢复高考后村里出的第一个大学生。这不仅仅改变了她的命运，也给弟弟、妹妹带了个好头，

1979 年，三女儿考上了密云二中，1980 年小儿子也考上了密云二中。三个孩子上学，对于只有一个人挣工分的家庭来说有不小的困难，可孙书田总是那句话："你们考到哪，老爸就是砸锅卖铁也供你们到哪！"可万万没想到，1981 年 52 岁的他查出晚期癌症。几次手术、化疗，也没能留住他的生命，1983 年 54 岁的孙书田离开了人世。

孙书田的患病、治疗、故去，给这个本不富裕的家带来了更大的经济困难。但三个正读书的孩子更加努力学习，他们要用读书改变自己的命运，改变这个家的命运。1981 年三女儿考上了重点大学，成为孙家第二个大学生。1983 年小儿子又被重点大学录取，这是孙家第三位大学生。一家 5 年内连续出了三个大学生，在当时高考录取率不足 10%的背景下，实在不易，这背后是一家人的努力与艰辛。

为了妹妹弟弟完成学业，大姐尽了自己的全力给予经济上的帮助。1982 年二女儿毕业，1985 年三女儿毕业，经济、精神上的支持帮助就像接力棒一样在传递，直到 1987 年小儿子毕业。

毕业后二女儿、三女儿成了北京市的优秀教师，小儿子成了一名高级工程师。他们用自己的努力回报社会，回报这个家，回报曾帮助过他们的人。

为了这个家，为了培养孩子历尽艰辛的老母亲如今已 90 多岁，她培养了三个大学生的历史深深珍藏在她的记忆中。一家三个大学生的事例印证了那句话"知识改变命运"！

郭家的姐弟硕士

杨辛庄村郭玉东、郭常花是一对普通农村夫妇，住在普通农家院里，

没有像样的家具电器，但他们的一双儿女郭超男、郭英男却同为硕士研究生。

郭玉东的老家原在四合堂南对峪村。夫妻俩在四合堂乡分电器厂上班（王各庄村西），住在厂子里的一间职工宿舍中，孩子就近在王各庄小学上学。2002 年因老家处在泥石流易发区，搬迁到了十里堡的杨辛庄村。

2003 年，大女儿郭超男在十里堡中学上学。她知道父母的辛苦，很小的时候就立志一定要考出去，让父母过上好日子。她不和别人比吃穿，只比学习，成绩一直排在全校前列。中考时以全校第三名的成绩考上密云二中。2006 年考上了中国农业大学，2010 年考上了硕士研究生。2012 年参加全国公务员考试，以优异的成绩考入民政部，现就职于社会救助司。

当姐姐考上大学的时候，比她小 8 岁的弟弟郭英男，却说了一句让全家人吃惊的话："我将来一定要比姐姐考得好。"2008 年该上初中了，姐姐建议父母让弟弟转学到县里上中学。英男却说："是金子在哪都发光！"2011 年英男以十里堡中学全校第一名的成绩考上了密云二中实验班。2014 年又以 669 分全县第十名的成绩考入北京大学医学部（本硕连读），2018 年已进入硕士学习阶段。

母亲郭常花说："孩子能考上北大，是我们赶上了好时代。我要感谢的是县里、镇里和村里，以及学校老师对我们这样贫困家庭的照顾，感谢党的好政策。"

新中国成立前后农村医疗状况

郭德昌

新中国建立之前，十里堡地区的民间乡医很少。清朝末期，王各庄村的赵福春创办了中医铺。民国初期，河漕村的于满是位中医，在家里行医并开有药铺，其子于乐川先生也从父学医。统军庄的陈立笙家境富裕，民国初年，让儿子陈光著跟贾子碧学徒，出徒后曾一度去北京开诊所，1961 年回村行医至 1966 年。

这几个村的中医大夫及其所开的药铺，称得上远近小有名气和较为正规的大夫。由于这几个村相对集中，附近村庄的人看病还算方便，稍远地方的人来看病就成了问题。普通百姓就怕得病没钱治；有钱的人家有人得了病，也要跑很远的路看病。那时天花、鼠疫、麻疹、白喉、百日咳等十几种传染病时常在乡下流行，经常不是大人就是小孩发病，隔三差五就有人病死。尤其是小孩，人们根本不知道是得了什么病死去的，村子外的沙窝子或高坨子，时常有夭折的小孩被埋在那里。这些按族规入不了“祖坟”的亡者掩埋地，被人们称作“乱葬岗子”。

乡下的穷人得了大病无奈，有个小病小灾或忍或靠民间土方、偏方来“治”。

小病以牙疼、感冒为例——那时人们不知道神经性牙疼，只是忍着。实在疼得不行时，就用棉花揉成球儿，用筷子夹着蘸酒，在煤油灯火苗上燎一下，趁热塞入鼻孔里，借着酒精产生的热气儿，通过鼻道来麻木牙龈的神经；也有的人干脆用疼的牙齿咬住花椒粒儿来麻木。有人当牙龈肿起，嘴巴起了大包，还要用手按压，结果牙龈溃烂，直到牙齿晃动，然后用土办法把牙拔掉。许多人因没钱补牙成为“豁牙子”。人们感冒发烧时，就用大葱根、白菜根、老姜、红糖熬水来缓解症状。

急病以中暑或中风为例——有的人在夏季突然发烧（中暑），轻者全身疼痛、头晕、呕吐；重者晕倒昏厥，有的还出现抽搐等状况。这时就要及时找个有经验的人，用做针线活的顶针蘸点白酒，在患者身上来回刮（刮痧），直到把身上刮出青紫色为止，用这个土办法达到降温的目的。重症晕倒的人被称作是“火乱”（并非霍乱），要及时找到会“扎针”的老人，扎脑门儿或“人中”穴位，患者流出紫血来，就会慢慢苏醒过来。患中风（脑梗塞）的病人，有的当时被“扎过来”的，就成了半身不遂。有的属于脑出血也就“扎不过来”了，因此被人们俗称是得了“紧抽魂”。

大病以癌症和痨病为例——当时的乡下人不知有癌症之说，有的人患癌后迅速消瘦，认为是夜间“撞上鬼”吓丢了魂儿。穷家治不起，有钱的人也治不好，患者死得不明不白。即使知道症状但也讲不出病名来，如“食道癌”，民间往往说成长“噎膈（gé）”了。过去得痨病（肺结核）的人很多，因得不到正规治疗，人们只好借助“炖公鸡”加些自采的草药或花椒等偏方来治，这实际上是对患者的一种安慰，许多痨病患者均“久咳不愈”，直至吐血而亡。肺结核，医学上直至20世纪70年代末才被攻克。

意外创伤、烧（烫）伤为例——小孩子淘气，常有头破血流、意外摔伤的时候。若是冬季，大人们立马从棉衣服上揪出点棉花，用火点燃烧成棉花灰，然后把棉花灰往伤口上一敷，用手摁会儿就算完事；还有的用铁勺刮锅底下的“锅烟子”涂在伤口上，止住血就算完事了。这些根本谈不上“包扎”“消毒”，因此这些受到创伤的孩子，留下的疤痕伴随终生。

天花和甲状腺病是乡下人最为常见的。天花是传染病之一，感染后高烧、疲累、头疼、心跳加速及背痛，伴有典型的天花红疹并明显地分布在脸部、手臂和腿部。轻度患者痊愈后，脸上会留有麻疤，俗称“麻子”，重度患者则会丧生。甲状腺结节病，多是因吃不加碘的粗盐所致。那时的人们吃的食盐都是大粒粗盐（亦称“大青盐”，今称“工业盐”），因此患甲状腺病的人很多。有的人因得不到及时治疗，发展成甲状腺癌而死；有的痊愈者会在脖颈上留下个大结节，俗称“颖袋”。

天灾、战乱经常导致瘟疫等传染病的传播和蔓延。除天花外，麻疹、白喉、百日咳、流行性脊髓膜炎、小儿麻痹症、流行性脑炎、细菌性痢疾、病毒性肝炎、伤寒等，都是严重影响人们健康的重疾，不知夺去了多少人性命。

患者大多“土法自医”，而在民间看病的医者，也往往“土法上马”。他们大多没有受过正规的院校培养，一般都是拜师学徒，凭师傅传授的医道和自己摸索出来的经验走街串巷行医。如双井村的李连仕、靳各寨村的刘得志、十里堡村的罗连新等，专治恶疮、毒疮。他们用自制的“膏药”去腐生肌、拔毒，对于疖肿、毒痈、疗毒、恶疮、缠腰火丹等，巧遇症候时也有较好的疗效。清水潭的张廷相等先生靠搜集或自有的偏方治疗，有时也能起到好的疗效。庄禾屯的武术名家赵生堂先生，利用科学疗法来为患者解除病痛，尤其在治疗骨伤方面他采用按摩正骨加贴膏药的疗法，在当地是独一无二的。几十年里，经他治愈的骨伤、疔疮患者不计其数。赵生堂先生结合治疗实践还写出了《接骨拿环治疗毒疮》一书。

旧时的乡下人只知中医、中药，对于西医、西药知道的人极少。庄禾屯村的李振福，是开西药铺较早的民间大夫，村民袁春林小时候发高烧，李振福拿出温度计给其测体温，人们感到很稀奇。患者服了他配制的退烧西药片，一次就好了，这事很快就在村里村外传开了。

在民间乡医中，有的是靠自学成就了自己的“医”道。靳各寨村的刘景江会扎针灸，在新中国建立初期，村民李玉俭患了急病，喘不上气来，其兄李玉勤请来刘景江诊治，他觉得患者病情危重，便借故推脱。情急之下李玉勤双膝下跪相求，无奈刘景江取出 5 寸长针，从“喉窝儿”处一针扎下，瞬时患者缓过气来。随后，将其送到县卫生院（县医院前身）治疗，经诊断为脑膜炎。

游走于民间的江湖郎中，这些人所进行的医疗处置、开具的处方均带

民间老中医

有很大的风险因素。旧时的乡下人有相当一部分人因病得不到及时治疗或患有疑难病症，只好请民间的“神婆”（巫术）装神弄鬼或找“风水先生”看宅院挑毛病来化解。这些巫医、神婆在乡间很有市场，他们用请仙家、跳大神、画符等方式来迷惑人，以此给人“治”病。尽管如此，当时乡下人无奈没钱求医看病，只好靠咒符祈求精神上的解脱，这种做法不但不治病，还使得许多病人失去了最佳治疗时机。

新中国建立后，人民政府十分重视乡、村两级医疗机构的创办与发展，积极开展防病治病和爱国卫生运动，使昔日肆意横行的传染病得到了基本控制。“天花”已经在世间绝迹；甲状腺“颖袋”患者近乎为“零”；小儿软骨症极其罕见……

随着时代发展、社会进步，党和政府全面发展医疗卫生事业，人们的医疗健康终于得到了保障。

乡村两级医疗事业的发展

郭德昌

新中国建立后，人民政府高度重视农村医疗卫生事业的发展，主要体现在乡级与村级医疗机构的设施改善与医疗技术的提高上。

从“联合诊所”到“社区卫生服务中心”

十里堡地区乡级医疗卫生事业的发展历程，曾经历了“联合诊所”“卫生院”“社区卫生服务中心”三个阶段。

联合诊所　1954年，密云县开始在农村组建“联合诊所”。1956年年初，政府组建河漕联合诊所，为民办公助性质，所址设在河漕村。县卫生局派韦静波和当地的赵润清、赵凤明、郭中州几位医生坐诊；乔万国同志（王宝珍先生弟子）做司药。郭中洲同志任所长，杨友生同志任会计，张永良、于明会同志为卫生员。联合诊所的中草药、中成药及药柜等设备，大多来自王各庄村赵凤明同志的药铺，药铺作价入股。当年9月，河漕、燕落寨二乡合并，成立十里堡乡，联合诊所随属十里堡乡。至1966年5月划归西田各庄公社，直至1974年9月，诊所一直设在河漕村。

卫生院　1974年10月，诊所改建为“十里堡公社卫生院”。张景华为首任院革命委员会领导小组组长（后改称院长），不久孙英调任副组长。院址由河漕迁至十里堡村内的佑国寺。医生有郭中州、孙明、师志尚、赵荣、李德俊、郑伯凤、席润成、郝淑凤（女）、郝淑明（女）、于淑兰（女）、董文玲（女）、吴景惠（女）等，会计为吴凤生。其中董文玲、吴惠琴是由北京分配来的中专生，也是学历最高的医生。当时的医疗设备只有听诊器和血压测量仪，以及医生出诊用的诊包。1975年在河漕村北建成卫生院2层楼。至此，卫生院由十里堡的“大庙”迁至河漕村楼房中。

1976年，由密云县卫生学校分来3名中专生，妇科、放射科开始设专科医生，卫生院也开始添置第一台大型医疗设备——X光透视机。至1979年，全院干部职工增至24名。

卫生院接待患者治病是常规性的日常工作，每名大夫都配备1个诊包，除坐诊外，还经常背着诊包下乡出诊。此时农村的防病、防疫工作已提到重要日程，开始建立起县、公社、大队三级防疫网络。1975年建立预防接种登记制度，按年龄组建立接种卡片。1976年在全公社开展了地方性甲状腺病检查，采用食用碘盐和服用碘化锌片两种方法进行防治。个别患有甲状腺肿大病人食用碘盐后，颈围缩小，感觉良好。此后甲状腺肿大患者锐减。

1978年建立起“五簿一单”，即儿童免疫登记簿、生物制品颁发登记簿、接种情况登记簿、逐年人口出生登记簿、传染病发生及死亡登记簿和预防接种通知单。在普遍预防的同时，对10种主要传染病进行重点防治，即天花、麻疹、白喉、百日咳、流行性脑脊髓膜炎、小儿麻痹症、流行性乙型脑炎、细菌性痢疾、病毒性肝炎、伤寒、副伤寒。由于疫苗的全覆盖接种，使传染病发病得到有效控制。

1981年，随着医疗业务不断扩大，卫生院在河漕村再建新楼，医疗设备也大有改观。开始接待住院患者，随之建立了病例档案。开始设立化验室，又购进了新型X光透视机、B超机等大型医疗设备。在此基础上，2008年起，相继增加了血流变检测仪、血球分析仪、半自动生化分析仪等先进医疗设施。

进入21世纪后，卫生院的医疗设施设备进一步得到提升，原X光透视机已由当年的50毫安变为300毫安；原普通型B超机更新为彩色西门子（进口）机型，原门诊更新为全科诊室。2016 年增设了传染病接诊室和预防、康复保健科。现在观察室床位有 10 张。

社区卫生服务中心 2006 年，十里堡公社卫生院更名为“密云县十里堡社区卫生服务中心”。医务人员身份列编为国家事业单位编制，医疗宗旨和功能随之发生转变。中心的立足点为面向农村社区，由原来完全“医疗型”转变为“服务、医保型”，确立了“六位一体”的功能定位，即医疗、预防、保健、康复、健康教育、计划生育指导。为突出体现功能的转变，中心增设预防接种、儿童保健、妇女保健与计划生育、保健教育、儿童体检、地段保健、精（神病）防保健、接种观察等诊室，以全新的医疗服务功能面向社区、服务民众。

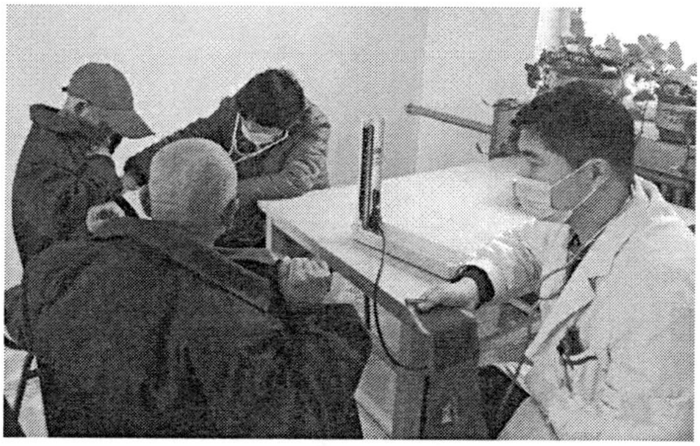

医生下乡为群众进行健康普查

2007 年，社区卫生服务中心迁至河漕村西建设的办公楼。占地面积 6700 平方米，其中业务用房面积 5100 平方米。编制医疗床位 8 张，编制牙椅 1 张，现有彩超、CR、血球仪、救护车等设备；医疗技术与服务水平大有提升。

截至 2017 年，医务人员由建院时的 4 人增加到现在的 50 人，其中定编 44 人，专业技术人员 41 人，具有高级、中级职称的 12 人，担负着 31 平方公里辖区内的医疗保健服务职责。

从“大队医疗室”到“村卫生室”

村级医疗卫生事业的发展历程，曾经历了“大队医疗室”“大队合作医疗站”“村卫生室”三个发展阶段。

大队医疗室 1965年6月26日，毛泽东主席作出了“把医疗卫生工作的重点放到农村去”的指示。为了落实“6·26”指示精神，在北京医疗队的积极协助下，密云县卫生局于同年11月9日在西田各庄中学举办首期医疗培训班，学员来自县内西田各庄、溪翁庄、石城、四合堂等地，共60名，培训历时3年。3年间，每年自冬季始安排5个月的基础理论课程和到联合诊所实习，开春后入冬前回大队参加生产，并根据公社卫生院部署，开展疾病预防工作。培训班于1967年正式结业。在学员参加培训期间，各大队先后设立了“医疗室”，学员均成为各大队医疗室的首批“半农半医”村医。各大队医疗室的业务归公社卫生院管理，医疗室的房屋、半农半医人员报酬、药品采购资金由大队解决，社员看病减免治疗费，按实价付药费。

大队合作医疗站 1970年实行合作医疗制度。各大队相继在医疗室的基础上改建或扩建为合作医疗站，称“大队合作医疗站”，“半农半医”的村医改称“赤脚医生”，其报酬由大队开工分，年终参加生产队结算。

1979年，密云县卫生局分期分批对赤脚医生进行业务培训，或有选择地到县医院、卫生院代培专业技术人员，如接生员、化验员等。合作医疗站的业务，由县初级保健委员会、公社卫生院、大队三级管理。合作医疗站具体职责为：负责本大队的爱国卫生、计划生育、防疫工作及常见病、多发病的治疗工作。合作医疗的基本运行模式为：社员看病只交3分钱诊费，如需针剂加2分钱注射费，社员每人每年交2元医疗费，其余的医疗费从大队和生产队公益金中报销。如果有的村民是慢性病或大病，需要去公社卫生院或县医院治疗，花费100元以内，大队合作医疗报销50%；花费100元以上，合作医疗报销30%；花费500元以上，合作医疗报销20%。

合作医疗提倡“一根针、一棵草”的勤俭办医精神，为患者扎针灸、用草药，降低医疗成本。多数医疗站自制蒸馏水，自制柴胡注射液，自己种药材加工成中草药。除了自植自制草药外，靳各寨、河漕、庄禾屯等大队医疗站，还在春、秋两季组织赤脚医生到县东部、北部山区，甚至到河北相邻县刨药材，回来进行晾晒、加工，制成药丸和注射液等。

合作医疗的创办与运行机制，是当时农村的一件新生事物。在某种程度上，基本缓解了此前农村缺医少药的现状，很受社员们欢迎，基本达到使社员小病不出村、大病不耽误、防病治病及时到位。

村卫生室　1983 年农村实行家庭联产承包责任制后，对合作医疗制度进行整顿和改革，并对医疗室实行集体承包或个人承包。

1989 年，根据北京市、密云县卫生部门规定，合作医疗站改成村卫生室，这时期的患者到卫生室看病，需自己负担全部医药费用。

1990 年，密云县卫生局要求乡村医疗人员和卫生员具备中等医疗专业水平，经考试合格，由县卫生局统一颁发《北京市乡村医生中专水平证书》。此时，乡村医疗人员和卫生员改称为乡村医生。

1997 年，村卫生室实施一体化管理。按照密云县要求，将独立、分散的村卫生室组织起来，纳入镇卫生院管理。实施“六统一”，即统一乡医考核聘任制，统一处方收据，统一发放乡医报酬，统一进药渠道，统一财务管理，统一业务管理。

1998 年起，开始规范村级卫生室医疗水平。对从业人员实行持证上岗，并实施聘任制。经业务考核合格，统一颁发《北京市乡村医生行医资格证书》。从业人员具备乡医资格者，方可被聘为乡村医生。2014 年，根据北京市卫生局要求，乡村医生需参加北京市乡村医生岗位培训，统一颁发市卫生局签发的《北京市乡村医生岗位培训合格证》，并由密云县卫生局统一签发《中华人民共和国乡村医生执业证书》。

新型农村合作医疗

郭德昌

2002年10月，根据《中共中央国务院关于进一步加强农村卫生工作的决定》要求，在农村实行由政府主导、组织、引导、支持，农民自愿参加，个人、集体和政府多方筹集资金，以大病统筹为主、互助共济的新型农村合作医疗（简称“新农合”）制度。

2004年9月，按照上级统一要求，十里堡镇成立了新农合医疗领导小组，并组建了合作医疗管理所，负责制定本镇有关农村合作医疗的实施方案、资金筹集、报销医药费和日常管理，形成县、镇、村三级管理网络。

新农合政策实施后，得到广大农民群众普遍欢迎。第一年（即2004年）根据全县参合总人数显示参合率为66.6%。而到2009年，村民认知大为提高，全镇有13577人加入新型农村合作医疗，占全镇农业总人口的96.92%，报销补助医疗费241.95万元。

新农合方案规定：镇内具有农业户口的居民、中学毕业由农业户口转为城镇户口尚未参加工作的居民、父母为农业户口本人为城镇户口的新生儿童均可参加新农合。实施“新农合”第一年时，每个人筹资总数分为100元、85元两档，农民自愿选择其中一档。北京市财政对参加“新农合”的农村居民每人一年补助35元，县财政每人一年补助20元，镇财政每人一年补助15元，农民自己每人出资配额也分为30元、15元两档。一档报销封顶为5万元，二档报销封顶为4万元。参加人员在镇卫生院就医时，免收挂号费、诊察费、注射费、静脉穿刺费，减半收取B超、心电图、胸腹透视、血尿便常规化验费用；药费（医保目录内）“就诊即报”，一档减收

12%、二档减收 8%；对门诊特殊病，实行起付线以上按比例封顶报销制度，一级医疗机构起付线 200 元，二级医疗机构起付线 600 元；对没有报销医药费的参合农民进行免费健康体检，建立健康档案；农村低保户及低保边缘户由政府出资为其参保。

2015 年，新农合在发展中，惠民政策再行增加项目和提高补助额度，每人筹费总数为 1200 元。其中市、县、镇三级政府每人每年补助 1040 元；农民每人出资 160 元。且定点医院范围扩大，北京市内定点医院有 43 家。门诊、住院报销比例也相应增加，门诊看病直接减免 50%。患者住院报销比例额为：镇卫生院住院，首次住院起付线是 300 元，两次以上住院起付线是 150 元，然后按 75% 报销。县内二级医院，首次住院起付线是 1000 元，两次以上住院起付线是 500 元，然后根据药费的数额，按 65%、75%、90% 三个档位报销。县域外的定点医院，首次住院起付线是 1300 元，两次以上住院起付线是 650 元，然后根据药费的数额，按 45%、50%、60%、65% 报销。报销封顶线提至 18 万元。同时，重大疾病也列为医疗费报销范畴。有 15 种疾病在县域内一级医院按核准费用的 75% 报销，县域内二级医院按核准费用的 80% 报销，县域外定点医院按核准费用的 75% 报销。恶性肿瘤放、化疗，肾透析，肝、肾移植后应用抗排异药物，16 周岁以下儿童的再生障碍性贫血和血友病等门诊特殊病，不设起始线，报销比例等同于 15 种重大疾病住院标准。此外，计划内分娩也纳入报销，其中正常产定额报销 1000 元，剖腹产定额报销 1800 元，发生分娩合并症、高血

新农合初期参合人员在报销医疗费

压危象、休克合并症时，按住院比例进行报销。

2017年，为最大限度地惠及农民，推进城乡一体化，北京市出台新政策，即自2018年1月1日起，整合农村、城镇医疗保险制度，新农合参保人员与城乡居民医保人员并轨，实行“覆盖范围、筹资政策、保障待遇、医保目标、定点管理、基金管理”等6个方面的统一。至此，沿用13年的“农村医疗保险卡”与城镇居民一道改称“城乡基本医疗保险卡”。重点体现实施实时报销制度。

在此基础上，密云在全市率先发布《北京市密云区城乡居民补充医疗保险工作方案》，对2018—2020年城乡居民参保人员，试行三年补充医疗保障，提升密云区城乡居民家庭医疗保障水平，缓解高额医疗支出导致的看病难问题，防止因病致贫、因病返贫现象发生。

密云区实施补充医疗保障的最大特点在于普惠性。所有参加城乡居民基本医疗保险的人员均自动享受补充医疗保障的优惠政策，全面涵盖了原新农合、原“一老一小”和无业居民等参保人员的广大群体，既覆盖各类低收入和民政救助对象，也涵盖普通的城乡居民。不仅针对住院医疗费用，对于门诊特殊病急诊留观发生的医疗费用也在保障范围之内。

对低收入人员和普通城乡居民提供差异化的补充医疗保障。在一个自然年度内，发生的住院、门诊特殊病、急诊留观，经城乡居民基本医疗保险、民政医疗救助、城乡居民大病保险报销后，如果是低收入人员，个人累计承担的医保范围内的费用超过5000元的部分，按90%的比例给予报销；对于普通城乡居民个人累计承担的医保范围内的费用超过1.5万元的部分，按90%的比例给予报销。均不设封顶线。

报销结算当事人不跑腿。保障形式分为年度补偿和半年补偿。其中，年度补偿是指，城乡居民基本医疗保险实现持卡就医实时结算，北京市医保报销系统里已经记录了参保人的各种医疗数据，在城乡居民基本医疗保险、民政医疗救助、城乡居民大病保险报销完成后，三个数据库对接，计算机后台计算出补偿金额，不需要当事人提交任何资料，也不需要找任何部门。整个环节由经办部门沟通、协调、运作，当事人不用跑腿，充分体现了政策便民的特点。

半年补偿是指，针对因大额医疗费用、特殊病造成生活非常困难、急需资金周转的参保人专门开通了半年补偿的绿色通道。参保人可在下半年向镇（街道）社保所提交相关票据，提前申请补充医疗保障。承保单位对票据进行审核，提前给予报销。

在上述保障水平基础上，普通城乡居民可以根据自身实际情况，自愿选择缴纳标准为310元／年·人的可选保障。缴费后，在下一个自然年度内，经过城乡居民基本医疗保险、城乡居民大病保险报销后，个人累计承担的医保范围内的费用在10000～15000元之间的部分，按90%的比例给予报销。

2007年十里堡镇有1.16万人参加新型农村合作医疗，占农业总人口的86.91%。2015年落实新型农村合作医疗政策以后，参合率达到99.97%。

2017年，全镇参合率99.98%，镇级财政为参合事业匹配资金110万元，二次医保报销补助资金55万。

实施新农合制度，并没有削弱和减少各村现行的卫生室资质和人员，他们依然担负着村内公共卫生、基本医疗、药品零差价销售等服务职能。

新农合是党和政府一项全新的惠民举措，在农村实行13年以来，经过不断政策完善，其效果越来越好，给农民群众带来很大的实惠，农民对其认知度也越来越高，切实感受到了党和政府对人民的关怀。

乡村鼓书

郭德昌

新中国建立以前，鼓书艺术是北京地区农村人非常喜爱的文化形式之一。

昔日的北京地区农村，贫困闭塞，交通不便，文化生活贫乏。民间艺人以其鼓书形式的简便性、流动性、普及性活跃在乡间僻壤。而村头、场头、炕头、树下、井台、家院都是民间艺人说书的场所，为生活匮乏的乡民带来精神上的愉悦，同时也为艺人自己谋求一些生计。

民间的鼓书，一般由说唱者与伴奏者合作表演，伴奏者弹拨三弦，作为气氛烘托；也有一人连奏乐带说唱的。因此，比戏班子行动方便、经济、省事。曲种有乐亭大鼓、西河大鼓、京东大鼓等。其中在十里堡地区传唱的有乐亭大鼓、京东大鼓、西河大鼓和单口说书。

乐亭大鼓的表演者为王各庄的龚先生。龚先生，为何方人士、字号名谁，如今无人说得清，而能让人记忆至今的是他富有感染力的说书艺术。龚先生，祖籍北京东部，20 世纪 40 年代因说书谋生至王各庄村。村中有一姓丁的人家无儿有女，龚先生来此说书期间，被丁家看中，便托人做媒入赘到了家里。龚先生最大的优势在于记忆力好，他本人并不识字，所说的书有的是先请识字人读给他听，他凭其牢靠的记忆和聪慧，将“书”融化在自己的心里，进行艺术再加工、创作，变成自己要讲的故事，但所唱出来的“故事”不走板、不走样，人物名字无差池，故事情节不缺不差，更多的是用自己的“心”创作出的“书”。比如他心想出了这样 4 句话：“将军太太爱烧香，收下一男一女。多行善事路变宽，人必得到永安康。”由这几句话引出的故事，他意能说三冬也未了。龚先生这种独特的说书功夫，从小练就。他由祖籍地到密云，靠一路游“说”维持生计，直至来到王各庄才有了安身之地，同时也给村里和附近的人带来了“精神食粮”。人们记忆最为深刻的是，他的特点在于“开篇精彩”，三言两语就能把人“抓住”，使人不得不听下去，尤其说《八仙得道》《昭君和番》两个段子时，非常精彩。农闲时节，老丁家每天晚上座无虚席，他所说的长篇《包公演义》《小五义》，让人们听得如痴如醉，为能把书听“全”，人们舍不得无故缺“席”。

京东大鼓的表演者为赵冕芝。赵冕芝是清水潭人，由于家境贫寒，自小就经常外出讨饭，也经常遇到以说书为生的人。这种说唱艺术引起了他的极大兴趣。在他十八九岁时，听说小营村来了一位说大鼓书的人，每天都在周财主家门前说上两场，他便每天往返十几里赶过来“听”。与其说他是来“听书”，倒不如说是来“偷艺”，因家里贫寒而不能拜师，只能走此下策。冬仨（sā）月过去，他从这位老艺人那里终于“偷”来了《小八义》。他虽不识几个字，却记忆力强，他把“偷”的艺在自己心里整整揣摩了一年。由于生活拮据，他家素来不请“客”，就在20岁大年初二这天，他同父母商量后，请三四位家族长辈来家吃饭，他拿出了除夕晚上都没舍得喝的一壶烧酒，长辈们受到恭维感到奇怪，都以为是请人给他张罗媳妇而请吃请喝。饭后，冕芝便讲出自己打算“说书”的想法，请长辈们给自己做个主儿。长辈们让他先“试试吧”，于是，只见冕芝躬身作揖道：“那我就献献丑。”随即拉开了“艺人”的架势，“各位乡亲，三老四少，今儿个起，我给您说几段《小八义》，表的是……”几句开场白，把几位长辈给说“愣”了，接下来又是听“傻”了。个把钟头过去了，低矮的屋子除了冕芝那动听的嗓音，一片寂静。就在这时，口若悬河的冕芝却戛然而止：“要知后事如何，请听下文分解。”此时几位“听客”真是入了迷，平时不显山露水的小冕芝，今天却“语出惊人”。虽说“偷来的鼓敲不得”，而冕芝“偷”来的“艺儿”，却“不鸣则已、一鸣惊人”，几位长辈拍手说“成”。不出两天，冕芝会说书的事就轰动了全村。当年正月初五这天，他正式给村上人说了个小半天儿。他也按艺人规矩，当说到“节骨眼儿”时，便“且听下文分解”而告一段落，让人心悦未尽。接下来，整个正月里冕芝家天天晚上“高朋满座”。后来有人劝他走出去“撂场”说书赚生计，他感觉还是力不从心，便请黄坨子村的赵振起弹弦子，二人搭帮走出村“耍”起艺来，成为了这一带小有名气的艺人。二人较为经典的段子有《小八义》《薛刚反唐》《古城会》等曲目。

另一表演京东大鼓的是庄禾屯村的戴福海、戴振亮二人组合，由本村的彭兴州伴奏。《响马传》《薛刚反唐》《三国演义》是他们的保留书目，常常被人点唱。每年秋收完，他们由附近村庄开始，直至说到古北口外的滦平一带，有时还到更远的地方。一般情况下都赶回来过年，年节及正月、二月在庄禾屯本村撂场子。他们的演艺节目在远近很有影响。

西河大鼓的表演者为杨春。杨春是靳各寨村人，新中国建立前后，他就经常在村内撂场演唱，冬闲时还一路表演到古北口外的滦平一带。说书曲目有《杨家将》《十三妹》等。

单口说书人是水泉村的吴先生。因吴先生来自外乡，人们只记得他的姓，而忽略了他的名字。吴先生是密云王庄子村人，因为吴先生识文断字、书说得好，有一年春上因闹灾荒家里实在揭不开锅，夫妻二人便准备去古北口外说书——实为讨饭。吴先生是水泉村的女婿，临行时，他便到水泉村同岳父岳母拜别。村里热心人李维杰听说后，以亲戚的情份主动将他们挽留下来，并腾出家里三间草房，还给了他们半亩地种。吴先生一家也就在水泉安顿了下来，街坊邻居看在本村姑奶子的情份，时常有人拿来些粮食周济吴家。吴先生无以报答村人，便在冬闲时主动为大伙儿说书。据说他心里装着好几部“书”，但他在村里只说《小拜年》一部。至于为什么，人们猜测就是为了报答众乡亲。用他自己的话说，不仅如此，也是因为说别的书，唯恐情节上的不妥而辱没了众乡亲，有失自己“翁婿”的身份。以往吴先生说书到过很多地方，自从受到水泉人的恩惠，日子慢慢好

民间古书艺人在表演

了起来，此后再也没有外出说书。直到新中国建立后，生活上有了保障，吴先生很少说书了。究竟吴先生会说多少部书，水泉人说不清，而他自己“规定”对村里人只说《小拜年》。年年说书，年年“拜年”，老一辈人听过了，又换了新一辈人。因此，提到吴先生说书的事，水泉村留有“吴先生说书——年年拜年”的笑言。

新中国建立前的说书人，大多都是为了生计而走村串乡。杨辛庄（移民前的杨各庄）的黄全忠，是一位很有影响的说书艺人。他所说的经典曲目为《三侠五义》，不仅在当地很“叫座”，还经常有县城的财主来请他说“堂会”。每到冬闲时节，他便远赴古北口外边走边说，直至“说”到热河（今承德）。靳各寨的杨春，闲暇时在村里的大庙前撂场说书，他所说的《杨家将》《水浒传》很受村人热捧。王各庄村的廖存祥、孟计青也常在村里说书，尤其孟计青的《施公案》赢得很多观众。

昔日的乡村，因文化生活贫乏，说书艺术很接地气，人们喜闻乐见，所以很受青睐。直至新中国建立初期，杨辛庄的黄全忠、郭义方，王各庄的金满还各自活跃在“书场”上。即使到了20世纪60年代中期，庄禾屯村戴凤莲表演的京东大鼓《我送女儿上大学》，至今还令当年的观众记忆犹新。

新中国成立前后村里的戏班子

郭德昌

过去，农村文化生活很少，唱戏、看戏是其中非常重要的一项文化娱乐活动。在新中国建立前后，十里堡地区有好几个村庄都曾组织过戏班子，逢年过节及喜庆日子唱几出戏，既丰富了人们的文化生活，又使人们受到善、恶、美、丑等潜移默化的教育。

旧时候的戏

乡村唱戏有着较长的历史。清朝、民国年间，十里堡地区的村庄就有搭班唱戏的，戏种多是河北梆子。有一首世代口耳相传的童谣唱道："拉大锯、扯大锯，姥姥家门前唱大戏，接闺女、唤女婿，外孙儿外孙女，哭着闹着也要去……"从中反映出人们热爱赶场娱乐的情景。乡村里的戏曲表演，尽管演员都是村里土生土长的庄稼人，扮相儿不很标准，演技也有高有低，但人们却爱看，其原因是那个年代乡村娱乐匮乏、可供人观赏的乐趣很少，再就是台上唱戏的人大多都是熟脸儿，人们看起来感觉亲切。

新中国建立前，在今十里堡镇域有王各庄村的廖家戏班子。唱戏的日子几乎都是正月初二至初五、十五。一进腊月，唱戏村的那些演员就开始排练，村民们也开始邀请亲戚到时来看戏。演戏这天闹得最欢的孩子们搬着家里的木凳在演出前很早就来台前占地方，唯恐远处看不到。站在中间或远一点的成年人，让孩子骑在自己的脖子上看。通过听戏看戏，人们观看、聆听依稀的历史回声，通过铿锵的锣鼓、悠扬的旋律、婉转的唱腔……隐约是在与古人的喜怒哀乐、爱恨情仇互相交流。

新中国成立初期的戏

新中国建立后至“文化大革命”前17年间，逐渐活跃起来的有程家庄的“吴家戏”和靳各寨的“王家戏”。还有统军庄、河漕等村庄也搭起戏班子。这些村庄有的是唱河北梆子，有的唱评戏。无论哪个戏种，在当时都是叫得应、唱得响的。多数戏班子的道具并不齐全也不好，如程家庄戏班于1952年成立，挑头人吴桂春，演员自发参加，其官帽道具是自己制作的，但演《小姑仙》《赵连璧借粮》等戏，唱得仍是有板有眼。1952年靳各寨村的丁瑞真自筹经费办置文武场乐器及道具，组建评剧团，文武场有刘长起、王浩、刘长生表演；演员有田雨润、王庆祥、刘树琴、刘淑英、“王老板”、王秀英等20人，排演的整出戏有《刘巧儿》《小二黑结婚》等。在《刘巧儿》中，主演刘巧儿的是个小脚老太太，名叫周瑞珍，但人们都称她“王老板”，至于为什么，今人已无法说清了。反面人物刘寿昌的扮演者是刘玉昆。《小二黑结婚》一戏，扮演小芹的是王秀珍，扮演二黑的是王庆祥，出演审判员的是田雨润。除排整出戏外，还有小歌剧《兄妹开荒》、快板书等。值得称道的是，演员王浩及妻子、女儿都在剧团，其中“刘巧儿”一角先后由其妻女担当，给村人留下的印象最为深刻。

这时期民间小戏团的组建，培养和锻炼了一批文艺爱好者和群众演职人员。如河漕村演小生的李本仓、李云鹏及彩旦丑角李春珍、王葛明，他们在三里五村都小有名气，他们走戏时轻盈的步伐和唱出来的韵调，令村民赞叹不已。统军庄村曾有过三个戏种的剧团。有1955年曹明、赵印组建的河北梆子剧团，主要演员有孙兴起、刘立怀、赵德旺等；另外，赵喜立请范各庄的一位姓白的师傅教评戏，先后培养出了本村一批评剧演员；再有就是陈光亚、陈光印等五六人参与的京剧。三个不同剧种的剧团组建时间间隔不是很久，往往是“你唱罢、我登场”的情形。因此，有的演员并没有固定在哪一剧种上，演员之间是“到什么山、唱什么歌”。其中赵德旺表演的青衣，陈天贤、陈廷贵表演的小生，陈廷汉表演的须生都是村民心中的台柱子。戏剧《赵连璧借粮》《四郎探母》《小姑贤》《辕门斩子》《蜜蜂记》等剧目深受人们的好评，这些戏还被邀请到疃里一带的村庄演出。

烘托戏份的戏台（楼）

唱戏离不开戏台或者戏楼，因为唱戏不是有个场子就能表演的，唯有高出地面的场地才能显现出戏份的场景和气势，同时更方便观众看清楚戏。因此，大多有戏班子的村庄，在村的中央或村头宽敞的地方都搭有戏台或戏楼。搭台唱戏的村庄大多都是小村或自然村。戏楼则不同，戏楼一般台基高2米，看台口有明柱两根，台口分为三框式，有的是台口边缘两柱一框式。台基四周由条石垒砌；台面有的为石面、砖面或是木板；台面一般宽10米、长6米左右。后台面积稍小，中多用彩绘木质隔扇分界，有的两侧各设一门，左门楣写“将出”、右门楣写“相入”。戏楼造型四檐斗拱、琉璃瓦盖顶居多。

乡村传统古装戏

戏里戏外的事

提到旧时乡村戏班子唱戏，除了个人“爱好这口儿”外，也有的是以此作为谋生的手段，戏唱得越好、走得越远，走出去唱戏就是挣点钱或粮食，为的是填饱肚子。经常演出的专业剧团老板就要精心打造演员、置办行头，这样才能闯出“戏路”。有时演员间闹矛盾，或是演员与老板间争报酬，比如王各庄的廖家戏班子的班主因内部纷争导致身陷灾祸而亡。统军庄的陈廷贵，他一心想学戏，其父亲就是不许可，他就四下托人说和，父亲看别人的面子只好答应下来。陈廷贵也争气，后来竟然成了唱胡生的名角儿。据说，早年间统军庄有一块地，地势北高南阔，颇具气势，某年有两个南方人来此探宝，发现此地不凡，是块“风水宝地”。二人议论道：此地若做阴宅，后辈人会出状元、“驸马爷”。不料这话被村里的一个老陈头偷听到了，他便花重金买下了这块地，并嘱托儿女此处要做他百年之后的坟茔地。几辈人过去了，他的后辈们依旧“面朝土地背朝天”，“驸马”梦也成为了泡影。新中国建立之初，统军庄组织戏团，打算排练《四郎探母》这出戏，选杨延辉一角时，陈廷贵被教戏师傅选中，也就随即变为了“驸马爷”。那年正月初三登台亮相，“坐宫”一折戏唱毕，赢得乡亲们一通喝彩。后来，村里的老人打趣地说，廷贵的祖上盼了几辈子“驸马爷”，这回总算让廷贵“应了验”。至今，这件事仍被村民们传为戏言。

大队宣传队与农家歌厅

郭德昌

20 世纪 60 年代中期，一些传统古装戏曲被禁演。取而代之的是大队宣传队表演的文艺节目。改革开放后，尤其是进入 21 世纪，歌厅娱乐不再是城里人的专利，农家人也办起歌厅，引领着农民步入了文化娱乐的新时代。

大队文艺宣传队

20 世纪 60 年代中期至 70 年代中期，正值“文革”时期，大队纷纷建宣传队，名字初称“贫下中农毛泽东思想宣传队”，后改称“毛泽东思想宣传队”。

当时的文艺演出很大程度上是为了突出政治宣传，为运动而鼓动、呐喊。谈到戏，全国范围内只准演出“八个革命样板戏”，即时称革命现代京剧《沙家浜》《红灯记》《智取威虎山》《海港》《奇袭白虎团》，革命现代芭蕾舞剧《白毛女》《红色娘子军》，交响音乐剧《沙家浜》。8 个戏中人们最热衷看的是《沙家浜》《红灯记》《智取威虎山》。当时还有其他戏剧，比如：现代京剧《龙江颂》《杜鹃山》《平原枪声》，现代舞剧《沂蒙颂》，钢琴伴唱《红灯记》等，均是以样板戏的“三突出”（突出正面人物、突出英雄人物、突出主要英雄人物）创作原则为标准而创作的现代剧目。

1967 年，根据要求，全公社有条件的大队都要成立宣传队，为配合“文化大革命”运动，搞好政治宣传，十里堡公社革命委员会组织举办宣传队导演培训班。各大队均选派了人员，参加了培训。

各大队的宣传队之间，只是演员阵容大小不同、道具多少不同，而演出的节目内容、基调一致。原则上，宣传队员男女着装一致：上衣为绿色战士军服，下裤为蓝色制服，佩戴军帽。演出的文艺节目，村村演唱《毛主席语录》歌曲和排练《老两口学毛选》等演唱类节目，以及《不忘阶级苦》等小舞台剧。且演出开始和演出结束的程序内容有严格规定：演出开始时，演员集体登场亮相，合唱革命歌曲《东方红》；演出结束时，演员仍要集体亮相上场，演员们边有节奏地挥舞着红宝书《毛主席语录》边合唱《大海航行靠舵手》。

在十里堡地区能够演出“革命样板戏”的宣传队，只有庄禾屯、统军庄、靳各寨等大队，排练演出了《沙家浜》《红灯记》《龙江颂》等折子戏，曾红极一时。宣传队除了在本大队演出，还被别的大队邀请演出。

庄禾屯大队宣传队在全社演员阵容最大。当时按照要求，大队委派苏桂华参加导演培训班，学习回来后担任宣传队队长。普通演员有胡俊荣、曹淑兰、赵慧茹、胡秀琴、张淑芬等。出演节目《不忘阶级苦》主角的赵玉珍和革命样板戏《沙家浜》中沙奶奶的扮演者戴凤莲、《红灯记》中李铁梅的扮演者张玉兰，其演技给人们留下的印象极为深刻。除了庄禾屯外，统军庄大队的陈光启、刘立怀，红光大队的王景后，王各庄大队的廖从青、清水潭大队的郑德会等都是宣传队中的骨干人员。其中陈光启表演的“快板书”在全公社宣传队员中堪称一绝，无人能比，其中《双枪老太婆》《英雄刘茂清》段子里的经典台词，至今还令人记忆犹新。由于表演出色，后被调到密云县文艺宣传队。陈光启在《智取威虎山》中塑造的“203首长”少剑波形象轰动了全县。王各庄大队自编的舞蹈节目《大寨红花遍地开》，在全公社演出的节目中也是数一数二的经典作品。

当时各大队的宣传队，从队长、导演到演员都怀有一种激情。靳各寨宣传队队长廖清祥除组织排演“样板戏”外，还以小说《艳阳天》中的情节为基础，自编、自导了话剧《打麦场上》，他扮演的肖长春一角，演技十分到位。话剧在农村表演极其少见，给村民耳目一新的视觉感受。宣传队员刘淑林、李亚芹、李素芹、王秀珍、王桂书等的女声合唱《大寨红花遍地开》《咱们石油工人有力量》，成为村人至今仍不能忘怀的记忆。各大队宣传队一般都是占用晚上时间排练节目，不取任何报酬，没有人计较得失。外出表演节目一般记日工分。

能够受邻村邀请演出或由公社派出巡回表演的宣传队，都是些队伍精干、节目精彩的宣传队。对这些宣传队，公社往往派给“节目任务”，接受“节目任务”演出的宣传队要在全公社巡回演出。有时赶上毛主席发布新的“最高指示”，宣传队就要连夜赶排节目，及时配合进行宣传演出。

那时农村文娱生活比较贫乏，除了长时间能看到一场宣传队表演的“样板戏”和几部同为样板戏的电影外，没有别的业余文化生活。

1977 年后，随着“文革”结束，宣传队也就自动退出了历史舞台，许多大队的宣传队即自动解散。

农家歌厅

跨入 21 世纪后，生活富裕起来的农民不光想着吃、喝、穿那些事儿，还想着法儿找乐子。有村民投资 20 万元建歌厅，这对于当时土里刨食的农民而言并非小数，一时间成了村里爆炸性“新闻”。

张学东是共产党员，丈夫搞装修，包工程赚了一些钱。家里的日子过好了，可夫妻俩却也起了“闲心”，甚至替村干部操着心：酒鬼老张又打了媳妇、老王头又输了钱，如此等等。慢慢地，夫妻俩把心思放在了如何使村风“正”起来的事情上。

恰巧，那阵子村党支部提倡党员要创先争优，为群众办实事。说来也巧，那时村里接二连三出现家庭吵架的，起因很简单，就是有些男人经常三五成群地晚上到城里歌厅唱歌或是在一起玩麻将，媳妇们不放心，回家就吵架。这一现象提醒了张学东夫妻俩：咱要是办个歌厅似的娱乐场所，人们晚饭后奔这里唱上几嗓子，也许会收住了这些男人的心，还能吸纳很多喜欢唱歌的人，保准会受大伙儿欢迎。二人一合计，也就有了这个打算。张学东让丈夫搞了个预算，这一算得花小 20 万元。

2010 年一开春，夫妻二人便请专业人士将自家露天的四合院封顶，按照歌厅的标准设计、装潢：搭起舞台、披挂彩灯，电视机、音响、点歌机、无线话筒，应有尽有。很快，一幢标准的歌厅诞生在这个农家院里。村民见此有些不理解。有人甚至挖苦道：钱撑的，真是有钱没处“造”；也有人“夸奖”两口子：人家就是精明，想着法儿赚钱，到时候不知道怎么收费呢，谁敢去唱呢？！

当年 12 月 1 日，歌厅开张。张学东通过村委会广播宣告：欢迎大家光临歌厅，不收一分钱。乡亲们的疑虑一扫而光。这下村里人可来了兴致，晚饭后便三三两两来到歌厅。年轻人蹦跳、唱歌，小院好不热闹，当然不免也有些出于好奇的参观者、凑热闹的人。

不出村就能唱“卡拉 OK”，的确是个新鲜事。歌厅刚开始时，有些中老年人放不开、羞羞答答，不敢登台唱。可没过几天，这些人胆子就大了，唱起来还争先恐后，有的攥着话筒不撒手，你争我抢，做起了“麦霸”。

大家唱得高兴，张学东夫妇也忙得起劲。每天在大家到来之前，夫妻俩各有分工，丈夫忙着调试机器、音响等设备，摆好桌椅板凳；媳妇忙着准备茶水、瓜子等小吃，有时还会备上一些应季的水果。为了不影响邻居正常休息，晚上 10 点钟，歌厅演唱准时结束。场子散后两口子关设备、打扫场地，收拾整洁后就已接近午夜了，天天如此。

歌厅虽小，却营造出“大文明”。歌厅运转起来后，村民的精神面貌发生了很大变化。吵架的、赌博的、酗酒的等不文明现象渐渐变少了，取而代之的是伴有“飙歌”情趣的新生活。村里有个被大家称为“酒鬼”的人，常借着酒劲打老婆，闹得家里鸡犬不宁。自从有了小歌厅，两口子天天往这儿跑，好喝酒的丈夫每每喊上几嗓子，酒瘾也就挥发了。人们说他由“酒鬼”变成“歌魔”了。村里有几位爷们常一起耍牌，自从有了歌厅，全奔这儿来唱歌了。如今这几位“牌友”却成了“歌友”。

72 岁的袁大妈，老伴去世后，心里常常烦闷，带着解闷的想法，也鼓起勇气踏进了歌厅。别看年逾古稀，一曲《青藏高原》唱下来，荡气回肠，感人至深。人们为她鼓掌喝彩，既是敬重，也是赞叹。此后有些年轻人和她 PK，结果赢得的掌声还真不如她老人家多。她的儿媳也被感染了：每当袁大妈唱到起劲的时候，儿媳总是跑着上台给婆婆鲜花，竟成了婆婆的忠实“粉丝”，儿媳说，陪她来就图老人快乐。

张学东夫妻慷慨解囊办歌厅，有人风趣地说：“买卖人是‘赔本’赚‘吆喝’，你们赚的却是歌声。”而他们夫妻俩也风趣地说道：“如今‘不差钱’，只为大伙儿图个乐儿。”张学东办歌厅获得好评，北京电视台、密云电视台、北京日报、京郊日报、密云报等媒体纷纷采访报道，“农家歌厅”由此声名远扬。

2011—2016 年，张学东夫妇分别被评为“密云好人”，北京市“最美家庭”和密云区“文明家庭”；张学东本人先后被评为“北京市精神文明标兵”、“最美北京人”及“密云区优秀共产党员”。

多姿多彩的农村文化

郭德昌

新中国建立前，农村的文化娱乐生活单调贫乏。新中国建立后，农村多以讴歌新时代主旋律为基准点，通过媒体、歌声、舞姿等艺术表现形式，表达着人民群众生活在新时代的喜悦心情和对美好生活的向往。

妙笔生花

清末民初，双井村出了个画匠，名叫李大成。他从没学过画画，也没拜过师傅，经过一次又一次给人家绘影壁墙画，积累了一些画画功底。一次非常偶然的机会，他去古北口给一个财主家画影壁墙画时，结识了一个古北口外人，此人是承接修造戏楼和寺庙的工头，见李大成画的山水、树木活灵活现，人物表情传神达意，于是通过东家介绍，双方相互认识了。但李大成没画过戏楼或寺庙画，便坦诚相告。工头说："不要紧，万事总有个开头。"加之东家相劝，李大成就答应了下来。时隔不久，他便随工匠队在滦平一个大村庄接下了"寺庙画"的活儿。第一次干这样的活儿，自己都不敢想象：一幅画落笔，得到众人夸赞。此后他随这个工匠队，专画戏楼和寺庙壁画，画画艺术逐步提高，自成一统。

在统军庄村也有个好画画的人，名叫陈天旭，他自幼喜欢画画，随父亲在北京上高小的时候，美术老师恰好是密云人，名叫宁坤，常常给他单独辅导，还带他登门拜访过齐白石老先生，观摩名家大作，使他大开眼界。1961 年 19 岁时随父母回到家乡统军庄大队劳动。劳动之余，一边跟父亲学习中医，一边抽时间练习画画。他擅长画狂奔不羁的“马”，也喜好画象征富贵的牡丹花。通过几十年的泼墨历练，学有所成。

他笔下的“马”，使人感到像是游离于纸张而“活”了起来。在他家客厅、画室、卧房的墙上、桌上，到处都挂着或是摆着“马”。陈天旭还将成群的“马”微缩成“袖珍马”，做成画轴珍藏。画轴舒展开来，群马或奔腾纵跃、或垂首觅草，千姿百态。若将画幅卷起来，如普通茶杯大小，可放手掌上把玩。他共绘制了三个画轴：1993年版，规格长250厘米、宽7.5厘米，在其内共画了62匹马；1995年版，规格长250厘米、宽5.3厘米，画了56匹马；2008年版，规格长234厘米、宽2.6厘米，画了59匹马。在有限的空间画这么多的马，且形态各异，可见其难度之大、造诣之深。1991年，陈天旭的“马”参加密云县举办的画展，获得优秀奖。

靳各寨村有位李文涛，作为工匠，他十分尊崇膜拜鲁班。为弘扬传统工匠精神，2016年，李文涛在自家院内建造了一座古式双层六角斗檐凉亭，名为“班门亭”，古朴典雅，尽显美丽。他在亭楣上用油彩绘出6组古装人物画，有“碧波潭相会”“梁祝化蝶”“牛郎织女”“宝玉夜探潇湘馆”“黛玉咏菊”“李清照”，彩绘得到所有前来观摩者的赞誉。世界华人摄影家、北京神州博古书画院院士吴惟，观摩了亭子和绘画后欣然题写了楹联：“鲁班绝艺遗千秋，工匠精神传万代。”

十里堡镇域内还有几位书画爱好者是密云书法协会会员，比如，有十里堡中学的尹海霞、客居双井村的孙玉珍、水杨红小学的胡海兰等，其中孙玉珍的山水画《山间流水长》，参加了“密云第二届妇女儿童书画展”，并发表在了《密云报》上。

讴歌时代

改革开放后，富裕起来的人民群众需要文化娱乐生活，十里堡镇域内许多人自发组织各种文化活动，最具代表性的有庄禾屯、河漕、水泉、靳各寨等村。

河漕村恢复老戏　20 世纪 80 年代初，河漕村成立了河北梆子戏班，排练了十七八出戏。其中《辕门斩子》《墙头记》《春草闯堂》备受人们喜爱，其中新生代演员，胡生扮演者王凤兰、郭美玲，老生扮演者于乃旺，彩旦扮演者张敏英，青衣扮演者于乃萍，小生扮演者吕连英，花旦扮演者王葛荣、吕凤顺、于满海等得到人们的认可，尤其丑角扮演者王永兴的演技令观众印象最为深刻。

水泉村自编自演　2016 年，水泉村组织起文艺演出队，共有 30 多名队员，分为文艺节目演出、秧歌和“霸王鞭”表演三个组别。其中文艺演出大多为原创节目，以农村生活为基础，进行自编自演。密云电视台三次到村里录制节目，并在《檀州大舞台》播出。小品《婆媳大战》荣获“舞动北京 2016 年原创文艺节目二等奖”。

靳各寨文艺队　组织人为胡印华，队员有刘凤伶、肖春亚、孙凤云、李亚芹、王翠珍等，他们多以演唱通俗歌曲为主，还自编自演一些曲艺节目，如三句半等。

十里堡镇的其他各村也有许多文艺、文化爱好者，以不同形式讴歌时代主旋律。

为了繁荣镇内文化文艺事业，镇政府每逢重大节庆，如建国 60 年国庆、党的十九大召开、每年春节等都会举行联欢汇演活动。

自 2012 年至 2017 年，镇政府组织参加县（区）文艺文化比赛活动，荣获二等奖 3 次、三等奖 3 次。

为活跃镇域文化，十里堡镇文化服务中心还经常邀请安排县级以上剧团来镇内为村民演出。21 世纪的今天，镇域内“十里”徜徉不绝唱。

益民书屋

随着社会主义新农村的发展需要，书籍知识和科学技术的普及，越来越显得重要。进入21世纪后，十里堡镇广泛开展“益民书屋”活动，为各村配备图书3000余册、音像制品150套。各村设置书屋和配备图书管理员，免费向村民开放。

“益民书屋”帮助村民学技能、掌握信息，找致富门路，成为农民的“充电”场所。统军庄村充分利用书屋，为搞花卉种植、奶牛养殖的农民进行科技图书推荐，引导大家学习科学种植、养殖方面的知识。2013年10月统军庄村书屋被北京市读书益民工程领导小组办公室评为“四星级书屋”。

“益民书屋”成为宣传党的方针政策重要阵地。程家庄村将书屋与党员教育结合起来，为党员提供必要的学习辅导材料和课外读物。2013年10月，程家庄村书屋被北京市读书益民工程领导小组办公室评为“五星级书屋”。

十里堡村大学生村官李明珠办起“快乐少儿读书会”，每周六上午以“爱读书，乐分享”为主题，开展自由阅读、分享交流、集体阅读等活动。读书会还以“一周一成语，一人一故事”的固定模式，讲故事、学成语，启发孩子们的读书兴趣。并且定期开展“读书小博士”“阅读明星”“读书小状元”“读书活动先进个人”等评选活动。

为让村民对读书感兴趣，十里堡村还举行了读书交流会。不成想，村民们踊跃抢答关于读书方面的小知识。读书交流会上，村里6名阅读爱好者与大家一同分享了自己的读书笔记、心得和感受。

2015年，十里堡镇政府荣获北京市读书益民工程领导小组颁发的“五星级书屋”称号。

秧歌、腰鼓与广场舞

秧歌与腰鼓　十里堡地区的秧歌主要有两种表演形式，一种是踩高跷表演的秧歌，称为“高跷秧歌”；另一种是不踩高跷表演的，称为“地秧歌”。新中国成立初期十里堡镇域内的秧歌队有：程家庄的“吴家高跷”秧歌队，主要人员均为老吴家族人。程家庄还有一支腰鼓队，组织者为张桂芳、张叔荣。河漕村的秧歌队和靳各寨的腰鼓队，也是当年较为活跃的队伍。秧歌队和腰鼓队的演出阵容一般不少于 20 人。秧歌队和腰鼓队演出一般在过年时，有时是因为有重大喜庆而专场演出。如 1945 年庆祝抗日战争胜利、1948 年庆祝密云解放等。因为表演人付出的运动量很大，所以秧歌、腰鼓又是一项很好的健身运动，深受人们喜爱。

广场舞　进入 21 世纪后，生活富裕起来的农民，同城里人一样自发地跳起“广场舞”，通过这种娱乐形式来强身健体。

十里堡镇域内的广场舞带有地方特色。如“霸王鞭”舞，是传承密云“非物质文化遗产”的项目。新中国建立初期，靳各寨村、双井村、水泉村都曾组织过“霸王鞭舞”。如今，因为水泉村霸王鞭表演出色，成为十里堡镇的“品牌队”。自 2012 年至 2016 年，作为镇政府代表队参加县（区）比赛，曾三次获奖。

广场舞也体现出“正能量”。河漕村的大学生村官李怡欧，是舞蹈专业毕业，她业余时间教村里人跳舞健身。2015 年为配合戒烟，并把戒烟宣传融入到广场舞中。在她的辅导下，村里 40 多位妇女和着《戒烟歌》的节奏，每晚都跳上一节“戒烟舞”，影响了全村人。

十里堡镇政府以及妇联、团委、文化中心等部门，根据各村群众的积极性，因势利导推广广场舞这一群众性的强身健体活动，为全镇群众搭建起科学健身的平台。2017 年，镇党委、镇政府还举办了“舞出新风彩·喜迎‘十九大’十里堡镇第一届广场舞大赛”；2018 年举办了“庆祝改革开放40 周年暨第二届广场舞大赛”；2019 年举办了“喜迎新中国 70 华诞、共谱古郡新城华章”十里堡镇第三届广场舞大赛，涌现出程家庄、双井、靳各寨、河漕、水泉、十里堡村，以及明珠、燕落寨社区等一批优秀文化品牌队伍，有力地促进了全镇广场舞朝着规范、健康、文明的方向发展。

十里堡镇的全民体育运动

郭德昌

田径运动

十里堡地区的全民体育运动，是以学校田径运动为基础开展起来的。镇域的两所中学培养出了一批优秀田径运动员。正是由于学校培养了一批又一批的学生运动骨干和热爱体育活动的学生，他们初、高中毕业后也把体育运动带回了家乡，并且带动了许多体育爱好者。

20 世纪 80 年代有河漕村的王永兴，此后有杨辛庄的张东生、水泉村的王瑞发、红光村的王德民、靳各寨村的刘爱国等，他们不仅在村内是体育活动的带领者，也成为了参加镇里、县里、市里运动会的农民业余运动员，进而推动了镇域内全民体育与健身运动。

为了推动全民体育运动，1988 年十里堡乡政府举办了首届农民田径运动会，进行 15 个项目的比赛。此后，每隔 4 年举行一次，到 2015 年共举行了 9 届农民运动会。

球类运动

篮球运动　1984 年，河漕村组织起业余篮球队，利用学校篮球场开展训练。主要人员有王永兴、王永宝、于怀臣、李柱春、李长义、马尚坤等，球队经常进行军民友谊赛，增进军民关系。

20 世纪 80 年代中期，十里堡乡政府也组织起一支业余篮球队，每年春节前集中训练，正月参加密云县组织的各乡镇篮球比赛。1987 年至

1992年，冠亚军总是在西田各庄、十里堡、高岭三个乡之间产生。

进入21世纪，因为全镇有良好的篮球运动基础，镇政府在社会主义新农村建设中，要求全镇每个村庄、居委会都修建标准篮球场，为篮球爱好者和人民群众提供健身场地。河漕村、水泉村等好几个村都组织有篮球队。其中有着篮球运动传统的河漕村，村党支部书记、主任王永兴，兼任篮球队队长，时常带领队员参加比赛活动。十里堡镇的农民业余篮球队在2012年和2015年参加“北京市农民体育健身运动展示周篮球比赛”，两次荣获市级团体二等奖。2015年参加密云县篮球比赛，荣获镇（街道）组第一名。2017年10月，参加北京市密云区第一届全民运动会，十里堡镇代表队在“5对5篮球比赛”中荣获镇（街道）组第一名。2018年参加密云区第二届全民运动会荣获“特殊贡献奖”。

乒乓球运动 2016年，十里堡镇政府组成业余男子组、女子组乒乓球代表队，参加密云县第十届“和谐杯”乒乓球比赛，荣获密云区镇（街道）组一等奖。2017年，参加北京市第十一届“和谐杯”市乒协分站赛暨2017年密云区第四届“乒协杯”乒乓球比赛，荣获女子团体第四名。

羽毛球运动 2012年12月，参加密云县迎新年“移动杯”羽毛球混合赛，十里堡镇代表队荣获团体比赛第四名；2015年4月，十里堡镇机关代表队参加密云县羽毛球运动协会举办的“鑫达集团全新英朗杯”羽毛球比赛，李斌荣获领导干部男子组第六名；李春艳荣获领导干部女子组第五名。

2016年，靳各寨村的村民刘爱国，投资280万元，利用废弃养殖场自建一处室内篮球场，附带乒乓球、台球、跑步机等运动设施，免费为本村村民、学生开放。还吸引了附近村庄的爱好者来此运动。

健步走

农村实行联产承包责任制后，农民解除了集体劳动的束缚，有更多的时间由自己支配，人们的生活情趣也受到城里人的影响，年轻人清晨跑步锻炼、中老年人散步遛弯逐渐成为一种习惯。

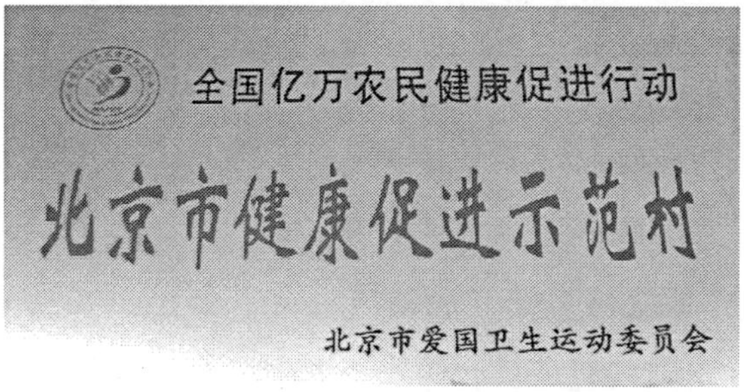

统军庄村荣获市级“健康促进示范村”称号

进入 21 世纪后，这种习惯已在广大人民群众中形成氛围。统军庄村作为镇里的试点，开展“知行合一”读书健体活动，活动主题就是通过“健步走”享受免费体检。健步走的地点设在村文化活动广场，人们每天早上健步走达到一小时就计为一个有效次数。60 岁以上老年人或无法参加健步走活动的，只要参加村里组织的电影放映、借阅“益民书屋”报刊书籍、听健康养生和阅读讲座等活动也可以累计次数，享受第二次体检，并领取小奖品。通过试点，效果明显，后来在全镇加以推广，成为全民健身的一种时尚。

健身园

进入 21 世纪后，在开展社会主义新农村建设中，全镇 12 个村庄和 4 个社区居委会全都建有健身园（场）。健身器材种类繁多、门类齐全，主要有：引体向上训练器、双晃板器、健骑器、腰背按摩器、蹬力训练器、太极揉推器、滑梯、棋牌桌、益智算盘、柔韧训练器、上肢牵引器、手部与腿部按摩器、三位扭腰器、室外随圆机、室外漫步机、仰卧起坐板、乒乓球案子等。健身园的建设和体育设施的投放，为人们提供了多功能多样化的健身方式。人们聚集在一起不仅健身，还从中感悟到现代生活的情趣。

第六部分

乡镇剪影

新中国政权架构中，乡镇处于最基层，是党和政府联系人民的纽带和桥梁，其工作十分艰辛，可谓“谁解其中味”。

如今的小城镇和新农村建设，惠民政策多多，乡村越来越美丽，让人民群众确确实实有了更多更好的获得感和幸福感。

明珠生态休闲公园　（郭克喜 摄）

十里堡乡人民委员会

郭德昌

中华人民共和国建立后，1950 年 1 月，十里堡地区划归密云县第二区，区政府驻地为西田各庄。其中，二区辖今十里堡地区的河漕乡、燕落寨乡。河漕乡领河漕、十里堡、王各庄、程家庄 4 个行政村；燕落寨乡领燕落寨、西大桥、靳各寨 3 个行政村。

当时国家号召在农业生产上互助合作。1950 年 7 月，二区的 2193 户农民结成 731 个互助组，进行生产自救。互助组坚持“自愿互利，不改变土地所有制形式，谁的土地种植的农作物，收入归谁所有”的原则。组内劳动力、牲畜和农具统一使用，既照顾了没有劳力、没有农具、没有牲畜的农户，也解决了一些没有种田技术人家的困难。

1950 年 6 月 25 日，朝鲜战争爆发后，战火燃烧到了中国东北边境。1950 年 10 月 19 日，中国人民志愿军跨过鸭绿江，进行抗美援朝，保家卫国。十里堡人民和全国一样，支援前线参军参战；增产节约，劳动竞赛；捐款捐物，慰问志愿军。根据《密云县志》（1998 年版）记载，十里堡乡在抗美援朝战争中光荣牺牲的烈士有王万海、张永强等 13 名志愿军战士。

此后，二区政府带领全区人民进行社会主义“三大改造”。凡有条件合并的初级社都要积极引导合并，向高级社过渡。办高级社的目的就是：彻底消灭农村封建土地剥削制度，发展社会主义农业经济，适应社会主义工业化的需要。用生产资料的集体所有制，代替生产资料的私人所有制。对私营手工业进行社会主义改造，将分散的铁匠、木匠、瓦匠、石匠、编（篋）匠等手工业经营者按行业组织起来，办手工业合作社。针对私营工商业的经营状况，开始贯彻对私营工商业“利用、限制、改造”的政策，成立起以供销合作社为主，并设立专门办事机构，本着“统筹兼顾、全面安排、积极改造”的原则，对私营工商业进行了社会主义改造。

1956年9月，为适应形势需要，河漕乡、燕落寨乡合并为十里堡乡，为密云县直属乡。设中国共产党十里堡乡总支部委员会（简称“乡总支）和十里堡乡人民委员会（简称“乡人委”）。乡机关驻十里堡村，设在村内的佑国寺内，将大庙改造为办公场所。乡人委为乡级行政机关，凡是属于本乡行政方面的工作均由乡人委负责。乡人委内设财政经济、文化卫生、治安保卫、民政调解、人民武装等5个工作委员会。乡属各村成立了农业生产合作社，由社员大会选举产生合作社主任，以及管理委员会和监察委员会组成人员。社员代表大会或社员大会是农业生产合作社的最高权力机关。

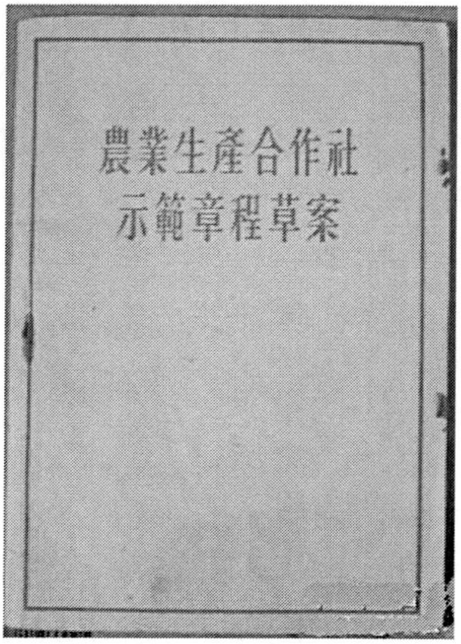

农业合作社章程

这一时期，在乡总支、乡人委领导下，十里堡全乡掀起了高级合作化的热潮。河漕、十里堡、王各庄、程家庄、燕落寨、西大桥、靳各寨先后兴办起高级社，加入高级农业合作社的社员迅速增加。全乡基本实现了高级农业合作化。这一时期，真正意义上对农业进行了社会主义改造，实现高级农业生产合作化，解决了初级社时集体生产、统一经营，与土地、耕畜等主要生产资料私人占有之间的矛盾。取消了土地私有，扩大了耕地面积，有利于土地的基本建设，有利于使用机械耕作。

在农业发展措施上，乡总支、乡人委注重调动一切积极因素，在农业合作社中推行“三包一奖”制度，即包工、包产、包财务和超产奖励。对巩固农业合作化，对社会主义经济建设有着特别重要的意义。同时，相继完成对农业、手工业和私营工商业的社会主义改造，进入了全面建设社会主义时期。

1956 年，粮食获得前所未有的大丰收，根据文献资料显示（参照密云全县平均数额）：粮食亩产实现 113 公斤，比 1949 年的 50.5 公斤增长 124%；人均占有粮食 247 公斤，比 1949 年的 103 公斤增长 140%；人均收入达到 40.6 元。

1958 年 3 月，根据密云县委决定，撤销十里堡乡人委行政建制。同年 4 月，划入季家庄乡；9 月，乡改建为人民公社体制，十里堡地区划归新成立的红旗人民公社，不久改称西田各庄人民公社。

1956 年 9 月至 1958 年 3 月，十里堡乡人委下辖 7 个行政村：河漕、十里堡、王各庄、程家庄、燕落寨、西大桥、靳各寨。

十里堡乡总支、乡人委领导人员名单如表 6–1 所示。

表 6–1　十里堡乡总支、乡人委领导人员名单

机构名称	姓名	职务	任职时间
乡党总支	陈国华	总支书记	1956.9—1957.8
	陈存	总支书记	1957.8—1958.3
乡人民委员会	金儒	乡长	1956.9—1958.3

十里堡人民公社

郭德昌

1958年9月至1982年12月，十里堡地区的行政区划建制经历了4个历史阶段，即1958年9月至1961年5月，第一次隶属西田各庄人民公社（简称“公社”）时期；1961年5月至1966年5月，单列公社建制时期；1966年5月至1974年9月，第二次隶属西田各庄公社时期；1974年9月至1982年12月，恢复公社建制时期。

公社党委、管委会

1958年9月，密云县第一个公社——红旗公社成立，不久改称西田各庄公社，随即十里堡地区划归西田各庄公社管辖。人民公社的体制是政社合一，公社建立党委，设常委会、书记处，实行“一元化”领导。公社主要特点在于：一是组织规模大，二是公有化程度高。人民公社建成后，以公社为核算单位，收回社员的自留地，还将社员私有的大牲畜、枣树、大中型农具、大车和加工工具等生产资料，全部无偿收归公社集体使用。

1958年“大跃进”运动来势迅猛，由于急躁、冒进，“浮夸风”盛行，粮食平均亩产只有254斤。但是由最初喊出的400斤，一度浮夸到了8000斤，甚至有的喊出了平均亩产超万斤的天文数字。如此，造成国民经济比例失调，粮食及农副产品产量下降，缺粮现象日趋严重，副食品奇缺，形成我国历史上的“三年困难时期”，人民生活遇到了严重困难。农忙季节，十里堡地区社员的口粮只有人均每月13公斤，冬季下降到人均每月8公斤。

因此，人们将树叶、野菜混合玉米核、红薯秧、谷糠等加工成“淀粉”替代食品充饥；在行政领导上，公社实行劳动组织军事化、社员生活集体化、吃饭食堂化，分配制度实行供给制或半供给制。由于长时间缺少粮食，人们的体质普遍下降。全公社许多村的社员出现由于营养不良导致的浮肿病症。1961 年停止了“吃食堂”。

1961 年 5 月，密云县委重新调整社队规模，其中西田各庄公社改建为党的工作委员会（简称“党工委”）。单列组建十里堡人民公社建制，归属西田各庄党工委领导。设立中共十里堡公社委员会（以下简称“公社党委”），设党委书记、委员之职，党委下设公社管理委员会（以下简称“管委会”），管委会设主任、副主任之职。社址仍沿用原十里堡乡人委机关所在地（即在十里堡村佑国寺大庙内）。

这一时期公社党委、管委会充分利用灌区加强农业生产、扩大灌溉面积。有条件的村打新井，提高灌溉效益；因地制宜地推广农业技术。按照上级要求，公社党政领导干部摆脱日常事务，加入到群众生产行列，与群众同甘共苦。

1961 年，为庄禾屯、双井、清水谭、岭东等第一批密云水库移民，建设安置村庄、建造住宅。这一时期，公社党委、管委会统筹协调，移民安置、农业生产管理齐头并进，克服了重重困难，在提高社员群众生活和农业生产发展方面取得了一定成绩。

根据文献资料显示（参照当时密云全县平均数额）：1962 年农民人均占有粮食 191 公斤，农民人均收入 63.3 元；1966 年农民人均占有粮食 269 公斤，比 1962 年增加 29%；农民人均收入 67.8 元，比 1962 年增加 22%。

公社党委、革委会、管委会

1966 年 5 月，撤销十里堡公社建制，并入西田各庄公社（俗称“大公社”）。此后，我国开始了“无产阶级文化大革命”（简称“文化大革命”）运动，因而各条战线的工作、生产及生活均受到冲击，农业生产受到很大影响，致使粮食减产。行政领导体制由公社管理委员会改称为公社革命委员会（简称“革委会”）。

1974 年 9 月，密云县委决定缩小西田各庄公社规模，增建十里堡、卸甲山公社。至此，十里堡公社恢复了独立行政建制，称“十里堡人民公社”。设立中共十里堡公社委员会，设党委常委及党委书记之职；党委下设公社管理委员会，管委会设主任、副主任之职。

1974 年夏秋时节，密云水库蓄水水位达到 153.01 米，是水库运行以来水位最高的一年，从库外搬迁回来的部分移民村，如红光、水泉等村已处于库内孤岛上，不能继续在库区内居住生活下去。因此，根据县委决定，将红光、水泉、杨各庄（部分）迁到十里堡公社，新建水泉、杨辛庄、红光大队，公社从就近大队为二次移民村划拨了土地（其中，杨辛庄土地从西田各庄公社的大辛庄村划拨）。

在公社恢复建制不久，为改善机关办公条件，1975 年在十堡村西建造了两层单匹式（阳面居室）办公楼，上下两层共计 24 间办公室。此楼为

十里堡公社（乡）机关旧址　（郭德昌 摄）

全县首座公社机关办公楼，此后又在南侧新建一座办公楼。

这时期，公社相继办起机电配件厂和水泥制品厂，此为最早一批社办集体企业。1977 年，公社党委、管委会积极响应密云县委“学大寨、努力建设大寨县”的号召，迅速掀起学大寨高潮，组织全社干部群众夜以继日大搞黄土压沙、平整土地运动。在学大寨运动中，十里堡、统军庄、庄禾屯、河漕等大队被评为“学大寨先进集体”，有 29 名干部、社员，被评为“学大寨先进工作者”。

1978 年 12 月，党的十一届三中全会召开，随之全社各项工作的着重点转移到以经济建设为中心上来。1981 年 1 月取消了公社革命委员会名称，同时恢复了公社管理委员会。1983 年年初，根据中共北京市委部署，将密云县十里堡公社作为社改乡试点，撤销十里堡公社建制，建立十里堡乡，至此结束了历时 28 年的人民公社领导体制。

十里堡公社党委、管委会（革委会）领导机构设置于 1974 年 9 月至 1982 年 12 月，这期间以农业为主导的工作和生产取得了很大成绩。

根据文献资料显示（参照当时密云全县平均数额）：1974 年人均占有粮食 352 公斤，农民人均收入 81.9 元。1978 年粮食亩产 419 公斤，油料亩产 98 公斤，农民人均占有粮食 405 公斤，农民人均收入 106 元。1982 年粮食亩产 462 公斤，比 1978 年增长 10%；油料亩产 211 公斤，比 1978 年增长 1 倍以上；农民人均收入 250 元，比 1978 年增长 58%。

1961 年 5 月至 1966 年 5 月，十里堡公社下辖河漕、十里堡、程家庄、统军庄、燕落寨、靳各寨、双井、庄禾屯、岭东、清水潭等 10 个生产大队。

1974 年 9 月至 1982 年 12 月，十里堡公社下辖河漕、十里堡、程家庄、王各庄（1977 年建制）、统军庄、燕落寨、靳各寨、双井、庄禾屯、岭东、清水潭、水泉、杨辛庄、红光等 14 个生产大队。

十里堡公社党委、革委会、管委会领导名单参见表 6–2 所示。

表 6-2 十里堡公社党委、革委会、管委会领导人员名单

机构名称	姓名	职务	任职时间	期间曾任职党委成员		
				专职副书记	纪委书记	党委委员
公社党委（初建）	任永如	书记	1961.5—1963.4	——	——	——
	张文英	书记	1963.4—1966.5	——	——	——
公社党委（复建）	朱继祥	书记	1974.9—1976.10	谭有为	——	——
	郑仲信	书记	1976.10—1980.3			
	徐振兴	书记	1980.3—1982.12			
公社管委会（初建）	刘耀亭	主任	1961.5—1963.4	——		
	沈庆文	主任	1963.4—1964.2	——		
	郑长存	代理主任	1964.2—1966.5	——		
公社革委会	朱继祥	革委会主任	1974.9—1976.10	——		
	郑仲信	革委会主任	1976.10—1979.3	——		
	徐振兴	革委会主任	1979.3—1980.3	——		
	郭　云	革委会主任	1980.3—1981.1	——		
公社管委会（复建）	朱万德	管委会主任	1981.3—1983.1	——		
	王树仁	管委会主任	1983.1—1983.11	——		

十里堡乡人民政府

郭德昌

党的十一届三中全会后，随着改革开放的日益深入，农村计划经济体制逐步向社会主义市场经济体制转变。在计划经济下建立的“一大二公”的人民公社体制愈来愈不适应形势的需要，严重制约着农村经济的发展。1983年年初，根据北京市委部署，在密云县十里堡、东庄禾两个公社进行试点建乡，废除“政社合一”的人民公社体制，改人民公社为乡（镇）行政体制，十里堡人民公社改称“十里堡乡人民政府”。实行党（务）、政（务）分开。设立中共十里堡乡委员会（简称“党委”），设党委委员及书记、副书记之职。并设乡人民政府（简称“乡政府”），政府设乡长、副乡长之职。1987年5月，乡镇开始设立纪律检查专职干部，后成立乡纪律检查委员会（简称“纪检委”），设书记1人、委员2人。根据乡镇企业迅速发展的实际，作为乡镇企业管理工作试点，1985年10月成立十里堡乡农工商总公司。在试点基础上，1987年10月，与全县同步成立乡企业公司。1991年1月，乡（镇）人大设主席团常务主席，可由乡（镇）党委书记兼任，也可设专职；并设专职秘书。实行乡（镇）党、政、企分开，改变了多年来人民公社“政社合一”和领导干部交叉兼职的“一元化”领导体制。党、政、企工作机构分开后，工作职责各自有所专注和侧重，正如群众所形容的“三套马车”齐头并进。

1992年11月，县开始设立乡镇人大组织，设主席、秘书之职。

党的建设翻开崭新一页 党的十一届三中全会以后，拨乱反正，党的建设逐渐走上健康发展的轨道，恢复实事求是的作风。从1982年开始，按照密云县委要求，对党的基层组织工作进行整顿。集中主要精力，认真检查，严肃处理贪污受贿等经济违法案件；狠刹动用公款请客送礼、大吃大喝、搞“关系户”等歪风；加强党性教育，继续推动《准则》的贯彻执行；抓好违纪案件的检查处理，做好来信来访工作。逐步恢复“三会一课”制度。

1987年，历时6个月的整党工作，分为乡级、乡办企业和村级三个批次，开展党员重新登记活动。1991年，进行坚定理想信念、强化宗旨教育，开展党员评议活动，不仅加强了党的队伍建设，而且对于法治建设也起到促进作用，使党的队伍建设和组织建设得到进一步加强。

农村经营体制改革不断深入　这时期，开始了对农村土地使用制度的逐步改革，揭开了农业改革的序幕。在农业上，因地制宜地推行联产计酬、专业承包，建立各种形式的生产责任制。1982年年底，全乡部分村实行家庭联产承包责任制（即“大包干”），解除了社员单纯参加生产队劳动、靠记工分取报酬的束缚，社员能够腾出更多的时间搞家庭副业，增加收入，使生产力得到了解放。由于实行土地承包，给农民吃了“定心丸”，一种人心思上、人心思干的生机与活力在乡村兴起。此外，庄禾屯、河槽、十里堡、岭东、双井、王各庄、靳各寨等7个村，农民以股东身份入股形式办起集体农场，搞适度规模经营，并在全县平原地区加以推广。

根据《密云县农村经济收益分配统计资料》显示：十里堡乡农民家庭1983—1988年的自营经济总收入分别为：327万元、529万元、703万元、719万元、817万元、1171万元。1998年比1983年增长258.1%。

1989年9月，开始在行政村建立经济合作社，为村级合作经济组织，并开始在具备条件和自愿的条件下撤销原生产队建制。至1990年年底，全乡14个行政村均建立起经济合作社。农村的行政体制改革，使全乡农村经济组织有了更多的经营自主权，农村经济开始朝着专业化、商品化、现代化转变。

规模企业逐步形成　随着乡办、村办工业企业的发展，迫切需要打破原有的经营管理方法，转换企业经营机制。为此，在全乡进行了一系列的改革。1985年扩大企业自主权，推行多种形式的企业承包经营责任制，建立职工代表大会制度。1986年开始推行厂长负责制，取得较好效果：其一，打破了多年的企业干部委任制，拓宽了人才选用渠道；其二，确定了最佳经营方案，每个投标人都全面调查企业状况，精心设计治厂方案，不同程度地促进了企业发展。

招商引资取得成效 1984年11月，密云县第一家中外合资企业——密日兴食品工业公司成立。公司为中日合资企业，生产以花生为原料的“美味香酥果”。1985年投产后，行销日本、美国、英国、荷兰等国。该企业的兴建，为密云全县经济发展起到了很好的示范作用，大大超过了其自身的经济效益。

1993年8月，开始筹建北京牡丹电子集团密云分公司，属自营进出口企业。该企业经济效益好，解决劳动力就业人员多，成为全县知名企业。其他企业还有：1985年建起银河商标印刷厂，1989年建起保健食品厂、银光木器厂、丽都电子厂，1991年建起大密食品有限公司、远香酱菜厂和密云第一皮鞋厂。

十里堡乡党委、乡政府领导机构设置于1982年12月至1993年11月。党委、政府、企业公司三套领导班子密切合作，推进了全乡各项事业的大发展。根据文献资料显示（参照密云全县平均数额）：1983年粮食亩产428.5公斤、油料亩产109公斤，农民人均收入368元。1993年实现工业总产值7265.1万元；粮食亩产574.2公斤，比1983年增长34%；油料亩产211.3公斤，比1983年增长93.6%；农民年人均收入1336元，比1983年增长263%。

1983年12月至1993年11月，十里堡乡政府下辖河漕、十里堡、程家庄、王各庄、统军庄、燕落寨、靳各寨、双井、庄禾屯、岭东、清水潭、水泉、杨辛庄、红光等14个村民委员会。

十里堡乡领导人员名单参见表 6-3 所示。

表 6-3　十里堡乡人民政府领导人员名单

<table>
<tr><th rowspan="2">机构名称</th><th rowspan="2">姓名</th><th rowspan="2">职务</th><th rowspan="2">任职时间</th><th colspan="3">期间曾任职党委成员、纪委书记</th></tr>
<tr><th>专职副书记</th><th>纪委书记</th><th>党委委员</th></tr>
<tr><td rowspan="6">乡党委</td><td>徐振兴</td><td>书记</td><td>1982.12—1983.10</td><td rowspan="6">曹丽华
吴俊明
王玉祥
宋英成
郑亚民
贺永才
张国政</td><td rowspan="6">于连清</td><td rowspan="6">崔志合　吴俊明
徐乃贤　徐广军
马文祥　郭景勤
张耀东　安百昆
于海洋　王友利
丁雪艳　（女）</td></tr>
<tr><td>彭瑞恩</td><td>书记</td><td>1983.12—1985.10</td></tr>
<tr><td>吴俊明</td><td>书记</td><td>1985.10—1987.4</td></tr>
<tr><td>郑仲信</td><td>书记</td><td>1987.4—1988.10</td></tr>
<tr><td>张克诚</td><td>书记</td><td>1988.10—1992.11</td></tr>
<tr><td>程连忠</td><td>书记</td><td>1992.11—1993.11</td></tr>
<tr><td colspan="4"></td><td colspan="3">期间曾任职秘书（科级略）</td></tr>
<tr><td rowspan="2">乡人大</td><td>张万雨</td><td>主席（兼）</td><td>1991.1—1992.10</td><td colspan="3" rowspan="2"></td></tr>
<tr><td>张耀东</td><td>主席</td><td>1992.10—1993.11</td></tr>
<tr><td colspan="4"></td><td colspan="3">期间曾任职副乡长</td></tr>
<tr><td rowspan="3">乡政府</td><td>张万雨</td><td>乡长</td><td>1982.12—1990.2</td><td colspan="3" rowspan="3">王成来　崔志合　戴军山　郭普江
王春宣　刘立东　孙桂利　王葛伶
许素明（女）</td></tr>
<tr><td>程连忠</td><td>乡长</td><td>1990.3—1992.10</td></tr>
<tr><td>王葛伶</td><td>乡长</td><td>1992.10—1993.11</td></tr>
<tr><td colspan="4"></td><td colspan="3">期间曾任职企业公司副经理</td></tr>
<tr><td rowspan="2">乡农工商总公司</td><td>彭瑞恩</td><td>主任</td><td>1982.12—1983.12</td><td colspan="3" rowspan="2"></td></tr>
<tr><td>关志贤</td><td>主任</td><td>1983.12—1987.3</td></tr>
<tr><td rowspan="3">乡企业公司</td><td>张克诚</td><td>经理</td><td>1987.3—1988.11</td><td colspan="3" rowspan="3">安柏坤　郭继祥　彭兴宝（满族）
罗慎澜（女）</td></tr>
<tr><td>郭继祥</td><td>经理</td><td>1989.1—1991.3</td></tr>
<tr><td>彭兴宝（满族）</td><td>经理</td><td>1991.5—1993.11</td></tr>
</table>

十里堡镇人民政府

郭德昌

1993年11月，密云县委、县政府对全县行政区划进行调整。撤十里堡乡，建十里堡镇。设立中共十里堡镇委员会，设党委委员及书记、副书记之职；镇政府设镇长、副镇长之职。设十里堡镇企业公司，设公司经理、副经理之职。镇人大常务主席之职由张耀东继任，至1994年1月。此后，原则上由镇党委书记兼任人大主席。2002年9月至2006年9月，王来君专任人大主席。2010年1月始，设专职主席，先后由郝云龙、申袖、闫桂友等担任。2002年1月，撤销企业公司领导机构。镇政府设经济管理科，负责企业经济工作。

十里堡镇党委、镇政府领导机构设置始于1993年11月至今。

党的组织、作风、廉政建设

组织建设 在加强村级党组织建设上，1994年，根据密云县委《关于整顿农村后进党支部的意见》，在镇域内调整了人均收入1500元以下村的党支部书记和部分支委成员。1995年始，开展村党支部“五好”“达标创先”活动。2002年始，开展“五好”标兵党支部建设活动。2010年，深化农村“五好”党支部建设，开展“五星级”村党支部创建，实行指标量化、分星考核、科学评价、动态管理，实现农村党建与新农村建设深度融合。

在加强镇级党组织建设上，1999年始至2017年，在密云县委开展的争创“六好”（五好）活动中，多次被评为“六好”（五好）党委。

进入21世纪，随着“郊区中心镇”和社会主义新农村建设，严格落实党建责任制。2014年，镇党委把对党员的基本要求，化作具体指标，对党员实施量化管理，出台《农村党员量化管理考核评价细则》《农村党员量化管理考核手册》《农村党员分类量化管理考核群众测评表》等文本。至2018年全镇有中共党员1379名。

2017年，镇党委还强化对镇域工业园非公企业党支部的领导和管理，出台了非公企业党支部管理考核办法，规范建立起8个非公企业联合党支部。党委还推出了党建采用新模式，以“开放党支部”建设为载体，实现了全镇基层党支部标准化建设。高标准建成了程家庄村的户外党建教育园地。

作风与廉政建设　从1995年开始，贯彻落实上级有关文件对党政干部吃请受贿、公款消费种类、认定标准作出明确界定。2007年将农村基层党风廉政建设任务进行量化、细化分解，重点完善了村级民主决策制度和村务公开制度。2008年开始实行处级领导干部个人有关事项报告制度，镇机关处级干部报告率100%。2015年强化对权力的制约和监督，制定了《十里堡镇决策“三重一大”事项流程图》，制作了《十里堡镇决策“三重一大”事项全程记录表》，使决策范围清晰，权力运行“规矩”，决策责任可追溯。

工业企业规模化发展

截至1993年，十里堡镇的村办及私营企业发展到53家，基本实现各种所有制、多种成分、多种形式共同发展。1994年8月，北京牡丹电子集团密云分公司完成一期工程，正式投产运行。当年生产彩色电视机机芯40万台，实现产值2亿元、利税300万元。期间新增镇办企业有飞云电子厂、工艺品厂。

21世纪后，通过扩大工业经济总量、引进增量、盘活存量、优化资源配置，有效地促进了工业结构调整、制度创新和经济运行质量的提高。

2001年，隆源工业园（小区）建成，入区企业19家。2008年，镇域内新引进协议投资在1000万元以上的工业落地项目10家，总协议投资额37700万元。1993年至2017年，通过招商引资工作，引进的主要规模企业有：北京三浦百草科技有限公司；北京优耐德铁道科技有限公司；北京奥斯云肉食品有限公司；北京龙鼎源科技有限公司；北京超同步伺服股份有限公司。

深化农村改革

1993年始，结合十里堡镇实际，推进专业村专业化适度规模经营；发展“三高”农业，鼓励农民个体承包，扩大蔬菜大棚的规模，蔬菜生产向专业化、单一化、高档化方向发展。同时全面推进土地使用制度改革，推进专业村的发展。具体表现在以下几个方面：

撤销生产队建制，解放农村生产力　实行家庭联产承包责任制以后，生产队的生产经营、劳动管理、财务核算、收益分配等功能已基本消失。生产队体制的存在，与农业区域化、规模化、专业化生产的矛盾日益表现出来。为此，1996年，撤销了农村生产队建制，解放了农村生产力，促进了农村经济的发展。

加强农田基本建设，改善农业生产条件　以市场为引导调整种植业结构，改善农业生产条件，加强农田基本建设。统军庄、庄禾屯、清水潭等村投入大量资金，打机井，搞喷灌，使全镇农田基本实现了喷灌化。

立足资源，产业定位，积极发展专业化生产　全镇多数村开始改变以往“小而全”“各业平推”的老方法，注重集中力量，狠抓主导产业的发展。双井村、十里堡村鼓励农民从事第三产业；庄禾屯、河漕等村走上了以企业立村富民的发展之路。

农民的市场经济意识进一步增强　统军庄、岭东、靳各寨、庄禾屯、清水潭等村，依托县开发区的奶制品产业，规模化发展奶牛养殖。以市场为导向，以科技为依托，实现农业由产量型向效益型转化，让农民改变了往日的经营方式，走上了市场经济之路。

推进城乡一体化建设

进入21世纪，十里堡镇被列为北京市“郊区中心镇”建设试点。镇政府机关新建5层办公楼；先后建成明珠花园和博世庄园居民住宅小区及明珠公园；王各庄村民委员会整建制地转为社区居民委员会。

2017年，镇党委、镇政府确立了“环境立镇、转型强镇、智慧兴镇、生态富民”的战略发展思路。环境上，“努力打造绿色生态宜居美丽的密云门户形象”；工业上，以科技创新促企业转型升级；农业上，用更新理念让农产品向效益转化；成立北京市首家镇级“创业服务综合办公区”，为大众创业铺路，为万众创新搭台；强化智慧兴镇发展理念，提高全镇农村人口素质，为农民增收致富提供广阔的发展空间和智力支持。

根据《密云县国民经济统计资料》显示：1993年全镇粮食总产量实现680.9万公斤，亩产574.2公斤，油料亩产211.8公斤，全镇社会总产值实现20829.2万元，农民年人均纯收入实现1336元。2017年，工业总产值10.2亿元，财政收入7021.6万元，农民年人均劳动所得23685元。

按照1979年邓小平同志提出的“到本世纪末人均国民生产总产值达到八百至一千美元，进入小康社会”的发展目标，2005年全镇农民人均劳动所得达到7750元。比国家提出的2020年建成小康社会目标，提前15年实现。

1993年11月至2017年12月，十里堡乡政府下辖12个村民委员会和4个社区居民委员会，分别是：河漕、十里堡、程家庄、统军庄、靳各寨、双井、庄禾屯、岭东、清水潭、水泉、杨辛庄、红光等村民委员会；燕落寨（1993年转制）、王各庄（2003年转制）、明珠、世博庄园等社区居民委员会。

十里堡镇人民政府领导人名单参见 6—4 所示。

表 6-4　十里堡镇人民政府领导人员名单

<table>
<tr><th rowspan="2">机构名称</th><th rowspan="2">姓名</th><th rowspan="2">职务</th><th rowspan="2">任职时间</th><th colspan="3">期间曾任职党委成员、纪委书记</th></tr>
<tr><th>专职副书记</th><th>纪委书记</th><th>党委委员</th></tr>
<tr><td rowspan="9">镇党委</td><td>程连忠</td><td>书记</td><td>1994.11—996.11</td><td rowspan="9">张国政
崔　雪
孙荣奎
蒋学甫
王来君
郝云龙
曹启儒
李　斌
李艳书（女）</td><td rowspan="9">于连清
关敏杰（满族）
郝云龙
蒋书香（女）
李艳书（女）
于仕来
马芬（女）</td><td rowspan="9">丁雪艳（女）
季宝发
赵　华
谷汉玉
曹桂珍（女）
刘春兰（女）
周庆凯（满族）
李艳书（女）
李春艳（女）
刘录国
万庆富
赵成革
王海山</td></tr>
<tr><td>李学清</td><td>书记</td><td>1996.11—1999.8</td></tr>
<tr><td>王玉江</td><td>书记</td><td>1999.8—2002.3</td></tr>
<tr><td>张玉昆</td><td>书记</td><td>2002.3—2004.3</td></tr>
<tr><td>李元生</td><td>书记</td><td>2004.3—2010.1</td></tr>
<tr><td>张　强</td><td>书记</td><td>2010.1—2010.6</td></tr>
<tr><td>王振国</td><td>书记</td><td>2010.6—2012.6</td></tr>
<tr><td>张明智</td><td>书记</td><td>2012.6—2016.12</td></tr>
<tr><td>李東方</td><td>书记</td><td>2016.12 至今</td></tr>
<tr><th>机构名称</th><th>姓名</th><th>职务</th><th>任职时间</th><th colspan="3">期间曾任职秘书（科级略）</th></tr>
<tr><td rowspan="6">镇人大</td><td>程连忠</td><td>主席（兼）</td><td>1993.11—1996.11</td><td colspan="3">——</td></tr>
<tr><td>李学清</td><td>主席（兼）</td><td>1996.11—1999.8</td><td colspan="3">——</td></tr>
<tr><td>王玉江</td><td>主席（兼）</td><td>1999.8—2002.3</td><td colspan="3">——</td></tr>
<tr><td>张玉鲲</td><td>主席（兼）</td><td>2002.3—2002.9</td><td colspan="3">——</td></tr>
<tr><td>王来君</td><td>主席</td><td>2002.9—2006.9</td><td colspan="3">——</td></tr>
<tr><td>李元生</td><td>主席（兼）</td><td>2006.9—2010.1</td><td colspan="3">——</td></tr>
</table>

（续表）

<table>
<tr><th>机构名称</th><th>姓名</th><th>职务</th><th>任职时间</th><th>期间曾任职秘书（科级略）</th></tr>
<tr><td rowspan="3">镇人大</td><td>郝云龙</td><td>主席</td><td>2010.1—2014.1</td><td>——</td></tr>
<tr><td>申　袖</td><td>主席</td><td>2014.1—2016.9</td><td>——</td></tr>
<tr><td>闫桂友</td><td>主席</td><td>2016.9—</td><td>——</td></tr>
<tr><td colspan="4"></td><td>期间曾任职政府副镇长</td></tr>
<tr><td rowspan="12">镇政府</td><td>王葛伶</td><td>镇长</td><td>1993.11—1996.4</td><td rowspan="12">许素明（女）　王占发　金向宏
金增华　肖延胜　陈孝如　肖春利
金政忠　王德云　李大军（满族）
张承武　何丽军（女）　席立华
曹启儒　张连华（女）　付小平
陈　杰　郑　伟　张　妍（女）
张　蒙　任　伟（满族）李建春
张德海　王晓文（女）　杨爱军
王海山（2018 年 10 月出任）</td></tr>
<tr><td>许素明（女）</td><td>镇长</td><td>1996.4—1999.1</td></tr>
<tr><td>蒋学甫</td><td>镇长</td><td>1999.8—2001.3</td></tr>
<tr><td>李元生</td><td>镇长</td><td>2001.3—2004.7</td></tr>
<tr><td>侯春明</td><td>镇长</td><td>2004.7—2006.9</td></tr>
<tr><td>张　强</td><td>镇长</td><td>2006.9—2010.1</td></tr>
<tr><td>付小平</td><td>镇长</td><td>2010.1—2011.8</td></tr>
<tr><td>张明智</td><td>镇长</td><td>2011.8—2012.6</td></tr>
<tr><td>陈弘仁</td><td>镇长</td><td>2012.6—2015.6</td></tr>
<tr><td>郑　伟</td><td>镇长</td><td>2015.10—2016.9</td></tr>
<tr><td>李　斌</td><td>镇长</td><td>2016.9—2019.3</td></tr>
<tr><td>王　珂</td><td>镇长</td><td>2019.7 至今</td></tr>
<tr><td colspan="4"></td><td>期间曾任职企业公司副经理</td></tr>
<tr><td rowspan="3">镇企业公司</td><td>彭兴宝（满族）</td><td>经理</td><td>1993.11—1997.9</td><td rowspan="3">赵　岐　高未来　罗慎澜（女）
赵　书　李长怀　王德云
苏尚义　孙全春　于立荣（女）
纪海涛　李长全　白广军</td></tr>
<tr><td>李富强</td><td>经理</td><td>1997.9—2000.6</td></tr>
<tr><td>侯春山</td><td>经理</td><td>2000.6—2002.1</td></tr>
</table>

第一次水库移民

陈奉生

1958年6月，为彻底解决潮白河水患，解决京津供水不足等问题，中央人民政府批准修建密云水库。周恩来总理亲自到水库坝址进行视察，确定坝址，由中国著名的水利专家张光斗和冯寅等主持设计方案。

1958年9月1日开工修建，京、津、冀20多万劳动大军，发扬“一盘棋”精神，战酷暑、斗严寒，众志成城。“一年拦洪，两年建成”，建成了总库容为43.75亿立方米的燕山明珠——密云水库。

水库移民概况

水库移民搬迁本着“自拆自建和原拆原建”的精神，确定库内淹没区的村庄以及村民、牲畜，必须在1959年汛期前全部迁到库外。

库区总面积28.2万亩，占全县总面积的10.1%，淹没在册耕地16.9万亩，加上筑路、修渠、移民房屋和取料场，共占用耕地24万亩，占当时全县耕地面积的35.4%，昔日密云县三大平原（燕落、石匣、县城西）被占去两个。库区内67个村庄5万多人要迁出并安置，5万多间房屋要拆除，1000多万棵树要伐掉，库底要清理平整，工程浩大，任务紧急。为此，密云县委抽调30多名副局级以上干部，成立了移民办公室，各公社（乡）建立了移民安置委员会，具体负责移民搬迁和安置工作。

石匣、庄禾屯、清水潭、渤海寨、岭东、双井等村庄，新中国成立后经济发展很快，群众的生活水平不断提高，许多人家盖了新房。由于建水库使他们的家园美梦化为瓦砾，抛下多年的心血去往他乡，那种“故土难离”的乡情确实是刻骨铭心的。当时的运输工具只有大车，密云县紧急抽调了1000多辆大车，仍不够用，一般是两家人配给一辆车。

4个村搬迁到十里堡

在第一次移民搬迁中，搬迁到十里堡地区的村庄有岭东、庄禾屯、双井、清水潭等4个村，共计874户4105口人，库区房屋3716间，砍伐树木1020棵。具体情况如下：

1958年水库第一次移民搬迁

岭东村。搬迁190户，搬迁人数874人，留下1810亩土地，拆迁房屋970间。最初搬到了密云县城西面的靳各寨村，1960年新村建成，新建房屋2754间。岭东村人搬进了新居，房屋整齐，街道宽敞，生活方便，可还是怀念原来的岭东。大家到一起商量，认为，怀念归怀念，再搬回去是不可能了，还不如想个好的、永久性的纪念方法，让子孙后代都能记住那个小山村，于是人们给新村起名为“岭东村”。

双井村。搬迁188户，搬迁人口832人，留下3523亩土地，拆迁房屋846间，1960年新村建成，新建房屋499间。

庄禾屯。搬迁300户，搬迁人口1414人，留下7323亩土地，拆迁房屋1124间。新村新建房屋817间，划拨土地2178亩。

清水潭村。搬迁196户，搬迁人口985人，留下4162亩土地。1960年时新村建成，新建房屋736间。

舍小家为大家

库区移民响应政府号召，舍小家、为大家，体现了密云人无私奉献的家国情怀。为了修建密云水库，岭东、双井、庄禾屯、清水潭等4个村，集体搬迁到十里堡地区。有谁愿意离开生养自己的地方，开始的时候，移民情绪低落，笑声没有了，有的人几天几夜睡不着觉，茶饭不思，以泪洗面，整天像丢了魂似的。可作为库区人民，没有感情用事，没有提任何条件，搬离了世代生息的家园。那个时候搬迁非常简单，每两个家庭只给一辆马车，连人和居家用品一次性搬走。带不走的东西由供销社统一收购，价钱又非常便宜，一只大水缸只卖几元钱、一架硬木板柜只给十几元钱。在临上马车时，有的人捧了一抔院子里的泥土，装在瓦罐里带走；有的人捡一块石头或砖块带在身上；还有的人走出村庄之后，面对祖辈居住的村庄、面对自己的祖坟，长跪不起。他们把对故土的感情深深地埋在心底，带着眷恋、含着眼泪，也带着期盼，离开了世代生息的家园，体现出了无私奉献的精神。

原河漕、十里堡、统军庄、勒各寨等老村人民，为接待安置水库移民，将自己的好房子无偿地腾出来让给移民居住，并帮助解决移民生活上的各种困难。因新村建设进度不一，移民借住老村住户有的长达两三年之久，互相之间建立了深厚的感情。同时，几个老村为移民建房和生产生活所需也贡献了很多土地，体现了高风亮节和无私奉献精神。

第二次水库移民搬迁

丁宏伟　聂德友

1974年9月中旬，密云水库水位高达153.01米，是密云水库蓄水以来水位最高的一年。库区内水泉、红光、西山、于家台等大队所属的自然村，已经处于库区孤岛上。水库近水周边的东井峪、杨各庄、董各庄、小达峪沟等村道路被淹没，多户宅院进水。库区“押宝地”（随水位升降抢种的土地，收成靠运气，俗称押宝地）大部被淹。尤其是孤岛村，出村都要靠渡船往返，村民的生产生活出现了很大困难。县里决定将这部分村民再次搬迁到库区南部定居。这次搬迁称作密云水库第二次移民。搬迁定居地点确定在十里堡和西田各庄两个公社范围内。

接收移民　划拨土地

密云水库第二次移民搬迁的范围包括4个公社8个大队所属的11个自然村和1个专业队。有溪翁庄公社的西恒河村、水洼屯村、东井峪村、西山村；不老屯公社的杨各庄村、董各庄村和于家台村；穆家峪公社的水泉村、小达峪沟村；十里堡公社的庄禾屯库区专业队。共计729户3676口人。十里堡公社的接收移民任务是：安置8个自然村和1个专业队共476户2366口移民。十里堡公社接收的移民村占这次全部移民村的75%，接收的移民人口占全部移民的64.4%。

接受水库移民整村搬迁，需要建立新村、建设新房，不但要划给房屋建设用地，还要拨给搬迁来的村民耕作土地，以保证其生产生活。这使人均土地资源本来就很少的十里堡公社，还要再次划拨出大量耕地用来安置移民。为支持第二次水库移民安置工作，十里堡公社有7个大队拿出土地划拨给移民新村。其中靳各寨大队划出46.61亩，河漕大队划出453.15亩，清水潭大队划出75.39亩，统军庄大队划出108.76亩，程庄大队划出260.30亩，十里堡大队划出147.82亩，岭东大队划出163.29亩（给西田各庄的于家台村），各大队都充分体现出识大体顾大局的高尚风格。在这次接收移民任务中，十里堡公社再次划拨出土地1255.32亩。

移民自强　重建新村

第二次移民搬迁来的8个自然村，按密云县政府安排要建成三个移民新村。需要安排337亩土地作为三个新村的村民宅基地和集体公用房屋的建设用地。基本原则是：每户库区原村有几间房屋、多少畜圈，新村重建时对应安排几间房屋、多少畜圈。县政府按每间房屋370元、每间畜圈40～70元的标准，将建房款拨付给移民的原大队，由原大队负责建设。哪户要增加新建住房，可按每增建一间房屋交大队400元的标准增建。当时，虽然物价并不高，但要以370元建设一间房的标准去委托建筑部门施工，还是远远不够的。为了在有限资金的条件下完成建设移民新村的任务，各大队派出社员组建“先遣队”，到移民村新址盖房。同时，各设一名会计负责大队建设新村专项建筑工程的财务工作。

1974年2月7日，水泉大队一队“先遣队”十多人乘一辆马车带着铺盖卷和各种工具首先进入引水支渠东侧的工地。他们搭窝棚用作看摊住宿，多数人带着铺盖卷到临近的大辛庄村民家暂住，并安排临时伙房。2月上旬还是天寒地冻的季节，但为了赶时间，他们用大锤钢钎凿冻土，开槽打地基抢工期。杨各庄大队在水泉大队工地以北处，也以相同方式开工。水泉大队二队和红光大队均在1975年春开始动工建设。

这次建设新村，各大队均为自建。瓦工、木工和一般施工人员都是本大队社员，只记工分。为节省建筑材料费，施工人员到白河套里挑选、挖掘大块“河卵石”，作为垒地基和砌墙的材料；还以拆一户建一户的方式陆续从库区内原址拆旧房的砖瓦和木料，运来搭配使用。总之，处处节约开支，要用有限的资金完成建设新村的任务。从 1974 年秋至 1977 年，共建起 2374 间房屋，建成水泉、杨辛庄和红光三个移民新村。

移民新村建成，因为土地偏少，又经县政府协调，从西田各庄公社划拨 3249.27 亩耕地给新村村民。从而保证了这批来自密云水库库区内的村民们能够方便生活、和谐安居。

迁居乐业　不断发展

这次移民的方式是搬迁一户、寄宿一户，拆迁一户、建设一户，建成一户、入住一户。从 1974 年初夏开始，水泉、于菜园、扎窝山、杨各庄等 4 个村先行陆续搬迁入住。尔后，小达峪沟、西恒河、水洼屯和东井峪等 4 个村也开始次第搬来。搬迁时，几个孤岛村是用船只摆渡的方式将人员和家具、物品等摆渡到九松山副坝或 3 号副坝；有的村子是用军用教练卡车运到新村的。大部分村子则是以本大队的拖拉机和各生产队的大马车陆续搬运的。搬迁时，移民新村之间互相协助。先入住户接纳后搬迁户暂住，一户一户按次第搬迁。即便不是同村的也同样互相帮助，如红光大队建房晚，移民便寄宿到早建成的水泉和杨辛庄村民家中，待自家房屋完工后再入住自家。至 1977 年年底，移民全部搬迁完毕。

原水泉、于菜园、扎窝山、小达峪沟等 4 个自然村的社员搬进一个新村，组建为水泉大队，新村即命名为水泉。新水泉大队的 4 个老村，拆除库区房屋 478 间，在新村建起新房 594 间（占地面积 97.62 亩），定居 113 户 540 口人。新村有耕地 846.82 亩（人均 1.57 亩）。

原杨各庄村社员迁入新村，因开始搬迁时先寄宿在西田各庄公社的大辛庄村，故新村取名杨辛庄，建成杨辛庄大队。老村拆除库区房屋 363 间，在新村建起新房 430 间（占地面积 89.62 亩），定居 97 户 437 口人。新村有耕地 792.87 亩（人均 1.81 亩）。

原西恒河、水洼屯、东井峪 3 个自然村的社员搬入一个新村，因在库区时，西恒河与水洼屯两村曾经合建为一个红光大队，故扩大的新村便以原大队名作为村名，组建成新的红光大队。新红光大队的 3 个老村，拆除库区房屋 719 间，在新村建起新房 870 间（占地面积 149.69 亩），定居 153 户 809 口人。新村有耕地 1335.38 亩（人均 1.65 亩）。

3 个移民新村，南北一线坐落在十里堡西北部与西田各庄公社交界处引水支渠的东侧。为使密云水库正常蓄水和保护库区净水，这三个大队原库区内的 8 个自然村，舍弃库区家园土地、树木、房屋，既为了摆脱生产生活困境，也为了保护密云水库饮用水源，搬迁到十里堡公社定居。

这 3 个新村的村民定居后，自强不息，艰苦奋斗。在各级政府的关怀和领导下，在友邻老村的帮助下，经过 40 多年的努力，水、杨、红三村面貌焕然一新，村民生活不断提高。而今，绝大多数村民住宅翻盖一新，街道硬化畅通，文化体育场地设施齐全，村集体公益项目日益增加。二次移民来的全体村民，安居乐业、生活幸福。

接纳灾区移民

丁宏伟

密云北部山区自然灾害多发，尤其是暴雨洪水导致的泥石流灾害更为突出，曾给人民的生命财产造成了巨大损失。

新中国成立后有记载的，自1955年至1989年间，灾害较大的就发生了10次，致死200多人。其中，1959年7月19日，张家坟、冯家峪分别降雨190毫米和114毫米，黑山根、西口外、西白莲峪等5处发生泥石流，冲走房屋84间，死9人、伤27人。1969年8月10日晚，石城、冯家峪降雨264.9毫米，暴发特大山洪及泥石流，冲走房屋265间，死71人、伤22人。1976年7月23日，古北口、上甸子、半城子、冯家峪和高岭等10个公社降暴雨，最大降雨288毫米，暴发洪水引发泥石流，冲毁房屋3574间，死亡105人。1989年7月21日，密云北部山区暴雨成灾（其中番字牌乡小西天的日降雨量580毫米），暴雨造成824处山体滑坡、9处泥石流，冲毁房屋7502间，死18人、伤435人。

为彻底解决北部山区人民遭受重大自然灾害后的生存问题，密云县委、县政府曾几次实行将遭灾村和危险村居民迁移到平原地区的方案，以免除危险地区人民的后顾之忧。同时，也将密云水库近水周边受水库涨水威胁较大的几个小山村迁离危险区。十里堡乡（镇）配合县委、县政府的移民工作，多次接收安置灾区、险区的移民。

十里堡乡（镇），自1989年至2003年间，先后21批次接收了23个受灾村、危险村的208户543口人的安置工作。具体情况如下：

1989年，第一批接收了冯家峪乡、番字牌乡和石城乡遭受泥石流灾害的灾民13户50口人。

1990年，接收了四合堂、石城两乡灾民9户38口人。

1991年，接收了四合堂、冯家峪两乡遭受泥石流灾害及受密云水库涨水威胁的灾民9户39口人。

1992年，接收了石城乡受泥石流灾害的灾民10户19口人。

1993年，接收了石城乡、四合堂乡受泥石流灾害的灾民8户17口人。

1995年，接收了冯家峪、番字牌两乡遭受水灾和泥石流灾害的灾民9户19口人。

1996年，接收了石城、番字牌两乡遭受水灾和泥石流灾害的灾民28户51口人。

1998年，接收了番字牌乡遭受泥石流灾害的9户15口人。

2000年，接收了不老屯镇和石城乡因受水库涨水威胁和山险威胁的10户28口人。

2001年，接收了石城乡受水灾、泥石流灾害的21户51口人。

2002年，接收了石城和冯家峪两镇受泥石流灾害的66户181口人。

2003年，接收了石城镇受泥石流灾害的16户35口人。

十里堡乡(镇)属各村，在多年多批次接收灾民过程中，都是按照乡(镇)政府布置安排，妥善做好了迁入灾民户的相关工作。

靳各寨村是接收灾民最多的。自1992年至2002年，该村先后接收了石城乡（镇）的二道河、张家坟、西湾子，四合堂乡的莫岭沟，番字牌乡的司营子、北化岭、石湖根，冯家峪乡的朱家峪等受水灾、泥石流灾害和山体危险区的9个自然村的灾民、险民89户162口人。

十里堡村两批次接收了冯家峪乡的北化岭和石城乡的北对峪、贾峪3个村的灾民6户19口人。

河漕村两次接收四合堂乡的白庙子、石城乡的二道河和冯家峪乡的北化岭、西仓峪等 4 个村的灾民 8 户 35 口人。

双井村 1990—1993 年 3 次接收四合堂乡的灾民 3 户 13 口人。

杨辛庄 2000 年 2 月至 2002 年 9 月间，接收了不老屯镇的杨各庄、阳坡地和石城乡的郎房峪、对家河、贾峪等 5 个村的灾民、险民 34 户 99 口人。

岭东村 2002 年接收冯家峪镇、石城镇的灾民 30 户 90 口人。

程家庄 1989 年接收石城乡受水库涨水威胁的险民 2 户 10 口人。

清水潭村 1989 年和 2001 年两批次接收了番字牌乡和四合堂乡的灾民 12 户 48 口人。

统军庄 1990 年和 2003 年两批次接收了石城乡的二道河子、红星两村的灾民 24 户 67 口人。

15 年间，以上 9 个村先后接收了 23 个村的灾民 208 户 543 口人。每迁入灾民户，接收村要拨给迁入灾民每户 0.25 亩宅基地和每人 0.9 亩口粮田。这样，9 个村就要为灾民迁入“拿出”宅基地 52 亩，“拿出”口粮田 489 亩。但每次灾民迁入，村民都是热情帮助，和谐相处。灾民定居后，无论是村内供水、供电、清洁、能源，以及一切福利项目，都与原村民相同待遇，这让迁入灾民户满意定居在祥和的十里堡镇属诸村。

十里堡镇域，曾于 1958 年首次接收安置密云水库移民。1989 年以后，又持续 15 年、多批次接收了密云北部深山区 5 个乡（镇）的灾民。为此，十里堡镇先后共“拿出”土地 5983 亩，以供迁入的移民定居生活。长期、多次接纳灾民，体现了十里堡人民为政府分忧、为国出力的奉献精神和对迁入移民兄弟的深厚情谊和无私爱心。

上述情况，请参见表 6–5 所示。

表 6-5　各村接收受灾村的户数和人口一览表

接收村名称	迁入灾民原籍乡（镇）村名称	时间（年月）	户数（户）	人口（口）	原因
十里堡	冯家峪乡北化岭	1989.11	4	12	泥石流
	四合堂乡北对峪	1989.11	1	4	泥石流
	石城乡贾峪	1993.8	1	3	泥石流
河漕	四合堂乡白庙子	1991.9	1	4	泥石流
	石城乡二道河	1991.11	2	9	库水淹
	冯家峪乡北化岭、西仓峪	1991.11	5	22	泥石流
双井	四合堂乡	1990.9	1	6	泥石流
	四合堂乡	1991.6	1	4	泥石流
	四合堂乡	1993.7	1	3	泥石流
杨辛庄	不老屯镇杨各庄	2000.2	1	2	库水淹
	不老屯镇阳坡地	2000.7	9	26	山险区
	石城镇郎房峪 对家河、贾峪	2002.9	24	71	泥石流
岭东	石城镇	2002	18	54	泥石流
	冯家峪镇番字牌	2002	12	36	泥石流
程家庄	石城乡	1989	2	10	库水淹
清水潭	番字牌乡	1989	6	24	水灾
	石城乡四合堂	2001	6	24	水灾
统军庄	石城乡二道河子	1990	8	32	泥石流
	石城镇红星	2003	16	35	泥石流
靳各寨	番字牌乡北化岭	1992.6	10	19	泥石流
	石城乡张家坟	1993.6	6	11	泥石流
	冯家峪乡朱家峪	1995.3	1	3	水灾
	番字牌乡石湖根	1995.10	8	16	泥石流
	番字牌乡司营子	1996.4	2	3	水灾
	石城乡西湾子、张沟门	1996.7	24	44	泥石流
	石城乡莫岭沟	1996.8	2	4	泥石流
	番字牌峪河	1998.3	9	15	泥石流
	石城镇二道河	2001.9	15	27	泥石流
	石城镇北对峪	2002.6	12	20	泥石流
合计	23 个村		208 户	543 口人	

“郊区中心镇”建设

郭德昌

2001年，根据京政办发〔2001〕8号文件精神，经北京市人民政府批准，密云县十里堡镇被列为北京市“郊区中心镇”建设区域之一。

增加城镇居民常住人口

2001年，十里堡镇被确定为“郊区中心镇”后，第二年始，镇里便采取措施增加城镇人口数量。一方面，将临京承高速路匝（zā）口较近的王各庄村458户1029口人，由农业户口转为非农业户口（农转非），村民委员会转制为社区居民委员会。另一方面，进行住宅楼开发建设，以此吸纳外来人口迁籍入住。居民入住后，即以行政建制设立社区居民委员会。“明珠花园”、“博世庄园”和“赏星悦木”三个居民住宅小区，吸引京城及外来省份常住居民4600人。加之，1993年转制的燕落寨社区和2003年转制的王各庄社区居民及双井村农转非的人口，截至2017年，全镇共有城镇居民户籍人口9476人，城镇户籍人口占农业户籍人口12336人的76.8%。此外，还有外省籍来此经商和在工业开发区务工的流动人口1145人。至此，镇域内常住总人口达到21812人。

根据1984年国务院批转民政部《关于调整建镇标准的报告》的规定：总人口在2万以下的乡，乡政府驻地非农业人口超过2000人的可以建镇；总人口在2万以上的乡，乡政府驻地非农业人口占全乡人口10%以上的，也可以建镇。综合上述两项人口数量标准，十里堡乡均已达到并超过此标准。

完善城镇基础设施功能

为了加快郊区小城镇建设步伐，十里堡镇党委、政府积极完善镇域基础设施建设，全方位打造城镇社会化功能。

改善镇机关办公条件 为了顺应郊区中心镇建设，改善镇机关办公条件和环境，2001 年新建政府机关办公楼。原镇政府机关设在十里堡村西，办公场所是南、北两座陈旧简陋办公楼。其中，北侧楼是建于 20 世纪 70 年代初的“单匹式”两层简易楼，无法适应招商引资工作和现代化办公条件。镇政府在京密路北侧建成 5 层办公楼，总建筑面积为 6060 平方米。功能设施较为完备，以适应现代化办公需要。

保障供水用水 十里堡地区水井少、水井水位浅，随着社会发展和工业企业不断增加，缺水问题日渐凸显出来。2002 年，镇政府租用靳各寨村土地打了 5 眼深水机井，建起供水厂，除解决镇域集体企业用水困难，还解决了镇属隆源工业园区、镇政府、学校及其他社会团体的供水问题。

构筑交通网路 十里堡镇凭借位临高速路、101 国道、西统路优势，对镇域内重点企业、社会单位、村庄社区间的道路，通过进行规划布局、改线新建、改善拓宽等措施，使工业园区、社会单位、村庄和社区的道路与国家级公路、县（区）级公路衔接，形成镇域内四通八达的交通网络。

打造靓丽“风景线” 绿化、美化镇村社区、公共场所及道路，向社会展示美好形象。2002 年明珠花园住宅区居民入住后，在小区公路北侧建成“明珠生态休闲公园”；园内花木葱郁，健身器材应有尽有。2014 年，根据十里堡镇是密云“西大门”的区位特点，对 101 国道十里堡段两侧进行粉刷墙面、修建围栏、栽植花草等美化绿化工程。栽植草本花卉 28 万余株、建设文化墙 3100 米、景观篱笆墙 8100 米、粉刷外立面 5.7 万平方米、修建公园 3 处。同时为提升密云经济开发区 B 区的周边环境，在水泉、杨辛庄、红光三村路西按照统一标准垒砌花墙 5200 米，硬化路面 14800 平方米，实现“一村一景”，使水杨红西路成为开发区四期一道靓丽的风景线。

全镇完成平原绿化造林工程 1122 亩。杨辛庄被评为北京市绿色村庄，河漕被评为密云区绿色村庄，朝凤园和峰顺康公司被评为密云区花园式单位，王各庄成为密云区“菊海漫游”旅游经典线路的起点，十里堡全镇呈现出优美的生态田园景观和独具特色的乡村风貌。

拓展中心镇建设规模

郊区中心镇从规划到实施建设，是一个循序渐进的发展过程。十里堡镇是密云对外的门户区、桥头堡和密云城市的形象区，其紧邻密云新城和经济开发区，经过十多年的建设和发展，现已经承载了部分城市功能。十里堡镇已经成为密云新城的战略储备区，是下一轮城市扩张的优先发展区。

2013 年镇党委、政府超前谋划、提前部署、对接目标，谋求新型城镇化发展，通过积极申报，市政府专题会原则同意对“潮白河”以北、G101 国道以南的王各庄等村（居民社区）纳入北京市棚户区改造计划，正式被列为北京市新型农村社区建设试点。其中，2014 年王各庄被列为北京市首例在远郊区县集体土地上进行“棚改”的试点项目，并于 2017 年启动旧村改造工程，两年内社区居民将搬入住宅楼，标志着昔日曾为农民的生活方式开始融入城镇居民化的生活方式。

开放党支部列入国家改革试点

2018 年，根据《国家标准委办公室关于开展第三批农村综合改革标准化试点项目申报工作的通知》（标委办农〔2018〕55 号），北京市密云区十里堡镇被列为国家“农村综合改革标准化试点项目”。试点项目范围为京津冀地区及山西省，其中北京市仅有两个试点乡镇单位，而十里堡镇即为其中之一。

试点内容与目标为：深入推进党建新模式，以开放党支部建设为载体，不断提升基层党支部标准化建设；打造“开放党支部”，着力实现“阵地开放、活动开放、工作开放、评价开放”目标。

在建设措施上，投资1500万元，建成占地2万平方米的党建园地，接待全镇各村及密云区直属部门机关党组织主题党日、参观学习等活动3000余人次；完成12个村3个社区的“三室两中心”建设，三室即村民活动室、图书阅览室、谈心谈话室，两中心即党群活动服务中心、便民服务中心，全天开放，让党员群众走进支部；开发“党群家园”手机aPP，拓宽党员群众和支部的诉求渠道；定期组织“支部开放日”活动，解决群众提出问题500余件，得到了党员群众的高度认可，增强了党支部的服务功能，拉近了党群距离。

在引领推广上，在清水潭村召开全镇党支部规范化建设现场会，提出建设步骤、规模标准、完成时间，努力提升全镇“开放党支部”规范化建设水平。

“开放党支部”的打造和各项活动的深入开展，促进了乡村综合治理水平的逐步提升，取得了积极成果。2018年10月，十里堡镇党委正式获批全国第三批农村综合改革标准化试点，成为全国唯一以党建引领乡村治理的标准化试点单位。

生态文明村建设

郭德昌

2003年，密云县启动创建全国文明县活动，十里堡镇申报争创县级文明村镇，开展以提高农民整体素质、进行环境卫生治理、为群众办实事为主要内容的创建活动。

提高农民整体素质

当代农民中有许多是从旧社会过来的人，也有相当一部分是新中国成立之初出生的人，所表现出来的文化素养参差不齐。培植农民素养，提高农村社会文明程度显得逾来逾重要。20世纪80年代在全国开展“五讲四美三热爱”活动，起到了积极作用。此次在农村开展文明村创建活动，动员乡村人力、财力、物力清除弊端，大兴农村文明之风。在创建活动中，各村利用主要街道宣传墙、文明宣传栏等，宣传文明提示语、文明市民标准、文明歌谣等内容。广泛开展十星级文明家庭、生态文明村和平安村镇创建工作，形成讲文明风气。同时开展科技、文化、卫生、饮食等知识普及、“益民书屋”读书等活动，向村民灌输公民道德意识。为提高镇、村干部的综合素质，加强干部作风建设，努力营造良好政务环境。镇党委、镇政府请来礼仪专家为全体机关干部作了现代公务礼仪知识讲座，效果明显。因而在组织村民参加密云县“健康示范村健康科普知识竞赛”中荣获一等奖。镇政府还荣获北京市读书益民工程领导小组颁发的“五星级书屋”称号。清水潭、靳各寨的文艺爱好者参加密云县“共筑中国梦 讴歌生态富裕和谐美丽新密云”系列文化活动及密云县“五月的鲜花”合唱大赛，荣获农口组二等奖。

依法治理环境卫生

十里堡地区地处平原地带，每年秋后，人们在村街道、胡同、家院、村头，到处堆积玉米棒秧、秫秸、奓（zhà）头、柴草，以用作燃料做饭或取暖，形成卫生死角。

20 世纪 80 年代中期后，农村私搭乱建侵占街道现象和违法建筑逐步增多，在此次开展文明村创建中，开展清除卫生死角和解决污染源问题。镇政府统一建立起卫生保洁制度，并要求各村每百户设 1 名保洁员。2013 年，镇政府投资 240 万元，新增专职保洁员 60 名，新设地下垃圾大箱、垃圾桶 90 个。实行垃圾桶密闭收集，镇村定期清运，且无暴露垃圾。2014 年强化村级保洁员队伍建设，将环境卫生纳入网格化管理，比如王各庄社区北口处有三处违章建筑，镇村严格执法进行拆除。为防止“死灰复燃”，镇政府投资 300 万元，将拆违遗留区扩建成一个休闲公园，种植花草树木，修建健步小道和凉亭，为居民提供了休闲娱乐的场所，既维护了拆违的成果，又提升了地区环境建设水平。此外，另有三个村也在村内建起公园，公园绿化面积

十里堡镇某村清洁队员在打扫卫生

3.4 万平方米。

努力为群众办实事

脚踏实地为村民谋利益、促发展，这是镇党委、镇政府在文明村创建过程中的重要举措。为着力保障和改善民生，成立了全市首家镇级爱心救助协会，帮助全镇 247 户低收入群体提高收入。积极救助弱势群体，发放各类救济款 400 余万元。针对京密路十里堡路段雨季内涝积水的问题，镇政府积极争取市、县资金，解决了困扰多年的中心镇区及京密路两侧雨水排放难题。双井、燕落寨、十里堡、河漕、庄禾屯等村（居）人们雨季出行安全得到保障。

多年来，镇党委、镇政府每年都做好计划，列出拟办实事项目。2017 年政府扶持 79 名大中专学生就学，扶持金额 15.5 万元；努力安排城乡劳动力就业 456 人，办理灵活就业 158 人；开发公益性就业岗位，招聘各类协管员 40 人；为 5148 户农宅和 6467 户燃气用户投保。

2009 年，庄禾屯等 4 个村被首都精神文明建设工作委员会办公室命名为“首都文明村”。岭东等 9 个村被密云县精神文明建设工作委员会办公室命名为密云县文明村。其中，庄禾屯村在创建文明村活动中，连续三年被评为市、县级“文明村”及“首都文明示范村”，并被评为“全国创建文明村镇工作先进单位”。

2011 年，十里堡镇荣获“首都文明乡镇”荣誉称号。

2016 年，水泉、杨辛庄、红光作为“美丽乡村”建设试点加以推广，全镇 12 个行政村分为 4 批全面进行建设，在新农村建设成果的基础上，对村庄进行重新规划、布局、建设，以提升村庄整体景观形象，打造成为“看得见山、望得见水、记得住乡愁”的美丽乡村。

2017 年，河漕、清水潭、靳各寨村通过验收，被评为北京市“美丽乡村”。

新农村建设

郭德昌

早在20世纪50年代，国家就曾提出社会主义新农村建设（简称“新农村建设”）发展目标。进入21世纪初，按照密云县部署，十里堡镇开展了以提高农民生活水准为目标的新农村建设。通过对农村道路拓宽硬化绿化、电力低压整改、改水改厕、煤改电、抗震节能住宅等基础设施建设，提升农村整体环境质量。其中，公益建设项目，由市县（区）给予政策性资金补贴到村；村民家庭建设项目，给予政策性资金补贴到户，以此提升农民生活质量。新农村建设极大地推动了农村现代化发展进程。

街道村路　整修硬化

村街　早先十里堡地区的村庄街道都是沙土路，无排水设施，风天沙尘弥漫，雨天泥泞难行。1958年修建水库移民新村时，按规划建设排子房，建成一批街道笔直整齐的村庄。但街道还是土路，无排水沟，阴雨天人们出行仍是两脚泥。20世纪90年代后，河漕、庄禾屯等经济条件较好的村，开始对街道进行规划改造、硬化、修建边沟，改善了道路状况。2005年全镇14个村均对村内主街和主要胡同道路进行了硬化。水泉、杨辛庄、红光三个村是第二批水库移民村，镇政府将三个村的西路路面全部硬化。靳各寨新修街坊路13179米，统军庄和清水潭铺设雨水管道4154米，新建排水边沟长3192米，道路沥青硬化17571平方米。至2017年，全镇整理村内街道50条，修建排污水沟2.7万米。

村路 在启动新农村建设之前，全镇村级道路狭窄、凸凹不平，且尘土飞扬。2006年起实施“村村通”工程，各村（居委会）按照镇里规划与技术要求，认真组织施工，使村路得到拓宽、复平、硬化，村路与公路衔接，实现了“村村通”。至2007年，全镇共修建村级道路78条。2012年修建了庄水路、水杨红西路，以及清水潭、程家庄进村路，程家庄工业区进区路，十里堡老政府街路和王各庄就业园区路，共7条村级公路，方便了群众出行。2013年启动双井、王各庄、靳各寨等村（居委会）道路升级改造工程，硬化路面1.7万平方米。2016年全镇投资2625万元，用于村庄排水排污、道路硬化工程。其中，实施统军庄休闲产业带和庄禾屯村周边基地设施提升工程，铺设景观道路8条，使景观效果更具田园特色。

提升电力　燃煤改电

低压改造 20世纪60年代初，电力开始输送至十里堡地区，在河漕村安装第一台变压器。随之，各大队开始配套电动机带动机井扬水、电碾、电磨等。社员家里开始安装电灯，结束了世世代代点油灯或摸黑过日子的历史。

因为电力紧张，20世纪70年代经常出现停电现象，20世纪80年代电视机、电风扇、洗衣机等小家电逐渐进入家庭，推行“一户一表”“电表上杆”，较好地解决了用电吃“大锅饭”问题，实现合理收费。随着电冰箱、空调等家用电器逐步增多，原有的线路不能承载负荷，进而实施“低压整改”措施，对于缓解电力不足起到了一定作用。进入21世纪，十里堡地区变电站的供电范围不断扩大，电力负荷量仍较为紧张。2006年完成统军庄110kV变电站建设工作，大大缓解了镇域供电紧张的局面。随后各村对主街和出行村路装了太阳能路灯。2013—2014年，进行镇域农村电网升级改造，完成650户阶梯式电价电表换装工作，使1800多名群众直接受益。

煤改电（气） 旧时人们冬季靠“火盆”取暖，盆内烧玉米胡儿或木炭。

20 世纪 70 年代后改生煤火炉，80 年代末大多人家烧“土暖气”。随着新农村建设的开展，为减少燃煤对大气的污染，2016 年起在农村推行以燃煤热能改为电力热能的取暖工程。2016—2017 年，完成水泉、杨辛庄、清水潭、靳各寨、岭东、统军庄等 6 个村“煤改电”2911 户，其中有 4 个村 2664 户为“煤改气”工程。同时还改造了集中供暖锅炉 3 台 26 蒸吨。这些“煤改电（气）”的村民家庭开始进入清洁取暖、低碳生活的新时代。

改水改厕　保护水源

改水改厕　新中国建立前，十里堡地区内的村庄人畜饮用水均为井水，一般大村庄都有一至两眼水井。人们用辘轳从井底往上拉水，肩挑水桶到家里，不仅费力气，而且很不卫生，夏季有许多柴草、泥土、粪便随着雨水流入井水内。

20 世纪六七十年代，通过撒“漂白粉”提高水质。随着电力输入村庄后，通过抽水机将井水扬程蓄入水塔内，水塔外壁装置水龙头开关操控，人们肩挑水桶或用手推车挂桶到此取水，从而结束了辘轳打水的历史。

70 年代后，各大队陆续开始铺设地下输水管道，将水由水塔、水池引出，输送到各家各户，人们开始用上了自来水。也有人家在院落内自己打井，利用压水机抽水。2002 年镇政府建起供水厂，解决了镇域内缺水供水问题。

在新农村建设中，安装智能水表 2015 块，实现自动节水控制和水质提纯标准，确保村民饮用水安全。2013 年镇政府投资 800 万元，完成庄禾屯、王各庄、程家庄、十里堡、河漕 5 个村（居）饮用水管道改造提升。2014 年政府投资 30 万元，解决燕落寨居民饮水难问题。2017 年，清水潭和岭东村各打井一眼，保障了村民饮用水的有效供应。

新农村建设按照统一环保标准进行传统厕所改造，安装陶瓷材质、具有冲水功能的便池。至2017年，全镇有5346户村民家里建成环保厕所。同时各村按照技术规范要求，建造1到2处公共厕所，改变以往传统简陋或无公共厕所的状况。

保护水源 为强化首都水源基地保护工作，2016年对禁养区的规模化养殖问题进行治理，对镇域内各养殖场（区）的猪、牛、羊等畜禽进行一一清点和登记、清退。镇域禁养区内的家畜禽规模化养殖场（区）全部关停，清退9个村的30个养殖场（小区） 178 家养殖户，涉及畜禽8.7万余头（只）。

农宅改造 抚助安居

农宅改造 新中国建立前，农村居舍大致分为草房、土房、瓦房。多数人家住草房、土房，也有的搭窝棚或临时简易房度日，还有的人家无房住，靠“串房檐”，租或者借别人家的房住。土地改革运动后，无房户才分得房屋有了安身之处。新中国成立后多数人家开始陆续将草房、土房改建成砖瓦房。进入20世纪60年代，十里堡地区人民基本告别了草房或土房。改革开放以后，人们的住房标准逐渐提高。

进入21世纪，政府推行新农村建设，由政府补贴对民房进行两项节能改造工程。

——外墙体保温改造。2012年起推行外墙体保温工程，利用具有保温性能的材料通过技术处理固定在房子外墙上，冬季普遍可提高4～6摄氏度，平均室温达到15摄氏度左右。2012年至2017年，全镇有4650户村民家做了外墙体保温，提高了传统农舍冬季御寒的能力。

——抗震节能改造。为提升农民住房质量标准，2013年起，在农村进行抗震节能改造工程。至2017年，全镇有4389户村民家完成了抗震节能改造工程。

抚助安居 1995年开始，民政部门对优抚对象和农村社会救助对象进行危房改造，实施了优抚安居工程。

——优抚对象危房翻建。镇域内具备优抚条件者，均享受危房翻建（维修）或购买新房待遇。政府给予补贴资助，每户最高补助5.4万元。

——社会救助对象危房翻建。镇域内符合条件者，均可获得房屋翻建、修缮或购买方式救助。翻建房屋户最多补贴4.5万元。

公益设施 服务于民

在新农村建设中，镇属各村对办公场所、公共设施进行了改造翻新，以适应现代化办公条件和居民生活的需要。

——办公场所设施建设。20世纪50年代的农业合作化时期，多数村没有集体办公场所，村干部办公一般在家里。60年代，各村建立生产大队和生产队后，大队开始设立办公场所，称“大队部”或“小队部”。80年代到90年代，村集体办公场所改善程度不大。直至21世纪后，村集体办公场所纳入新农村建设，各个村委会都不同程度地修缮办公场所，有的村还建了办公楼。2017年，十里堡镇政府投资240余万元，对各村（居委会）办公场所进行室内外装饰，更新计算机等办公设施。

——文化体育卫生设施。至2017年，全镇14村（居委会）均建起文化大院、数字影院、益民书屋；每个村（居委会）建起篮球场和健身场，并装置了健身器材；修缮了村卫生室和建成了阳光浴池。这些公益设施的兴建，进一步丰富了农民的业余生活，并提升了生活水准。

新农村的建设过程及其取得的巨大成就，使人们由衷地感受到了社会主义制度的优越性，并从中体会到了新时代新生活的获得感和幸福感。

户外党建园地

郭克喜

十里堡镇程家庄户外党建园地于2018年6月建成，位于村庄西部，它是密云区最大的户外党建基地，也是一处景观和公共设施。

治理环境建园地

程家庄村西有一条自北向南的村边小路，路长1000多米。原来路边有两个废品回收站和一处羊圈。周围生活垃圾、建筑垃圾随处可见，并且越堆越多，使得本来不宽敞的小路越来越窄，坑坑洼洼。天热时蚊蝇飞舞，气味难闻，严重影响村里环境，给村民生活和出行造成了一定影响。

2017年年底，按照密云区委、区政府环境治理专项行动要求，十里堡镇对该地进行集中清退，动用机械清理10天，清理垃圾7000多立方米。

2018年年初，对程家庄村西进行了整体改造绿化，原计划在此地建设村民休闲娱乐健身公园。此时，密云区委组织部正在推进开放党支部规范化建设，程家庄党支部是密云区和十里堡镇的先进典型，又是北京市村级“五好党支部”。因此区委组织部就以十里堡镇为试点，由区、镇、村三级共同打造程家庄户外党建园地。园地设计和建设同时兼有休闲娱乐健身的功能。

园地内设施建设

建设户外党建园地投资800万元，占地面积2万多平方米。北至101

国道，东与村庄相连，南与庄禾屯地界接壤，西至杏树地。

园地建筑主要设施如下：

在党建园地的西北角有一块高7米的“十里堡镇程家庄户外党建园地”指示牌。

党建园地中心矗立着一座大理石碑，高3米、底长3米、顶长2米、宽1.3米。石碑的北面刻有金光闪闪的党徽和“党建园地”4个红色大字，石碑的南侧刻有红字的入党誓词。

程家庄户外党建园地一角

石碑的北面有一个程家庄村党务村务财务公开栏。公开栏是不锈钢金属板盖顶，立柱和玻璃窗框都是不锈钢材料制成。党建园地纪念碑北侧还有许多直径45厘米、高40厘米的圆形大理石墩，供人们休息之用。

党建园地的西侧是1000米长的金属围栏，围栏上有社会主义核心价值观展板13块、党的十九大宣传标语展板13块、中国梦展板13块。

在党建园地边墙上有中国共产党党史辉煌成果展板17块、区情镇村史展板21块、党风廉政政策展板22块、民族文化展板48块。在党建园地中间，与村路并排，建设有一条长1000米的人行步道，步道路面成红色，与党旗颜色相近，与公园主题色统一和谐。

园地中铺设绿化草坪1500平方米，种植银杏树70棵，绿化景观树2000多棵，安装了太阳能景观灯20盏。

党建园地展示内容

党建园地所展示的内容共分6个版块、147块展板。展板红木围框，分为长方形和扇形两种，排列整齐有序。所展示的内容有：

一、中国共产党党史版块（共17块展板），分为6个部分介绍了党的发展壮大过程。

1.1921年中国共产党第一次全国代表大会在上海法租界望志路106号开幕，宣告了中国共产党成立。

2.1949年10月1日，毛泽东主席在开国大典上宣布中华人民共和国中央人民政府成立，标志中国人民从此站立起来。

3.1956年，中国共产党第八次全国代表大会宣布，社会主义制度在我国已经基本建立起来。

4.1978年12月，党的十一届三中全会胜利召开。全会作出把党和国家工作重心转移到经济建设上来，开启了我国改革开放和社会主义现代化建设历史新征程。

5.2017年10月，中国共产党第十九次全国代表大会，确立了习近平新时代中国特色社会主义思想的历史地位。

6. 中国共产党领导中国人民取得的“复兴”号高铁、“辽宁”号航空母舰等辉煌成就。

二、密云区、十里堡镇情版块（共21块展板），分两部分：

1. 密云区情展示内容，记述了公元前283年始建渔阳郡到公元2017

年密云发展的历史。

2. 十里堡镇情展示内容分为：

（1）记述了十里堡镇土地、人口和党组织建设等基本状况。

（2）红色之地——岭东，仅在 1947 年，全村百十户人家，有百人参加解放军，有 30 多人在解放战争和抗美援朝战争中牺牲。

（3）十里堡地区蓬勃发展的现代农业和十里堡镇规划区影像图。

三、党风廉政建设版块（有展板 22 块）。主要内容有：

1. 习近平总书记关于全面从严治党的重要论述。

2. 纪检监察历史沿革；纪委的性质、任务和职责。

3. 毛泽东、周恩来等老一辈无产阶级革命家立党为公、清正廉洁等内容。

四、社会主义核心价值观版块（共 13 块展板）。内容是富强、民主、文明、和谐，自由、平等、公正、法制，爱国、敬业、诚信、友善。

五、党的十九大图解版块（共 13 块展板）。主要内容有：

1. 新时代，新征程。

2. 新时代中国特色社会主义思想，明确了 8 点内容。

3. 学习十九大，珍爱和平，迈向新征程。

4. 同心聚力，砥砺前行，继往开来等。

六、民族文化版块（共 48 块），图文并茂讲述了如下内容：

1. 对我国古代传统文化，即仁、义、礼、智、信，温、良、恭、俭、让作出诠释。

2. 共建和谐村庄，百善孝为先及“新二十四孝”内容。

党建园地初见成效

程家庄户外党建园地宣传党的历史，传承红色基因，展示党组织为人民服务的成果。引导党员、群众爱党、爱国、爱家乡，不断增强党组织的凝聚力。

一、园地展示的内容有教育意义，它是密云区最大的户外党建基地。截至 2018 年 10 月，党建园地共接待全镇各村及部分区直机关党组织和党员主题党日、参观学习、重温入党誓词等活动 1530 人次。

十里堡镇机关党员宣誓活动现场

二、户外党建园地也是青少年爱国教育基地，对青少年儿童进行思想教育的场所。2018 年夏的一天，庄禾屯村的一对老夫妇带领小孙子来参观，爷爷指着毛主席像告诉孙子："就是这位毛爷爷，他为人民谋幸福，他是人民的大救星，你可要记住啊！"小孙子点了点头。

三、户外党建园地使村庄的美化、绿化、亮化提升了档次，也是新农村建设的一个亮点。同时这里还是附近人们的休闲娱乐场所，人们在健身散步的同时，又受到教育，两者兼得。

第七部分

往事纪实

革命烈士，武术名家，乡村医生，“北京孝星”等人物事迹，是对十里堡人民精神品格的最好诠释。

国道公路、县乡企业、经济开发区、潮白公园等征用了大量土地，体现了十里堡人民的无私奉献精神。

高速公路建设工地场景　（郭德昌 提供）

红色的岭东村

陈奉生　王万坤

岭东，密云西北部一个小山村，村庄始建于明朝初期。它东临白河，西接石城云蒙山区，北连古关石塘路，南通密云县城。由于地势地形的关系，岭东村东的白河上下十几里只有此处一个渡口，抗日战争时期是连接潮河东承兴密根据地与白河西丰滦密根据地的重要通道。

抗日早期　建立党组织

在抗日战争时期，岭东村的周围，如东面的董各庄，南面的溪翁庄，北面的马营、石塘路，都有日本鬼子的据点。1940 年 4 月，以白乙化为团长的八路军晋察冀军区步兵第十团开进了密云县界，在白河两岸、云蒙山一带建立抗日革命根据地。当年 6 月，建立了中国共产党领导的丰滦密联合县政府。以白河两岸为中心，展开了有组织的群众抗日活动。为了便于领导，当时把密云县分成了 4 个区。岭东村属第二区，区长李昨非，区委书记李昌。岭东村西面不远处是王庄、石城等村，因此岭东就成了丰滦密抗日根据地的前沿阵地。日本军队及伪军一拨接一拨地对岭东以西的村庄和根据地进行“讨伐”。他们每次“讨伐”，不是抢粮抢物，就是杀人放火、强奸妇女，无恶不作。面对日寇的烧杀抢掠、强盗行为，岭东人民在中国共产党领导下，展开各种形式的斗争。

1940 年夏天，区委书记李昌来到了岭东村，找到了王春良、王凤德、王化南，并把他们发展成中共党员，同时建立了党支部。其中，王春良任书记，王凤德任组织委员，王化南任宣传委员。尔后李昌说："你们三个就正式加入了中国共产党，没有预备期，你们就是村里党的核心组织。"后来很快又发展了第二批党员，有王克礼、王建田、王庆华、王长贵、王良臣及第三批党员王建学、王建国、王化育等。

党支部的主要工作是发动群众积极抗日，监视汉奸的一举一动，一切活动都要秘密进行。自从有了党的领导，就有了主心骨，他们按照上级的指示，组织一些抗日活动。同时，向根据地送情报及运送军粮、军鞋、食盐等物资，并动员青壮年参加八路军抗日游击队。

不屈不挠　坚持抗日斗争

抗日战争时期，日本鬼子在离岭东村西北12华里的马营、石塘路建立据点后，要求附近村庄每日都要给他们送情报，报告八路军游击队的活动情况。为了配合抗日游击队的对日作战，在区政府的严密组织下，给日军传送假情报。送情报时，一般都选年龄较小，又很机灵，胆大心细的人去。王继荣、王家恩和其他儿童团员都送过这样的情报。王家恩回忆道：有一次往马营送情报，日本鬼子看了情报字条后，诈他说这是假的，拔出刀来就要杀他，他放声大哭。日本人一看，认为这么胆小的孩子可能不会说假话，再加上旁边的人也为王家恩说些好话，日本鬼子才放他回家。

一次，时任岭东村第一任中共支部书记王春良，委员王凤德、王庆平等通过内线人员获得了日本兵的换防时间和必经路线，他们将情报送到县大队和第十团指挥部。第十团和县大队根据他们的情报，在清水潭小南峪布置了伏击战。此次战斗全歼日本兵和伪军换防人员，战斗的胜利鼓舞了抗日军民，在密云历史上称为"清水潭战斗"。

第二天，日军直奔岭东村，将全体村民集中到村东边的大庙里，架起机枪直指村民，审问并让交出村里知情人员。村民不说，残无人性的日本兵和伪军就用棍子打、灌辣椒水、枪托砸等办法，折磨村民，可村民宁死不屈。日军恼羞成怒，烧死一个村民，烧毁村民房屋，砸毁村民的锅、水缸、瓢盆，还带走了十几个青壮年去日本做劳工。此次劫难以后，村民们的生活愈加悲惨。

日军还在岭东村东北面的白河上建起了一座大桥。桥修得很宽，可以行走汽车，方便日本鬼子运送物资。修桥的时候，日军还在岭东村南面娘娘庙山上建了一个炮楼，每天都有日本警备队的小队长带着伪警来桥上视察、监工。修桥的劳工稍有怠慢，不是打就是骂。有一天，两个八路军装扮成修桥的民工，在桥上和劳工们一起铲土。不一会儿，警备队小队长和另一个警备队员扛着枪大摇大摆地走来。他们上了桥，走到劳工中间，东瞧瞧西看看。就在这时，两个便衣八路军把铁锨一扔，用手枪分别顶在了他们的后腰。小队长怕得要死，连忙说：我有钱，我都给你。八路军不为所动，砰砰两枪将其打死，顺手抄起他们的两杆枪，很快就从岭东村后跑到云蒙山里去了。

还有一次，有两个伪军的散兵游勇，跑到岭东村抢衣物、抢粮食，且嘴里不干不净，骂骂咧咧。村民们非常气愤，都拿着锄镰镐杖跑出来，把两个散兵围住。这两个人仗着有枪，不仅没有求饶，反而更加穷凶极恶，还要向村民开枪。村民们手疾眼快，一拥而上，把其中的一个摁倒在地，你一锨，我一镐，结束了他的生命。另一个一看不好，吓得屁滚尿流，逃之夭夭了。

在抗日政府和村党支部的组织下，村里抗日积极分子多次参加破坏敌人桥梁、道路、通信等设施活动，有 20 多人参加了八路军。

解放战争　村民踊跃参军

1945 年，中国人民经过 14 年的浴血奋战，赢得了抗日战争的胜利。

但是，硝烟还未散尽，蒋介石又掀起大规模的内战。解放战争时期，1947年8月，解放区政府组织了一次扩军活动，号召解放区的青壮年积极报名参军。当时的要求是，15岁至60岁的人都可报名参军。青年人身强力壮上前线，年龄大一些的在后方喂马、做饭、抬担架。岭东村当时有100来户人家，竟组织了103人参军。王万军一家三口（弟弟王万臣、儿子王家恩和他本人）同时报名参了军。还有一位妇女叫王兰云，当年她只有16岁，也主动要求参军。在炮火连天的前线，她抬担架、送弹药、救护伤员，样样都干得非常出色。

参军的100多人，由王景林和王春良带队，先开拔到了岭东西面的王庄村，经过简单的训练，后又开拔到大水峪，补充到了平北分区独立团的各个连队。这个部队于1947年年底升格为独立第七师，在辽沈战役和平津战役中打了很多胜仗。

这次扩军后，在村里的大街小巷，很少能见到青年人的影子。特别是在井沿旁边，原来打水、挑水的热闹场面不见了，却出现了弯着腰的老头、裹着小脚的老太太，或十来岁的娃娃抬水吃的场景。

这次参军的人，有许多人牺牲在战场上，有记录可查的有20余人。他们是王敏华、王化礼、王家福、王继宗、王德祯、王家惠、王家良、王化成、王化员、王景生、王万连、王家旺、王德禄、王建昆、王家恒、王化海、王富华、王续斌、王哲英、王家春等。对于只有百十户的岭东村来说，这意味着每五户人家就有一户父母失去了儿子，或妻子失去了丈夫、儿子失去了父亲。这些烈士和烈士的家属有许多感人的故事：

兄弟齐参军

王长印夫妇都已作古，可村里人都称他们为老烈属。他们有三个儿子，分别是老大王化成、老二王化圆、老三王化礼，哥仨都在1947年参加了人民解放军。老大王化成、老三王化礼的名字已镌刻在密云区烈士陵园“革命烈士英名录”中。老二王化圆到目前仍被列在解放军失踪人员名单中，他是在解放军南下广州时被国民党军队俘虏，而后一直无任何消息。

神奇炮手王续宾

王续宾，1927 年出生，1947 年参军，中共党员。密云县大队当时活动在县西康各庄一带。一天，驻守在密云城里的国民党第 13 军的一个连和部分伙会，正在河北庄村抢老百姓粮食。县大队获悉后，分路包围了国民党军，伙会们四处窜逃。国民党军连队抢占了河北庄的东山，在山上且有几挺机枪，居高临下，负隅顽抗。县大队几次强攻不能凑效。县大队长命令远在 8 华里之外的六〇炮手王续宾即刻赶到河北庄。待王续宾赶到后，总指挥命令他轰掉山顶上的敌指挥所。

王续宾用目视测距方法，确定了距离，调整了炮身角度，然后将炮弹装入炮筒。随着一声闷响，炮弹飞向山头敌指挥所，但炮弹稍有偏离。王续宾随即稍微调整了炮身角度，即刻第二发炮弹飞向敌军指挥所，只见敌指挥所的房子瞬间被炸得无影无踪。我军战士迅即冲向山头，国民党整编连队全部被消灭，伙会也被俘虏。缴获六零炮两门，机枪三挺及其他枪支弹药。

1951 年王续宾入朝作战，在文登里战役中英勇牺牲，时年仅 24 岁。

英勇善战的王哲英

王哲英，个子高，身体强壮，人长得非常帅气，好说笑话，人缘特别好。1947 年他入伍不久就赶上了攻打渤海寨据点的战斗。在追击敌人时，他跑得很快，一会儿就追上了一个扛着机枪的敌人。他趁敌人不备从背后夺过了敌人肩上的机枪，朝着敌人猛烈扫射，打得敌人狼狈逃窜。

朝鲜战争爆发后，他又参加了中国人民志愿军赴朝参战。赴朝时他已经是营长了。在一次战斗中，全营大部分都牺牲了，他的左臂也负了重伤。为了保存实力，他命令战友们撤下去，自己一个人顶着。战友们不肯撤，他大声地吼道：不撤，我就全毙了你们！战友们安全地撤下去了，他却永远地留在了抗美援朝战场的阵地上。

红色记忆　岭东的忠烈祠

新中国建立后，在村支部书记及大多数村民的倡导下，给为国捐躯的烈士们在玉皇庙的东殿堂里建立了忠烈祠。一进东殿堂的大门上方挂着门匾“忠烈祠”；进祠后，坐东面西有一尊神像，神像座下分两级南北向排着烈士牌位，牌位高 30 厘米左右、宽 12 厘米左右，牌位下面设有须弥座，上面顶端设有坡脊式牌顶，正面写某某烈士之位，左侧下款写有牺牲的时间和地点。地上正中放有直径 20 多厘米、高 50 多厘米的香炉一个。

每逢重大节日，村干部就会带领全村党员和村民进行敬奉和祭扫，平时也有烈士家属悼祭。50 来个灵位都是岭东村烈士，分别牺牲在抗日战争、解放战争和抗美援朝战争中。

密云县解放前夕，县政府在岭东办公一个多月时间，后从该村出发进城接受新生的人民政权。在此期间，有关领导都参拜过忠烈祠。

1958 年修建密云水库全村整体搬迁，庙宇拆除，烈士牌位也散落遗失。搬迁建成新村后，也未能恢复，成为岭东村的一大憾事，也成了岭东村永远的红色记忆。

有关十里堡地区的革命英雄名录，请参考附录《十里堡镇烈士名录》（如表 6–6 所示）。

附录：

十里堡镇烈士名录

战争年代，十里堡镇岭东村有多位烈士为国家献出了宝贵生命，其他各村也有很多先烈在抗日战争、解放战争和抗美援朝战争中为国尽忠，正是他们的流血牺牲才换来了我们今天的幸福生活。

现将有记录可查的烈士名单抄录如下，让我们及后人永远地缅怀他们：

表 6-6　十里堡镇英烈名谱

序号	姓名	籍贯	牺牲时间	牺牲地点	所在部队及职务
1	王纪宗	岭东	1943	密云香水峪	密云地区八路军第十团战士
2	王家良	岭东	1940	密云香水峪	密云县大队战士
3	晁计武	清水潭	1943	密云水洼屯	区政府干部
4	王井柱	东井峪	1942.10	密云小南峪	游击队战士
5	王井生	岭东	1944	密云香水峪	十团战士
6	王得珍	岭东	1944	延庆八达岭	十团战士
7	赵振林	清水潭	1939	密云白莲峪	十团战士
8	王敏华	岭东	1945.9	河北新保安	十团战士
9	吕东相	河漕	1944	密云三岔口	分区警卫营战士
10	彭光福	庄禾屯	1943.9	密云白莲峪	十团战士
11	王家来	岭东	1940.10	密云冯家峪	十团战士
12	王者兴	岭东	1948.12	密云大唐庄	密云县大队战士
13	王化成	岭东	1948	河北怀来	第七师战士
14	王建坤	岭东	1948	怀柔郑家庄	密云县大队战士
15	王德禄	岭东	1947.12	密云东智	第七师战士
16	张福昌	岭东	1948.1	怀柔渤海所	七师一营战士
17	刘增海	双井	1948.2	密云杨各庄	密云县大队三连班长
18	李本福	河漕	1949.4	辽宁赤城	65 军 193 师排长
19	张文兴	庄禾屯	1947.12	延庆四海	独立团战士
20	刘继青	清水潭	1949	密云不老屯	密云县大队班长

（续表）

序号	姓名	籍贯	牺牲时间	牺牲地点	所在部队及职务
21	于　斗	河漕村	1948.12	密云县城	排长
2	谷士发	清水潭	1946.4	通县西集	16 团 1 营战士
23	刘德山	清水潭	1946.4	密云水洼屯	民兵队长
24	王化礼	岭东	1946	顺义	22 团副连长
25	王建安	岭东	1948	怀来土木	第 7 师参谋
26	王加福	岭东	1948	庄禾屯	十团战士
27	王万连	岭东	1948	庄禾屯	十团战士
28	谢永忠	怀柔谢家庄	1947.7	怀柔桥梓	怀柔县大队
29	王加旺	岭东	1948	密云大唐庄	密云县大队战士
30	王加会	岭东	1948	河北唐山市	第 7 师战士
31	王贵臣	燕落寨	1949.3	——	42 军战士
32	廖银生	王各庄	1947.5	——	通讯员
33	王化海	岭东	1950.8	湖南安仁	46 军 159 师排长
34	王哲英	岭东	1951	朝鲜	66 军连长（立大功 1 次）
35	王加春	岭东	1951	朝鲜	66 军 202 师战士
36	王续宾	岭东	1951	朝鲜	排长（立大功一次，获有奖章）
37	李希元	河漕	1949.11	昌东县	48 军 2 大队战士
38	张明山	庄禾屯	1952.7	朝鲜	志愿军班长
39	郭富山	庄禾屯	1952.7	上甘岭	志愿军排长
40	张国金	程家庄	1950	山西	战士
41	张德青	王各庄	1951	新保安	29 团战士
42	王加恒	岭东	1951.8	朝鲜	66 军 202 师战士
43	罗佩田	十里堡	1970.8	张家口	1846 部队战士
44	刘长春	靳各寨	1954.8	福建江山岛	高炮团班长
45	张永强	庄禾屯	1953.8	朝鲜	418 团战士
46	王付华	岭东	1951	朝鲜	68 军 202 师连长
47	孙进德	杨辛庄	1985.6.21	杨辛庄村	沼气池救人

武术名家赵生堂

赵明义　郭克喜

赵生堂，号振球，生于1901年，卒于1975年，生前为密云区十里堡公社庄禾屯大队人。他13岁开始学武，几十年苦修苦练，练就一身武功，成为密云广为人知的武术名家。而且，他还会接骨治病，医疗好很多病人。他的武功医德，在密云被传为佳话，得到各界人士的好评。

拜师学艺

赵生堂小时候家境贫寒，十几岁就给人家打短工。1914年秋后的一天，他干活回到村里，看见杨财主家来了一位武术教练在教场子，也想学习武术，便恳求父母答应他的要求。父母看他聪明好动，觉得学了武艺也能混碗饭吃，就同意了。

教练是来自当时河北省通州季家庄的季东先师傅，他精于少林谭腿，谭腿拳路、十八般兵器，样样能教，江湖规矩也清楚。赵生堂白天给人家干活，尽量让东家满意。晚上练功，一练就是大半夜。他拜师学艺后，师傅要求他每次踢腿200次，他加倍练习，坚持踢400次。有时早晨起来，腰酸腿胀，疼痛难忍，让父母扶他遛一遛，继续给别人做短工。

学武将近3年，赵生堂手眼身法步、精神气力功、拳术器械套路，都已练得纯熟；理论歌诀、江湖规矩，也都牢记在心。

1917年春，赵生堂又拜密云武师彭光生、彭海山，学习少林谭腿功夫中的罗汉拳。由于赵生堂勤奋好学，尊敬师长，两位师傅喜欢他，便把自己所懂得的少林谭腿功——十八罗汉拳传给赵生堂，一招一式口传心授。在两位彭师傅的指导下，不到一年工夫，他的谭腿功有了新的进步。

1918 年秋，他到北京天桥卖艺。当年冬天，又拜河北武术名家、霸州李茂春为师，学习内、外家功夫。一年后，练成铁砂掌。三年后，从武术理论、器械知识到接骨拿环、秘制膏药、治疗毒疮等，都得到了师傅的真传，内外两家功夫兼备，成了“霸州李”的高徒。

1920 年秋，他跟随师父李茂春的武术团，先后到沧州、北京、天津、上海等地表演。他表演的醉拳、地趟双刀、油锤掼顶、双风贯耳等个人武术项目，以及与人合作表演的空手夺刀、空手夺枪、仙人过桥、铡刀剁腹等武术项目，观众看得是场场喝彩，从而名声大震。

出国卖艺

1922 年夏，他参加了由英国客商当领班，有 11 个中国演员组成的杂技武术表演团（其中表演武术的有 7 人），赴国外演出。这个杂技武术团，在瑞士伯尔尼进行首场演出，开场演的是杂技，接着是武术表演。拳术有罗汉拳、醉拳、八卦拳；器械有单刀、双刀、太极剑；对练和多人武术项目有单刀对枪、空手夺枪、三节棍对打、五虎擒羊；硬气功有铡刀剁腹、双风贯耳

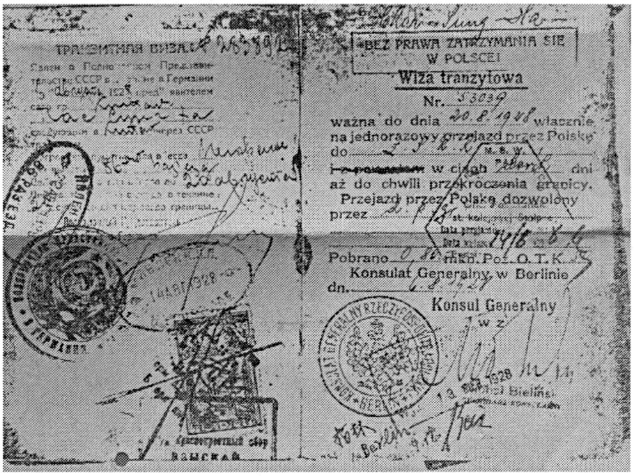
ТРАНЗИТНАЯ ВИЗА
BEZ PRAWA ZATRZYMANIA SIE
W POLSCE!
Wiza tranzytowa
Nr.
ważna do dnia
na jednorazowy przejazd przez Polskę
do
w ciągu
dni
aż do chwili przekroczenia granicy.
Przejazd przez Polskę dozwolony
przez
Pobrano
Konsulat Generalny w Berlinie
dn.
Konsul Generalny

赵生堂出国表演节目时的护照

（赵明义 供稿；郭克喜 摄）

等。这几个项目都有赵生堂出场。

首场演出，获得了圆满成功，得到了各界人士的高度赞扬。瑞士当时的报纸，都以醒目的标题报道了中国武术团的表演盛况，并评价说中国武术有体育价值、国防价值和艺术价值。表演结束后，驻瑞士的华人华侨代表赶到伯尔尼，热情款待中国杂技武术团，以示祝贺。这个杂技武术团，在仅有 4 万多平方公里的瑞士，表演了 100 多场。

此后，又到瑞典、法国、英国、德国、美国、日本及东南亚等 11 个国家进行武术表演，历时 5 年多。

为民献艺

1928 年 7 月，赵生堂回国到上海，随后参加为浙江水患灾民捐款的义演活动。在上海、杭州各大剧院会同梅兰芳的京剧团一起巡回演出。半个多月的赈灾义演得到广泛赞扬。同年 8 月，赵生堂从杭州回到河北省，没顾得回家就到霸州李茂春处，把出国收入的一半敬献给了师傅，以谢师恩。

后来，赵生堂拜别师傅，回到家乡庄禾屯。青年们就请他做教练学少林武功。赵生堂立即答应，用自己家的院子作为教练场。第一批有 60 多位徒弟。他先讲了练武术的规矩，同时对弟子进行武德教育。武术内容有拳路、器械、对手、硬气功。他有时带着徒弟到北京、天津、上海等城市表演武术。每逢密云节日庙会，赵生堂也带队演出。从此以后，全县许多村镇纷纷请赵生堂去教场子。他先后到松树峪、令公、北香峪、东田各庄等村教授少林武术。在近 50 年的武术生涯中，他教授的徒弟和学生有近千人。

赵生堂不但传授武艺，还给乡亲们接骨治病。庄禾屯村苏长鸣、张文普、李凤元等人骨折，赵生堂除了用自制药外，还用从美国购买的珍贵药品为他们治病。他们感激不尽，要给点药费，赵生堂坚决不收。

一年春天，燕落寨、庄禾屯、不老屯一带的村庄有不少人生了疔疮，胸部、脸部、腿部都有，刺痛难忍。赵生堂走村串户，为患者精心治疗。曹满德患了此病，胸前几个疔头开始发黑，慢慢溃烂，经过赵生堂精心医治后痊愈。曹满德过意不去，送去礼品，赵生堂婉言谢绝。这一带患有疔疮的人经他治疗后，全部治愈。

1943 年 12 月，密云地区的八路军第十团在密云赶河厂，击毙日伪军 100 多人。赵生堂非常高兴，立即带领徒弟赶到马营，参加祝捷大会，义演少林武术慰问部队，并主动捐钱、捐粮。

密云解放后，他自费请来了戏剧老师，排练了《塔子沟》《武松打虎》《三岔口》等十几出武戏与本村剧团排练的文戏同台演出。

1953 年，他领头成立了庄禾屯武术团，先后到县内外各大村镇演出，深得群众喜爱。他曾担任密云县第一届、第三届政协常委。

1958 年 10 月，北京市第三届人民体育运动会在先农坛体育场举行，他的地躺双刀表演获个人第二名。

1961 年，北京市武术协会成立，他与徒弟赵凤英、曹淑英参加庆祝表演，获得团体第二名。

传艺后辈

赵生堂教徒弟时，从不故弄玄虚、哗众取宠，总是进行精辟的讲解，同时亲身示范。他要求自己的子女学武时更为严格，因此功到自然成。赵生堂的儿女和侄子、侄女练过武术。其中，赵明礼的铡刀剁腹、颈缠钢筋、罗汉拳最为有名；赵明义的油锤掼顶、气断钢丝、单刀对枪等最为拿手；他的侄子赵明华的仙人过桥、刀里加鞭、三节棍更是技高一筹。

他的徒弟赵凤英表演的地躺双刀，双刀如车轮，人似钻地螺旋。动作招式如百马骗蹄、金绞剪、遍地生莲、龙盘柱等使人眼花缭乱，分不清刀与腿、腿与刀，场场掌声雷动。

赵生堂徒弟表演的武术节目“腹托一吨”（1978年）
（杨福全 供稿；郭克喜 翻拍）

1978年，中国武术观摩交流会在密云体委的灯光篮球场举行。参加的是北京市郊区各县的武术代表队，其中有平谷县的硬气功武术名家刘海平，他表演的是头撞石碑、脚踢石碑等。

庄禾屯武术队则代表密云县参加了此次武术表演。赵明礼表演的胸前开石，博得观众热烈掌声。接下来，赵明义表演的油锤掼顶，赵明华表演的仙人过桥，王松山表演的双风贯耳更是高潮迭起，掌声不断。最后是杨福全等人表演的“腹托一吨”：只见他把头和脚放在隔开的两条板凳上，身体中间悬空，腹上放两块水泥板，然后赵明礼、赵明义、赵明华、王松山、杨瑞良等人手持大刀、双刀、双戟等器械在水泥板上表演，获得了与会领导、参赛团队和观众们长时间雷鸣般的掌声。

庄禾屯成立武术团以来，丰富了农村文化活动，深受群众的称赞和欢迎。武术团坚持了几十年，一直到20世纪末解散。他的徒弟赵明义、赵明华、王松山等人还继续参加密云县武术协会举行的比赛和表演。

赵生堂的少林武功和接骨治病等技能传给了后人。他的徒弟高允福在北京教场子，曹淑英在天津武清县教场子多年。

1999年赵明义被选举为密云县武术协会副主席。2006—2009年赵明华被选举为密云县武术协会副主席。2007 年赵明华被评为密云县武术运动先进个人。

后继有人

赵建军，是赵明义的儿子、赵生堂之孙。毕业于北京教育学院体育专业，本科学历。现任密云区南菜园小学武术教研组组长，密云区骨干教师。非物质文化遗产庄禾屯武术代表性传承人。2011 年至今任密云区武术协会副主席。

赵建军以继承庄禾屯武术传统、弘扬民族文化为己任，他多年从事武术教学，在继承武术传统套路的同时，认真研修拳术器械和武术套路，不断挖掘、整理本村武术，实现传统武术和学校武术有机融合。从而更适合学生的身心特点和学习训练，得到社会和学校的认可和称赞。

赵建军为了弘扬武术传统文化，先后在香水峪、李各庄、南菜园等小学和密云少年宫开办训练班，进行武术教学。他培养的学生在各类武术比赛中夺金摘银，得到老师、家长的好评，倍受学生们尊重。

2007 年他被北京市教委授予“最佳武术教练员”称号。2008 年他创编的武术操获市级一等奖。2010 年 6 月，赵建军参与编写的“小学体育教师参考用书”经国家教材审定委员会审定发行；是年，他受邀担任“国培计划”体育课程研发组成员。他本人多次获得不同级别的优秀教师等光荣称号。

如今，密云知名武术家赵生堂已有了传人，他的故事仍被后人传颂。

文后注释：

1. 内功：锻炼身体内部器官的功夫。

2. 外功：锻炼筋、骨、皮的功夫。

光荣烈士孙进德

郭德昌

杨辛庄村是个有着550多口人的村庄，当年因修密云水库移民到十里堡公社，远离了故土，人们的淳朴善良、见义勇为的本色没有丢。其中孙进德就是典型代表，他舍己救人的事迹，至今被村民们颂扬。

孙进德，生前是十里堡乡杨辛庄村人。1938年出生在董各庄乡杨各庄村（今密云水库库区）一个普通的农民家庭。当时正值抗日战争时期，村里经常受到侵华日军的袭扰。小时候的孙进德，从记事起就饱经家庭的困苦和颠沛流离的战乱生活。新中国建立使他感到无限幸福，经历过新旧社会的孙进德懂得人情事理，对待任何事物都很专注、热情。平时很注重邻里和睦相处，街坊邻居无论大事小事他都乐于帮助。在杨各庄如此，36岁搬迁到杨辛庄后也是如此。在生产队干每项活计他都热情去做，而且做得认真到位，队干部和社员都很满意。1978年，生产队派他到30公里以外的山上打石块。他既当技术员，又兼管伙食，凿石放炮、调配饭食，没人能挑出毛病。苦干3个月，当年为生产队劳动日值增加了0.1元。这一年孙进德被评为十里堡公社和县级先进生产者。

孙进德有一个爱好，就是好摆弄无线电半导体和电视机，由于好钻研，家里的收音机或电视机坏了，他就自己试着修理，还经常把机子拆来拆去练手，实在弄不懂就到县里找师傅们请教，终于基本掌握了无线电原理，一般性的故障都能够自行处理。他还经常为乡亲们义务修理各种电器。1982年他办理了个体修理营业执照，坚持服务上门，收费合理，修理及时，保证质量，被人们称为“信得过的个体修理户”。

20世纪70年代，为普及科学实验、节约能源，县里和公社科技部门在大队或生产队中推广沼气池建设。这一科学实验是利用秸秆、畜粪便发酵产生可燃气体，以解决农村燃料不足问题。但由于技术水平的限制及推广普及速度过快，沼气池的施工都很不规范，能够有效使用的沼气池为数不多，大多都废弃，有的闲置，有的改作他用。杨辛庄的情况也是如此，村民郑云成在自家院子也建了一个沼气池，废弃后用于储备青稞猪饲料，即把收获后的青玉米秧、豆秧等粉碎加工后储存到沼气池内，但这些物质经沤化后会释放出大量有害气体。

1985年6月21日，郑云成下到沼气池里去取猪饲料时，不幸中毒昏倒在池内。后来被他十多岁的侄子发现，他的侄子赶紧跑到生产队场院，把看到的事儿告诉了堂哥郑伯凤（郑云成长子）。此时，孙进德与郑伯凤正在一起脱粒小麦，当他听说后也主动同郑伯凤一起急速赶到郑云成家里。郑伯凤见状，不容分说就下到池内想救出父亲，可也栽倒在了池里。这时，孙进德马上意识到池子里有毒气，便对围观的人大声说道："快闪开，池子里有毒气！"说罢，他进堂屋找到一条毛巾，迅速用凉水浸湿捂住鼻子和嘴。在面对生与死的紧要关头，他临危不惧，毅然决然地推开众人，抢先下到池里救人。人们屏住呼吸，注意力完全集中到孙进德的身上，但是，没等他接近郑氏父子，他也因中毒太深倒下了。不仅未能救出郑氏父子，孙进德也英勇献身。乡亲们看在眼里、痛在心里，人们记不得是哪位老人埋怨道："进德呀！进德！你怎么这样啊！明知上不来，还偏要往下跳！"老人的话，使在场的许多人都落下了泪。

这时，郑云成的二儿子闻讯也赶了回来，他考虑到三人是毒气所致，便抓了两只鸡扔进了沼气池，只见鸡在池里"扑棱几下"就死去了。于是，他立即跑到村委会给乡卫生院、派出所和县急救中心打电话求助，不多时三个部门都先后赶到。此时，将近两个小时过去，池内毒气也已散尽，人们这才把池内中毒的三人拖出，医务人员全力抢救，但是均未能生还。

这一年，孙进德的妻子 46 岁，膝下有三个女儿和一个儿子，其中小女儿年仅 14 岁。人民政府十分关照母子们的生活，多方努力解决了他们家的一些实际困难。

孙进德烈士证书

孙进德舍己救人、英勇献身的事迹受到密云县内媒体关注，后被广泛宣传报道。中共密云县委作出决定，号召全县人民学习他见义勇为、舍己救人的崇高品德。此后，孙进德被北京市人民政府批准为革命烈士。根据国务院《革命烈士褒扬条例》的规定，2014 年 9 月，民政部向孙进德的家属颁发了《烈士证明书》。

孙进德舍己救人的事迹也被载入《密云县志》（1998 年版）。

乡村知名中医

郭德昌　聂德友

在十里堡地区，曾有过几位很有名气的中医大夫，他们精湛的医术、高尚的医德，赢得了邻里乡亲和患者的赞誉。

名医弟子

20 世纪中叶，密云曾有位中医名叫王宝珍，是密云名医，曾被载入河北省医学界史册和《密云县志》。十里堡村的乔万国就是他的亲传弟子。1956 年，乔万国 16 岁高小毕业后，便来到县城宝林堂药店，跟父亲的好友王宝珍学徒，开始了他一生的中医生涯。

“师傅领进门，修行靠个人。”小万国深知其理，也处处遵循。万国视师如父，对待学问，求知若渴，一丝不苟。他懂事、勤快，除了白天跟师傅坐班学针灸、诊脉外，还时常早起生火，给师傅和其家人熬粥，边看粥锅、边背医书。

师傅的言传身教和自己的辛勤刻苦使他进步很快。第二年，师傅有意安排让 17 岁的乔万国首次接诊了一位牙疼患者：把脉、问诊，复述症因，条条入理，开出的方剂令师傅频频点头。8 个暑往寒来，当乔万国 24 岁时，艺成出师，回到家乡，开始行医生涯。

1965 年初冬，密云县卫生部门在西田各庄公社举办“半农半医”培训班，乔万国参加了培训。一次，学员邹立海牙疼，服药、打针仍止不住疼，医疗队的老师给注射“杜冷丁”也没起作用。有人找来乔万国，乔万国给他行针，还真就止住了疼痛。乔万国的名气随之传开。培训班决定让乔万国协助授课老师带一个组下乡巡诊。培训班结束，乔万国也成了班上学员中的“知名人士”。培训班结束后，他便成为十里堡村一名村医。

乔万国深知：医海无涯，博大精深。他牢记、遵循恩师的教诲，并通过几年来的行医实践，把自己行医的方向侧重于针灸和疑难杂症范畴，其中，治面瘫和半身不遂是他的特项和专长。

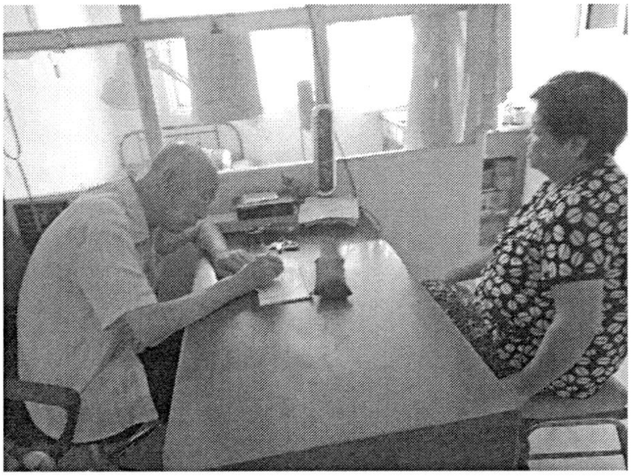
乔万国为患者开药方　（郭德昌 摄影）

在行医中，乔万国传承恩师的不仅是医术，更主要的是医德，师傅常说：“未能尽如人意,但求无愧一心。”20世纪六七十年代，群众普遍贫困，因此，乔万国苦钻针灸，就是为了患者少花钱，小灾小病扎两次也就基本病愈了，不收费，算是义诊。

1970年大队办起合作医疗，社员看病只花3分钱的诊费，乔万国针灸术算是派上了用场，不开处方、不下药，省去了大笔医药成本。尤其是一些慢性病或患半身不遂的人，疗程长、开销大。若是发现早、治疗及时的患者，经他针灸后，大多都能治愈。

在诊治疑难杂症上，他也有着独到之处。“文革”期间，市里派来工作组进驻十里堡大队，工作组成员王恩宝请求他给远在山东的妻子诊断病情，根据病情复述，患者在坐月子期间家中突发火灾，因惊吓导致其妻子常年卧床不起，只能爬行。乔万国分两个疗程，共计开出了24副中药，让他寄给家人。患者吃完药后，终于站了起来。王恩宝感激万分，掏钱答谢乔万国，但被他谢绝了。

20世纪80年代后，药品不断涨价，乔万国看病仍然坚持按药价合理收费。他每开出一个处方都保存底方，用他自己的话说，“我随时接受上级主管部门的监督和检查”。江苏一建筑老板的工人被沥青烫坏了整条胳膊，都露出了“筋络”。伤者慕名而来，乔万国提出每换药一次收200元，老板一听感觉还真是“贵”，转头去了县医院，医院要收押金10000元，老板只得又返回来“求”乔万国，主动提出每次换药给300元。乔万国并没有和他赌气，启用自制的“烫伤”秘方医治，每3天换药一次，待换第八次药时，胳膊的创伤面愈合得只剩板栗那么小。第九次也是最后一次换药时，乔万国主动提出最后一次的钱不收了。患者感动，令老板难以置信。

2016年，经人介绍，京城来了一位年纪六十开外的女患者，“文革”时因受挫折落下了膀胱下垂的病根儿，长达50年，很多大医院都没能治好。乔万国开出38剂处方，患者的病彻底治愈了。老人实在过意不去，硬是留给乔大夫600块钱答谢。临别时朋友才告诉乔万国：患者是王光美同志的亲侄女。同年，北京一位瘫痪14年的患者慕名来到诊所，乔万国每天给其针灸、按摩，5个半月后患者竟然能起身扶墙走动。

尽管乔万国因自己擅长的“针灸、医治疑难杂症”而名扬乡里，但谈到恩师王宝珍大夫时，乔万国仍有难以言表的遗憾和怀念，因师傅“走”得太突然，好些东西自己还没悟到、还没学透。前几年，乔万国也带了徒弟，为秉承恩师的“医德”，时常向徒弟鸣“警钟”，且严格要求徒弟。

俗话说名师出高徒。乔万国16岁师从王宝珍，自17岁第一次接诊，到2017年行医六十一载，接诊过无数患者，却无一失误、无一事故。患者送锦旗赞誉道：“妙育乾坤松柏栽，手脂三关医德白。回手号令三军派，春回大地报捷来。”

如今，乔万国已近耄耋之年，但仍在传承着师傅精湛的医术、高尚的医德。

中医父子

在统军庄村，人们常常提到村里的“中医父子”——陈光著、陈天旭。

陈光著1915年出生在统军庄一个富裕家庭。6岁开始读自家私塾5年，由于聪明好学，在少年时期就打下了较好的文化基础。这时父亲陈立笙却患了重病，“吞食困难、痰液稠粘、大便干如羊粪、小便红如血”，多方求医不见好转。最后从密云县城请来了一位老中医，名叫贾子碧，经他诊断为“噎膈”（即食道癌）。在他的治疗下，没出仨月，陈立笙竟然痊愈了。于是，为了答谢贾大夫，陈立笙便主动与他商量，由陈家出房出资开药铺，请他坐堂行医，贾大夫听后高兴地答应下来。当陈光著11岁时，陈立笙与贾大夫商量，提出想让儿子学医的想法。贾大夫见小光著聪明伶俐，二话没说就应承下来。很快陈立笙择日为儿子举行了拜师礼，贾大夫欣然领受。果然，贾大夫“慧眼识珠”，光著也未失父亲和师傅的期望，尊师好学，苦钻医术，长进颇深。到18岁时，赶上师傅外出，他就能单独接诊给人号脉、开方、抓药。这时，贾大夫年老体衰，他将自己临床行医的秘方传授给徒弟后，不久就离开了人世。

1940年，经人引荐，陈光著离开统军庄来到北京城，在交道口与一位姓牛的大夫合开诊所，不久又单独坐堂行医。西城方砖胡同有个患者，常年夜里咳嗽不能卧床，跑了几家大医院就是治不好，找到陈光著，经他诊治，结果3副汤药服下，咳嗽就止住了，后经再度诊治调理，使患者终于摆脱了病魔。患者赞誉的口碑很快传开了，陈光著的名气也大了起来。在行医的过程中，陈光著又走访拜谒了多名老中医，从他们的身上又学到了很多临床经验。他运用师傅传给他医治食道癌的秘方，治好了几个患者，一时间在西城地段颇有名声。1956年，实行公私合营后，陈光著成为地安门交道口联合诊所的一名医生。

1961年，由于土改时陈光著被划为地主阶级成分，政治上受到冲击，被遣送回统军庄，且限制他行医看病。可他又实在无法拒绝登门求医的患者，在大队默许的情况下，半公开地给人看病，很快在家乡一带又远近闻名。怀柔梭草村一染上肺结核的患者，多处治疗无效后，托人找到他，吃上几服药很快起了炕。“文革”期间停止他行医，患者孙慧清只得找大队书记批条请他看病。一位姓高的母亲头痛得厉害，经两个赤脚医生诊断都不见效，最后深夜让儿子用手推车推着来到陈家求治。陈光著冒着被“批斗”的危险，给老太太号脉诊治，经这次治疗，直到多年后老太太去世时，她的头疼病也没有复发。

“文革”结束后，陈光著由于年事已高，除了接待登门看病的患者外，没有以公开的身份外出行医，他在家里向儿子传授他的医术。1984年，陈光著因病去世，享年69岁。

陈光著的儿子名叫陈天旭，1942年出生，1950年随父来京读书。16岁初中毕业后，便在北京塑料机械厂参加了工作，但他更偏爱父亲行医的行当。少年时候，他暗中有意识地接近父亲，观看父亲给人看病的过程，慢慢地偷起“艺儿”来。上初中后，他还偷着看父亲的《药性》《脉诀》等医书，将“汤头歌”背诵得滚瓜烂熟。可世事不如人愿，在他21岁这一年，他不得不随父母回到老家参加了农业劳动。

在陈天旭同志回到老家的第二年，村中一个妇女来找他父亲看牙痛病，可巧父亲下地干活还没收工。此前从不显山露水的陈天旭要求主动给她看病。患者明知他没给人看过病，但又不好意思谢绝，就伸出胳膊让他把脉。诊后，天旭神情自若地铺纸开出了他平生的第一笺方剂递给了患者，但患者却没有到药店抓药。而是第二天带着方子找到他的父亲，并把事情经过复述了一遍。父亲一听吓出了一身冷汗，他深知这关乎“人命”。于是当陈光著审视、斟酌着儿子所开方子上的每一味药和剂量时，他紧锁的眉头慢慢地舒展开来，方子“完美无缺”。果不其然，后来这位牙痛妇女“药到病除”了。

1970 年，大队合作医疗站成立，可因家庭出身问题，结果天旭被拒之门外，这是对他最大的打击。他只得像当年父亲那样“半公开”地给登门者看病，但社员们却“认”他，都说天旭看病“真有两下子”。有一年，一位社员的老母亲病了，医疗站治不了，公社卫生院和县医院也没能治好。这时已是腊月二十九，儿女们谁也不忍心看着老人“不治”而走，最后请来了天旭。他问诊把脉、审慎开方，最后撂下一句话：“没事儿，误不了初一吃饺子。”第二天一大早，家人赶紧去公社卫生院抓了药，三剂服下，老人果然起了炕，正月初一还真的吃上了新年的饺子。

在疑难杂症诊治上，使他由衷地感到父亲所传授医术的重要性。1981 年，一位姓王的社员腰上生了“蛇疮”，他开了三副药，效果却不明显，父亲也放不下对儿子的担心，便拿过他的方子斟酌后，让儿子添了两味药，并点拨道：“这两味是‘君臣’药，万不可缺。”父亲的话“四两拨千金”，果然，连服几副，加上外敷，恶疮很快就愈合了。

1978 年，大队党支部通知他到大队合作医疗站上班。他如鱼得水，终于圆了他的学“医”梦。1983 年实行“大包干”后，医疗站转制承包给个人经营，陈天旭又歇业了。直到 1992 年，农村医疗政策调整，村里又让他干起了村医。当时已是 50 岁的他不甘落伍，自费到密云县卫生学校参加成人“中西医结合”专业学习。通过两年不脱产的学习，经考试合格，取得了中专学历证书，更加坚定了干好这一行的信心。可喜的是师爷传下来的独家秘方，经父亲和他自己之手，给家乡一带甚至京城的无数个患者根治了病症、摆脱了病魔。

2016 年，74 岁的陈天旭正式从村医的岗位上退下来，颐养天年。

中医世家

王各庄有个赵氏中医世家。其中，第三代传人赵广华，1933 年生人，

14 岁时同父亲赵凤明学中医，赵凤明自幼师从父亲赵福春。赵凤明1899年出生，其父赵福春是清朝中晚期人。祖孙三代行医，传承将近 200 年，三代人共有的拿手绝技是：治疗肝腹水，俗称大肚子病，该病为旧时死亡率极高的重症。

相传在清朝年间，一个京城姓孔的铁匠慕名而来，邀请赵福春去山东曲阜给老父亲看病。这下可难住了赵家老小，因为不明真相，唯恐不测。但赵福春想，曲阜是孔圣人之乡，来者又是孔门之后，若不是孝子就不会登门为父求医。于是，便骑上毛驴随此人前往。来到曲阜，患者经他诊断为肝腹水，而且呈现重症病象。他便施药治疗，7 剂药服下便开始消肿，21 剂药服下基本康复，为此他赢得“妙手回春”的赞誉。赵福春的曲阜之行，“名利”双收，扬名山东、京城。此后，他将自己多年积累起的经验方剂进行汇集，最后行成独家方剂，并起名为“沉香散”（巧合的是，与国药同名）。

“沉香散”也成就了其子赵凤明，后来又成就了其孙赵广华。在王各庄还有这样一个传说：没有赵广华，就没今天的老廖家。是说当年本村一位姓廖的人家，家里唯一的男孩患了肝腹水病，因为赵广华的精心医治保全了下来，后来娶妻生子，后嗣延续至今。

赵广华上承祖辈两代的行医经验，不仅延续了“沉香散”的独家方剂医疗功效和名声，而且还在新中国建立后，使其家传医术发扬光大。1953 年，在密云县医疗部门安排下，赵广华先后到京城医院进修学习，后被分配到民办公助的西田各庄卫生所工作。1958 年正式建立西田各庄卫生院，赵广华成为国家公职医生。因业务出色，曾被任命为主管业务的负责人。

20 世纪 60 年代初，正值我国三年困难时期，王各庄孟家的一个患儿，因营养不良，骨瘦如柴，连头都无力支起，母亲抱着患儿来找赵广华，经过他几个月精心治疗，竟然奇迹般地痊愈了。

70 年代初，密云县大城子公社方耳峪大队一肝病患者，原是北京建筑工人，大医院通知家属回家料理后事。经人介绍找到赵广华，经三个疗程150副中药治疗后，竟然能下地帮妻子干起农活来。院领导选派他到县医院进修西医外科，取得了西医外科医师职称。赵广华于1993年4月光荣退休。

赵广华与孙子赵静合影

退休后的赵大夫，本应安度晚年，但他无法拒绝找上门来的患者。于是，又办起诊所继续为患者解除病痛。

或许是一种机缘巧合，相隔近200年后的一天，同祖父一样，机缘让赵广华也与山东的一位患者结缘。两年前，一山东患儿因高烧在北京住院许久，病情无好转，听说密云有个赵广华大夫，母子俩速速赶来求治，结果还真应验了“妙手回春”的赞誉，患儿很快烧退痊愈。像这名患儿一样，慕名赶来的远方患者不仅这一例。

2007年，赵广华之孙赵静，就读于北京中医药大学，研究生毕业后却不求公职，潜心拜在爷爷的膝下传承祖业，成为王各庄赵氏中医的第四代传人。

清水潭走出的灭鼠大王

郭德昌

1964年，在我国对外发行的《人民中国》杂志上，刊登了一篇灭鼠大王的故事。故事的主角叫赵廷相。当时这篇文章的影响极大，尤其对鼠害相当严重的东南亚许多国家来讲，有着很高的参考价值。

1914年，赵廷相生于密云县清水潭村，自幼就被村里的大人们说成是“小诸葛”。上几年私塾后，更显露出他的与众不同：事事都向大人们问出个究竟，直到弄明白为止。长大成人后，他专爱搜罗治病的小偏方、小技巧，赶上街坊邻居谁有个头疼脑热，经他“捏吧捏吧”就好了，他的小手法、小偏方，村里人大多都认可。他靠民间验方加机灵巧手，给村里和附近村庄人治愈了许多急难的小症候。一年夏天，本村有一个老太太突然中暑晕倒在街上，人们赶紧找来赵廷相急救，经他仔细观察后便取出一袋“仁丹”，从中倒出几粒送入老人嘴里，老人很快就苏醒了过来。这事过后被传得很广，把赵廷相奉为“慧眼神手”之人。

旧时农村的房屋，大都是石头垒砌的墙体，老鼠洞极多。老鼠是糟蹋粮食的主要有害动物，村村鼠害严重，可人们靠“鼠夹子”灭鼠太慢，有些警觉后的老鼠还会绕开夹子走。赵廷相在搜集医疗偏方的同时，也时常注意收集灭鼠方面的窍门和方法，如利用“水”法灭鼠等，也为后来成为灭鼠专家奠定了基础。

新中国建立之初，由于赵廷相上过私塾，会写会算，便被推荐到冯家峪粮管所担任保管员，1963年被提升为保管组组长。这时的他虽已年近五旬，但身体结实，平时少言寡语，全身心地投放在粮食保管上。他在实践中积累了许多经验，比如：化验检查粮食质量的等级，用眼一看，不差分毫；检验粮食水分，用手一掐，用牙一咬，准是八九不离十；什么粮食容易出哪些问题，他说得条条是道儿。

保管粮食工作，防范鼠患也是重要职责之一。赵廷相为消除鼠害也倾注了许多心血，他以参加工作前收集的灭鼠方法为基础，结合几年来的工作实践，进一步展开钻研、总结民间治鼠的方法。通过多年的观察实践和辛勤探索，他终于总结出许多经验与方法。

就在这一时期，由于全国性的自然灾害、粮食减产，导致缺粮。国家发出了《关于“除四害”讲卫生的指示》，密云县也和全国一样迅速掀起“除四害”运动，即灭苍蝇、蚊子、老鼠、麻雀（后改为臭虫）。粮食系统是当时“除四害”的重点行业。四害之一的老鼠，除了传播鼠疫，还毁粮食。根据一则理论数据显示，大约一只老鼠一年能吃掉9公斤粮食，但它损耗的粮食，还包括盗存、嗑坏的，全年可损耗上百公斤。而且老鼠的繁殖力极强，每年四五月至10月之间，每个月能生两窝，一窝五六只，可想而知，老鼠对粮食的危害有多大。因此，当年人们对灭鼠的力度尤为突出，密云县粮食局便将灭鼠当作重中之重。然而，灭鼠与防止粮食污染又极其矛盾：药物毒鼠是首选良策，而药物毒素无疑会污染粮食。因此，既要灭鼠又要确保粮食绝对安全，也就成了一个难题。

这个很棘手的问题，却被赵廷相给化解了。他所取得的灭鼠业绩，得到县粮食局领导的充分肯定，并在全县粮食系统推广了他的灭鼠经验。

究竟赵廷相有何灭鼠“招数”？又何以令人叹服？曾与赵廷相一起工作过的于宝顺，当年写成《赵廷相灭鼠经验》（本文经作者同志，略有修改）如下：

冯家峪粮管所建在山坡下的河滩地上，占地八九亩，四周只有篱笆墙。所内除去四间普通的平房作仓房外，平时库存的几十万斤粮食，多数放在露天的席子囤里，而且都不是水泥地面。这些条件，都很便利老鼠的活动，而给防鼠保粮工作增加了极大的难度。为此，他首先从研究老鼠的习性下手，一步步摸索老鼠活动的规律。他每天晚上都要在老鼠可能出现的各个地方撒上草木灰。第二天，天刚蒙蒙亮就起来用手电照明，查看老鼠的足迹。如此日复一日，赵廷相也就对老鼠出没的时间，行走的路线，筑窝的地点，爱吃什么粮食，以及胆小、多疑等多种习性，了如指掌。

在摸清老鼠活动规律后，赵廷相便一步步开始制作由简单到复杂、具有科学价值的多种灭鼠器具。

超灵敏鼠夹：即用钢丝做的老鼠夹子，比起当时市面上出售的老鼠夹子，钢丝要细得多，使老鼠不易发现，但弹性极强，构造角度适宜，因而灵敏度高、反应能力超强，只要老鼠稍有触碰，必被捕无疑。

钉制鼠笼：木板围框，内设鼠饵，在出口处设置活门儿，门儿上钉制“倒刺”，老鼠能进不能出。

木制鼠笼：木板围框，在底部悬空架设一个翻板，板上放鼠饵，上部板上倒置多个钢针（钉），并且板上放一块砖，用一根粗铁丝将上下两板连接，老鼠一旦奔鼠饵触动底部翻板，铁丝作用到上部板，砖及板瞬间坠到底板上，上板的钢针从上至下恰好穿刺鼠身。

诱鼠入“瓮”：这是最为精巧又简单且最具实效的招数。即用砖制的“拍子”，选用两块砖，外沿磨平，在每块砖的上面取“中线”开槽设“瓮”，“瓮槽”的一端略呈开口状，槽的中心略宽一些。两块砖槽对槽上下放好，将开口状的一头用物支起来，另一头的内侧放置鼠饵，并与支架相连接。老鼠进入瓮槽内，触及鼠饵，支架顺势倒下，在两砖合力作用下，老鼠便被拍死在两块砖之间的瓮槽内。

踏纸就“浸”：根据老鼠食粮后急于寻水止渴的习性，在适当的地方埋下个水缸，缸里放入九成满的水，缸沿上蒙一层纸，纸中间剪一个圆窟窿。当老鼠嗅到水的气味便会步入纸上，纸破而落水。尽管老鼠能游水，但缸水欠满，老鼠够不到缸沿儿，只得就“浸”身亡。

铤而走险：即在水缸边沿上安装个翻板，在板的一头设上鼠饵，悬在水缸的上空。老鼠为获取板头上的饵食，便“铤而走险”地翻入水缸内淹死。

从《赵廷相灭鼠经验》一文中可得知，赵廷相创制这些灭鼠器具，不知下了多少苦功夫，但如何使用好器具是关键。为此，赵廷相又不断开动脑筋，寻求最佳效果。几乎每天晚上，他都会撒上草木灰，清晨查看草木灰上留下的鼠迹。然后针对什么地方用什么器具，什么地方几种器具同时使用，距鼠洞的远近，洞的大小，离食饵的远近等，都进行周密勘查，然后综合考虑放置器具的地点和方式。

灭鼠工具

不久，想不到狡猾的老鼠却不就范了，这让赵廷相陷入苦恼。这是因为，开始用一种器具后，灭鼠确实很奏效，可时间不长，狡猾的老鼠有了警觉，这是为什么呢？老赵的心境一时陷入低谷。但他并没有灰心，后来他发现器具使用新做的还能奏效，由此赵廷相灵机一动得出结论：老鼠也“喜新厌旧”！原来旧器具上沾有死老鼠的血迹和气味，鼠性多疑、嗅觉灵敏，闻到气味也就避开了。据此，赵廷相对夹死过或拍死过老鼠的旧器具，都一一进行火烤，再用水冲洗干净，经再次使用，效果如初。

赵廷相对灭鼠的研究十分深入细致。人说“狡兔三窟”，而他了解到老鼠更狡猾，老鼠家（洞）有多门。当找到第一个鼠洞时，他不轻易动手，等找到几个洞后，吩咐几个人同时往各个洞里灌开水。大鼠出洞，立即被擒，小鼠即被淹死、烫死在窝里。

赵廷相在灭鼠上还另有“创造”，这便是注重保护老鼠的“天敌”。天敌是灭鼠的好帮手，除了猫，还有蛇、黄鼠狼。黄鼠狼不吃粮食，当年尽管黄鼠狼的毛皮很珍贵，能卖个好价钱，但赵廷相同志坚持说服粮管所的人，对出入这里的黄鼠狼要予以保护，不准伤害；再就是蛇，他经常劝阻人们不要伤害粮仓附近的蛇。而赵廷相创造的灭鼠招数，同样对全县粮食系统的粮食保管起到一定的作用，密云县粮食系统的粮食保管工作多次受到北京市粮食局的表彰。

当年，于宝顺还撰文寄给了《人民日报》，引起新闻界的关注。继而《人民中国》杂志的记者到密云专程采访了赵廷相，将他的事迹向国内外进行了专题报道。赵廷相的名字也随之远渡重洋，“灭鼠大王赵廷相”一时间在国内外享有盛名，成为了灭鼠方面的“专家”。

赵廷相不仅一心扑在粮管所的灭鼠上，而且休假在家时，乡亲们也常常登门求助灭鼠工具，他便有求必应。有时，为了不耽误第二天上班，他常常赶制到深更半夜，直到做好为止。1973 年赵廷相退休回到家乡后，仍时常为乡亲们做灭鼠器具。20 多年的时间，究竟赵廷相给乡亲们做了多少套（个）灭鼠器具，没人说得清。赵廷相还把制作灭鼠器具的技术传授给了儿子赵长江，目的也是让儿子服务好乡亲们。

1981 年，在赵廷相67 岁时，因患心脏病和半身不遂病逝。至今，每当提到赵廷相，清水潭的人都念及他义务帮忙灭鼠的好。

“北京孝星”刘金凤

郭德昌

在王各庄村，有一位被北京市政府命名“北京市孝星”的人，名叫刘金凤。刘金凤是个很普通的家庭主妇，靠自己勤劳的手和善良的心，历尽孝道，撑起了一个非同寻常的家……

2001年，25岁的刘金凤经人介绍结识了王龙，也了解了这个非同寻常的家庭：家有病人加上穷、脏、乱、差。全部家当只是三间石头垒砌的旧房。然而，她并未嫌弃这个家庭，因为她看中了淳朴勤劳的王龙。她相信，只要努力，家庭状况是会改变的。于是，在2002年五一劳动节这天，刘金凤与王龙结为夫妻，嫁到了王各庄村，走进了这个“不易”的家庭。

面对这样的家庭金凤没有退缩，因为她心中隐藏着一个字的“誓言”，她本想在婚礼上把这个字表白出来，说给大家听，最终却没有。但她暗自下决心要用行动来表达，这就是“爱”的誓言，用她自己的话说就是：爱丈夫，爱家庭，爱家里的每一个人。

金凤是个中专毕业生，具有一定的文化素养，她性情温和、善解人意。她知道，婆婆一生不易，患有先天性小儿麻痹症，从小就靠拄棍走路。不仅如此，命运坎坷的老人还经历了两度磨难：先是离异，后是丧夫。如此身残的女人，实属生活无奈，只好带着一双儿女第三次嫁到了现在的这个家。后来又生了一个女儿，也便构成了复杂的家庭成员关系。但生活总算安顿了下来，可好景不长，不成想现任丈夫却患了半身不遂，走路需拄拐、靠人扶。当时两个女儿还在读小学。

面对家庭困难，金凤没有退缩，她把照顾老人的事放在心头第一位。平时再苦再累，她也要让老人吃好穿暖，无论遇到什么烦心事，从不在老人面前表露出来，面对老人时总是一张微笑着的面孔。

公公由于患有半身不遂，心情烦躁脾气大，张嘴就骂、抬手就打，即使逢年过节也是如此。公公在世的10年里，春节年三十，全家大多都是让老人先吃。金凤与全家人只吃了两次“团圆饭”，而两次“团圆饭”，也吃得不圆满：一次是公公挑三拣四发牢骚，闹得年饭不欢而散；另一次是金凤做好了一桌子的饭菜，还没容她上桌，公公又犯了脾气，掀了桌子，盘、碗碎了一地，老伴、闺女都责怪他。但孝顺的金凤非常理解，她清楚人常年患病烦闷，闹脾气很正常，便笑着像哄孩子一样说道：“好好地、乖乖地吃，摔坏的盘子碗扎坏了手咋办呢，多疼呢。”平常日子里，公公掀桌子、摔碗筷是常有的事，在金凤看来并不过分。

2003年初夏的一天，当金凤有身孕7个多月时，公公和婆婆发生争执。金凤赶紧上前劝说，还没等儿媳把话说完，公公便抄起板凳冲金凤砸去，板凳恰好砸在了她的腹部，立时金凤感觉极度不舒服，好在丈夫在家，赶紧把她送进医院做检查，打了保胎针，输了好几天液，这才保住了胎。然而小两口并没有责怪老人，事情也就不声不响地过去了。

2003年下半年，金凤和王龙的儿子出生了，全家人其乐融融，好不欢喜。但时间不长，原本患有半身不遂的公公，却突然病情加重瘫痪在床。当孩子过完“百天”时，婆婆又患上了脑血栓，半个身子动弹不得。真是祸不单行，一双老人卧床不起，这使金凤夫妇感到如同晴天霹雳、天要塌了似的。

面对病榻上的公婆和出生不久的孩子，一向温情而刚毅的金凤落下了泪水。以往无论多么劳累、委屈，她从没流过一滴泪，此时她却泪如泉涌。然而在丈夫面前，她鼓起了勇气，再一次暗下决心：我能行，我没问题，我一定能照顾好老人、哺育好孩子，生活必须继续下去！从此，每天除看护孩子、喂奶水外，主要精力都放在轮番给公婆做饭、喂饭、喂水、喂药，接屎、接尿，擦洗身子、换衣服。不过，金凤也有意外收获，侍候公婆还练出了一套保健按摩功夫。她风趣地说：“这多亏来自公婆的‘照应’。”街坊邻居评价道：“金凤没得挑儿。”其实，金凤自己也感到骄傲，公婆瘫痪在床这么多年，二老没有形成褥疮，这是自己精心伺候的结果。

老人尽管有金凤的倾心照料，但阻挡不住病魔再度缠身。2004 年，公公又患上老年痴呆症，大小便失禁，一天没次数地屎拉裤子、尿裤子，人一时不在身边，丧失神智的老人就用手抓着大便玩，抹在头上、脸上。而作为儿媳的金凤，视公公如生父，从不厌烦、从无怨言地给他洗澡、换衣服。有时公公、婆婆自言自语地说话或是哭闹，闹得金凤有时摸不着头脑，不仅白天不敢离人，而且每天晚上都要给两位老人翻好几次身。自二位老人病倒，金凤和丈夫从没睡过一个安稳觉。为方便照顾老人，家里把客厅隔断墙扒了一个门，只要听见有动静马上就过去看。

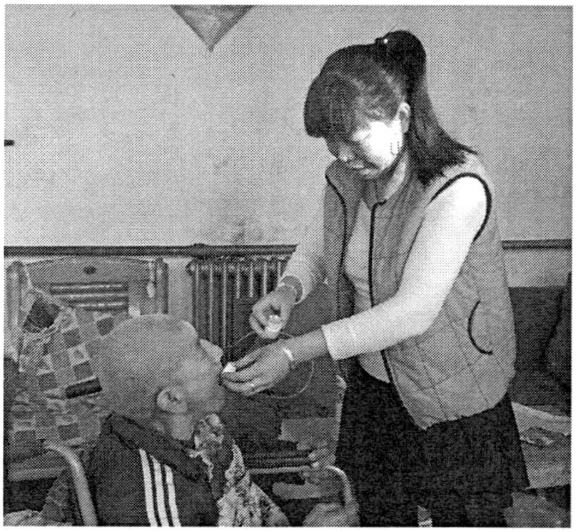

刘金凤给公公喂药

两个小姑子上学也需要用钱，丈夫还得外出打工。侍候二老、操心小姑、照看孩子，全部的担子压在了金凤一个人身上。遇上好天气，她就分别把公婆抱到轮椅上，再推到室外晒太阳。由于公公体重，加上肢体僵硬，一次金凤不小心扭伤了腰，疼痛难忍，但她始终没松手，硬撑着、咬紧牙缓缓地挪动着脚步窝儿把老人硬是挪到了轮椅上。疼得她豆大的汗珠从脸颊上淌下来，婆婆见状用颤巍巍的手抚摸着金凤感激地说：“要不是你这样精心，我们俩早就死了。”而金凤笑着说：“赶上好社会，就要好好地活，一百岁没问题。”为使老人开心，她经常给他们讲笑话，说村里新近发生的事，有时逗得老人都笑出了声。

转眼几年过去，两个小姑子到了出嫁的年龄，金凤夫妇先后将姐妹俩风风光光地嫁了出去。后来自己的孩子也上了小学，金凤除了按部就班照料公婆外，还要接送孩子上学、陪孩子学习做功课。孩子也学着妈妈的做法，时常照料爷爷奶奶。

2012年年底的一天，公公突然病情恶化。这天金凤熬好小米粥便一点儿一点儿地喂公公。不能言语的公公，面带慈祥地看了几次儿媳，当金凤喂完最后一口粥时，发现公公气息没有了——他面带着微笑的表情“走”了，走得很安详。这微笑或许是对儿媳的满意评价，或许是感激。

公公走了，婆婆依旧瘫痪在床，常常哭闹不止。金凤依然不轻松，便时常想着法子让婆婆开心，吃喝如意。如今婆婆仍健在，金凤依旧精心照顾。

金凤14年如一日，侍候瘫痪公婆，感动了村干部和街坊邻居，村干部通过宣传她的事迹，使村里尊老爱幼蔚然成风。村委会和乡亲们也帮夫妇俩盖起宽敞明亮的大瓦房，改变了家境。

金凤与丈夫孝顺老人的事儿远近出了名。2012年以来，多次受到镇里、县（区）和市里的表彰。其中，4次被评为十里堡镇“身边榜样”“身边好人”“文明家庭”“幸福家庭”；连续两年被密云县（区）委宣传部、文明办、妇联评为密云“最美家庭”，并被区人口与计划生育委员会评为密云“百家幸福家庭”；2014年至2017年，三次获得北京市人民政府命名并颁发的“北京市（万名）孝星”奖章及荣誉证书。

“非遗”传人李文涛

郭德昌

“非遗”是一个新名词，全称为“非物质文化遗产”。共分为县、省（市）、国家、国际等4个级别。靳各寨村的李文涛就获得了北京市“非遗”传承人的荣誉称号。李文涛是个木匠，为何享有这么高的荣誉？只因他会“瞎掰”。

奇品“瞎掰凳”

“瞎掰”，对此，密云人历来就理解成是胡说八道，即没那么回事却愣说有那回事，乡下人比喻说“睁眼说瞎话”。殊不知，密云却有一个物件竟是以“瞎掰”命名的，民间叫它“瞎掰凳”（也称“鲁班枕”），是个木制工艺品。新中国建立前，只有县城或是古北口、石匣的富裕人家才有这稀奇“玩艺儿”，在乡下很难见到，会这门手艺的木匠更是寥寥无几。新中国建立后，尤其经过“文革”时期的“破四旧”以后，如果在民间还能够见到这物件，那可真的是“瞎掰”了。

李文涛制作的“瞎掰凳”

提到这个小物件，传说是2600年前鲁班发明的“专利”。

春秋时期的鲁班是木匠的祖师爷，凡是木工活，他无所不能。传说他有很多发明，“瞎掰凳”就是其中之一。此物如同“双手十指交叉”一张一合，活动自如，张开是板凳、合上是枕头，还可锻炼筋骨。

在旧时的京北地区，“瞎掰凳”既是衡量一个木匠手艺高低的标准，又成为民间很时尚、珍贵的藏品物，木匠会做“瞎掰凳”是件很露脸儿的事，家中若能有一个“瞎掰凳”，说明也是很富有的家庭。

为“梦”刻苦钻研

密云古北口是北京通往东北的重要通道，正是由于特殊的地理位置，也便成为口里人与口外人进行商贸、文化交流的集散地。清末，河北兴隆县涝洼村有个姓郝的木匠，木匠手艺很好。古北口汤河村的王瑞芝（字兰亭）跟随他学手艺，便把制作“瞎掰凳”的工艺传到了密云古北口。

李文涛的姥姥家就在古北口。在李文涛15岁那年，他去姥姥家见到了“瞎掰凳”，掰来掰去，坐上坐下，他对这个稀罕玩艺儿产生了浓厚兴趣。从那时起，“瞎掰凳”就成了他脑海中挥之不去的影子。

李文涛20岁时，他便萌发了复原“瞎掰凳”的想法。凭着儿时的记忆，琢磨着选料、画线、校样，“抠制”起来。选了木料，可没钱买工具，他就把家里坏了的铁勺子把儿砸扁、削平，磨出刃当凿子。他又到供销社废品收购站找来铁皮包装带和断折的废钢锯条，用锉把包装带边儿锉成口儿当锯条，用铁丝做成锯弓，就这样有了“锯”；把废钢锯条磨出马蹄刃，这样又有了“刨”。东拼西凑，总算开始了他的“瞎掰”梦。当时正值“文革”期间，到处“破四旧”，因家庭出身成份高，唯恐被人抓小辫子、遭批斗，他只好白天去生产队出工干活，夜间在家“暗箱操作”。有一天，他一夜眼没合、手没闲，强打着精神，锯拉斧凿、榫卯结合，终于把“瞎掰凳”组装成型。他仔细端详，尽管粗糙，但他确认原理正确。从此以后，只要有时间他就精雕细琢、反复打磨，终于把失传很久的“瞎掰凳”复原制作出来。

“瞎掰凳”的面世，他打心底高兴，却使他母亲寝食难安、提心吊胆，母亲怕招惹是非，准备把好多备料和半成品的“瞎掰凳”劈成木柴烧了。李文涛从母亲手里夺下他的第一个“瞎掰凳”，先后将它掖在草垛里、藏在猪圈棚子上，总算保留了下来。“文革”结束后，人和物均躲过了一劫，而这一藏就是近 40 年。

李文涛为啥情迷“瞎掰凳”？他认为，世上家什品种千千万，能够把最稀少的精品奇物传下来，一靠有心人，二靠手艺人。李文涛出身于手艺人世家，自幼就非常敬仰手艺人。因为有一门好手艺是农村人养家糊口的根基，出自手上的“活儿”是灵魂。他的爷爷李树全是民国时期密云县城西部一带很有名气的厨师，曾被聘到京城一大户人家掌厨，不知让多少座上宾用餐时品味无穷；他的父亲李玉勤是当地手艺超群的瓦匠，花鸟字画经他雕刻在砖上就会鲜活起来。或许是受了祖父、父亲的遗传和熏陶，他打心里想做个像样的手艺人。长大后，他出了校门便在生产队里放猪、干农活，稍大时外出做民工修水库，却始终与工匠手艺无缘，但他所情迷的“瞎掰凳”梦想，一直伴随着他。做民工回来后他就动起了心思，主要目的还是为了圆梦“瞎掰凳”。父亲见他捣鼓出了“瞎掰凳”，便通过生产队同意让他拜本村的老木匠王保山为师，成了名副其实的手艺人。

李文涛为啥想把鲁班的“瞎掰凳”传下来？用他自己的话说：“别的我做不来，老祖宗传下来的好东西，我不能真让这‘瞎掰’瞎了啊！”

北京“非遗传人”

改革开放后，李文涛把做“瞎掰凳”由“地下”转为“地上”，公开制作、传扬和推崇，使失传的制作手艺发扬光大。为传承这一技艺，2004 年他办了一个手工作坊，自己命名为“傻子艺苑”。

在“艺苑”作坊里，续起了他做的“瞎掰凳”的梦。从选料到成品要经过16道工序，且工艺复杂、制作难度大。选料，原料要用无疤、无虫眼的优等硬质木料，经泡制、蒸煮、阴干，破成细料；制作中还需锯、刨、钻、凿、抠、雕、磨、抛光、着色、打蜡等工序，尤其做“凳梁儿”时，稍稍不慎则前功尽弃即成废品。成品不用一颗钉，榫卯咬合，木橕（chèng）和木槽开合自由，物件分3层、7条，能支、能合，能枕、能坐。

做好的“瞎掰凳”，李文涛也售卖，但几乎不主动出门推销，而是坐等识货人上门。密云县旅游局找到李文涛合作，将“瞎掰凳”开发成为旅游纪念品。经小批量加工制作出售，深受民间欢迎，还远销到了国外，得到美国、韩国人赏识，其中有一件还被美国一家博物馆收藏。2007年，经专家考察、研究评定，“瞎掰凳”被列为北京市非物质文化遗产，李文涛便是它的传承人。

“瞎掰凳”从古传承至今，名字却有了新的叫法，2008年国家专利局在《专利证书》上，正式给它起了个新名称，叫做“便携式连体折叠凳”。世界华人摄影家、北京神州博古书画院院士吴惟题字赞誉道：“民间经典‘瞎掰凳’，制作工艺已断线。能工巧匠李文涛，挖掘恢复美名传。”

其实，李文涛的木匠手艺精湛，并非只会做“瞎掰凳”，他还先后制作出“六离合”、瞎掰锁、瞎掰球、瞎掰棍等“鲁班系列”工艺品。几十年来，他涉猎了木匠行业中的诸多种工艺，例如亭台楼阁、寺庙佛龛、古琴主盘、大鼓、腰鼓、花轿、屏风等建筑及民间工艺、物件等，而且均身手不凡。为此，李文涛获得“北京民间玩具工艺大师”称号。

2017年，深圳科思益智玩具创新研究发展中心有限公司特聘李文涛为深圳科思益智玩具创新研究院名誉院长、研究员、鲁班锁智库专家。

为了弘扬传统工匠精神，再现传统工匠技艺，2017年，李文涛在自家院中建造了一座古式双层六角斗檐凉亭，取名为“班门亭”，亭高6.8米，亭圆直径4.1米，壮观美丽，古朴典雅。此亭的设计、施工、粉饰、彩绘均出自李文涛一人之手，无不让人赞佩。吴惟院士题写楹联道：“鲁班绝艺遗千秋，工匠精神传万代。”

李文涛师傅为提高制作“瞎掰凳”的效率，还先后发明了“槽梁机”“磨光机”“漏缝机”“锁边机”。这些设备均利用电力传动机械原理，其研制成功，充分证明了他不愧为北京“非遗传人”的称号。

李文涛制作“瞎掰凳”（郭德昌 提供）

2018年8月，古稀之年的李文涛仍在锤炼工匠技艺，前往北京建筑大学，参加为期一个月的“传统家具制作技术培训班”，并获得文化和旅游部、教育部、人力资源和社会保障部颁发的结业证书。

李文涛也有忧虑：年轻人没人愿学这门手艺了。为了利于传承，他绘图、撰述，整理出了《“瞎掰凳”工艺流程》并出版成书。他还借助参展、交流的机会寻觅传人。一天，有个小伙子前来投师，开口便问能否每月给4000元工钱，这让李文涛哭笑不得；后来又有年轻人想来学艺，但一看李师傅那双已经变形、布满老茧的手，立马打了退堂鼓。

机遇是为负有挑战精神的人而准备的，但愿此项“非遗”精品、奇品，能有新的传承人。

赡养孤寡老人的赵氏兄弟

郭克喜

在十里堡镇庄禾屯村，提起赵合林、赵合臣、赵合明、赵合忠、赵合文五兄弟，村民们都竖起大拇指。17 年来，他们义务赡养没有任何血缘关系的杨启发和老伴于秀英两位老人，被誉为“身边雷锋·最美北京人”标兵，他们的事迹在密云区乃至北京市传为佳话。

50 多年前，庄禾屯的村民杨启发和妻子于秀英膝下无儿无女，人到中年时收养了一个 8 个月大的女孩，取名燕燕。1978 年，燕燕高中毕业后要回内蒙古亲生父母身边工作，老两口舍不得孩子，决定卖掉房子，带着户口跟着一起去。离开那天，老邻居赵彦西拉着杨启发的手说：“老哥哥，你去内蒙古跟着闺女享福去了，啥时候有空，别忘了回来看看呀！”然而，让赵彦西没想到的是，杨启发这一走就是 17 年。

燕燕到了内蒙古之后，她的生父给她转了户口，找了工作，还帮她建立了一个幸福的小家庭。但小两口却经常因家庭琐事和养父母发生争执。

1995 年，因为和女儿不合，杨启发老两口又回到密云。先在穆家峪镇的一个侄子家里住了一年多，后来又回到庄禾屯村租了一间房住了下来。然而没住几个月，他们老两口再次无家可归。因为他们年岁都大了，靠着捡破烂挣几个钱，连生活费都不够，哪还有钱交房租呀！由于他们户口不在村里，无奈之中只有求往日老领居老赵家了！

一个风雨交加之夜，杨启发带着老伴敲开了赵彦西的大门，听了老两口的哭诉。赵彦西二话没说，拄着拐杖，把 5 个儿子叫了过来。他望着儿子们说：“事情摆这了，你们拿个主意吧。”兄弟们平常对父亲很孝顺，老二赵合臣看出了父亲的心思，经和兄弟们商量，爽快地表示："我们哥五个有三个是党员，也是老两口看着我们长大的，老人家的事就是我们的事。他们老两口以后养老的事我们哥儿几个管。"杨启发听了感动得泪流满面。

赵家兄弟孝顺父母在村里是出了名的。当初，他们的父亲赵彦西喜好安静，哥几个特意凑钱给老人买了一座独门独院的瓦房。哥几个和家人常给老人送来各种生活用品，谁家做了好吃的第一个给老人端来。现在，杨启发老两口搬了过来，和赵彦西一起生活，三位老人每天有说有笑，其乐融融。虽然兄弟们负担重了，还是看在眼里，喜在心上。

这样，赵合臣哥儿几个今天提斤肉，明天送袋米；天热了，赶紧买电扇；天凉了，又送来棉衣和棉被。没多久，他们又共同出资，把正房翻盖成了宽敞明亮的新瓦房。又在院子里盖上了南房和西厢房，把厨房、洗澡间、卫生间装饰一新。还给三位老人买来了新的家用电器。不仅如此，他们还买来氧气瓶、血压表等医疗器械供老人使用。杨启发感慨地说："本想跟养女去享福，没想到自己养大的孩子指望不上。如今靠邻居的孩子养老，还住上了新房，我真不知道该说什么好啊！"

有一天，赵合臣和赵合文过来看望三位老人，发现院子里有一大堆旧塑料、旧衣服等破烂。杨启发憨厚地解释说："我们住在这儿，让你们养活，心里过不去，捡点破烂卖点钱减轻你们的负担。"赵合臣笑着说："以后您就别捡了，您的心意我们领了，有我们吃的就有你们吃的，从今天起我们兄弟给你们发生活费。"赵合文接着说："大伯，这样吧，我每天再给你几块钱，就当您捡破烂的工资了。"从此这份"固定工资"就持续下来。

赵家五兄弟对待两位老人，就像对待自己的父母一样，关心他们的身体健康和生活，从物质上给以满足，精神上给予慰藉。

2010 年，赵家五兄弟送走了 95 岁的杨启发老人，随后，自己的老父亲也走了。

有人要出 15 万元买下这座房子，他们不卖，继续让于秀英老人住。

为让老人住得踏实，春节前，锅炉坏了，他们就凑钱换个新的。烧这锅炉，一年烧水做饭和冬季取暖需用 5 吨煤 5000 多元，五兄弟都承担了下来。

老邻居张文成说："大队建设和谐村，街道两旁墙上彩绘二十四孝图。百善孝为先是中华民族的传统美德，赵家兄弟孝敬老人是出了名的。特别是赵合臣，他给村民做出了榜样。"

于秀英老人和赡养她的赵家五兄弟

如今，于秀英老人住的是一个独居小院，进了堂屋门，两大盆鲜花散发着清香。东墙上贴着首都文明办送给老人的"童子送福"的年画。屋内还有暖气、电风扇、沙发、茶几等用具，这是老人的客厅。西边卧室中间是一个饭桌，东边放一个单人床，南边靠窗的单人床是兄弟们伺候老人时陪住用的，她年纪大了，有时夜间需要照顾。

于秀英老人已经 97 岁了，五兄弟怕老人孤单，对她更加关爱了，每天中午、晚上哥几个轮流照顾老人，看她吃得好不好，睡得怎么样，给老人梳头、戴助听器、洗澡、剪指甲，照顾得细心周到。

庄禾屯村的老村民赵生满常对人讲，赵彦西的儿子儿媳们在孝敬老人方面数第一，特别对杨启发老两口的照顾令人称赞，这样的家风值得学习。

在照顾老人上，除赵家哥几个，他们的几位贤内助也非常令人钦佩。她们妯娌 5 人也都六七十岁了，不但照顾好自己家的老人，还特别关心两位非亲老人。5 个家庭照顾老人做到了真心实意、自然分工，互相配合、统筹安排。老大赵合林处处起模范带头作用，其媳妇雍玉华像对待自己的亲娘一样百般照顾，今天包饺子，明天炖猪肉给老人送去；赵合明为人忠厚，对老太太照顾全面，连梳头、剪指甲等生活锁事都体贴入微；赵合臣如同是老太太的贴身佣人，带头随时随地帮助老人解决各种困难；赵合忠不怕脏累，不顾严寒，多年来冬天里为老人烧锅炉，使老人屋子温暖如春；老五赵合文是总管家，于秀英老人的生活冷暖，随时挂在心上，大项开支由他组织安排。总之，用赵合臣的一句话说：“只要老人幸福，就是我们的最大幸福。”

村党支部书记的优秀代表

郭德昌 韩志正 丁宏伟 郭克喜

新中国成立以来，十里堡地区各村级党组织带领广大人民群众积极投身社会主义建设事业，取得优异成绩，成为全县最早的亿元乡和亿元村。在众多的农村支部书记中有罗连庆、刘立恒、王葛伶、赵明廉这样几位优秀代表人物。他们几个人的经历是那个时代的历史缩影。

十里堡村的罗连庆

罗连庆（1923—2001 年），十里堡村人。1948 年加入党组织，成为十里堡村第一名中共党员。解放初期，村里组织互助组、合作社，罗连庆被推选为合作社社长，不久担任村党支部书记。1956 年 9 月组建十里堡乡人民委员会时被抽调担任乡长（半脱产干部，未列编）。1958 年成立人民公社后担任河漕管理站站长。当时，按政策他可以转为国家干部，列编公职人员，但他却主动要求回村，后经组织任命为十里堡大队党支部书记。

为了足额向国家交售公粮，罗连庆本着实事求是原则，既让社员能承受又不亏空国家公粮任务，十里堡大队的“查田定产”工作，被公社领导评价为：“丁是丁、卯是卯，产粮亩数最实。”每年向国家交售公粮、余粮 35 万斤，花生 10 万斤。

20 世纪 60 年代初，他就发动社员筛沙石料，并将砂石料运送到小唐庄火车站出售给国家，使得社员工分值最高达到 1.59 元。20 世纪 70 年代他组织社员大力开展渠系配套，全大队 2200 亩耕地全部得到灌溉。又在村域内打了7眼水井，为全村土地上了“双保险”。

70年代农业学大寨，他和班子成员一道积极深挖潜力，将烟墩子、低岗子、西荒子等7处列为学大寨的重点平整地区。一连三个冬春，十里堡大队硬是平整出100多亩上等水浇地。十里堡大队连年被评为公社或县农业学大寨先进单位；他本人也曾当选为县人大代表和被推荐为县政协常委。

1980年，57岁的罗连庆又被推选为大队党支部书记，1981年中共北京市委、北京市人民政府授予罗连庆“农业劳动模范”荣誉称号。至1984年，年逾六旬才从书记的岗位上退下来。

罗连庆曾三度担任十里堡大队（村）党支部书记。2001年4月因病去世，享年78岁。为追记老书记的功绩、激励后人，村党支部为他举行了追悼会。

统军庄村的刘立恒

刘立恒，统军庄村人，1935年8月出生。1954年初中毕业，毕业后到小石尖村当小学教师，1959年入党。1962年响应号召回村支援农业，后来任大队书记，至1992年抽调到镇办企业商标厂任厂长，累计任职30年。因善于学习、思想活跃、工作有创新，群众亲切称他为“刘克思”。

1972年，带领村民平整土地2800亩，黄土压沙800多亩，栽树3万棵，打机井7眼，修水渠5条3000多米。村里男女老少齐上阵，红旗招展、热火朝天的学大寨现场，还被中国新闻电影制片厂拍成了影片，成为学大寨典型。

在他的带领下，1977年，统军庄村粮食总产达到142.3万斤，亩产1024斤，成为全公社为数不多的单产过千斤大队。1978年先后置买了31套胶轮马车、8辆山东潍坊大卡车，组建了村级运输队。1983年起，又陆续开办尺带厂、印刷厂、制本厂、卷帘门厂、磁疗针厂等5个企业，且办起奶牛场，引进奶牛43头；发展重点户、专业户、个体商户178户。

在他的领导下，统军庄的村办企业年总产值400多万元，利润50多万元。为了发展乡村，用于街道整治、村民福利等集体和厂区的建设，累计投入了200多万元。

经他带领群众整治出的企业用地如今已成为统军庄工业大院，有落地企业10家，年收入15201万元，成为镇村的重要工业基地。

1992年，他被乡里抽调到乡镇企业商标厂当厂长并负责协调全乡的印刷企业。不久后企业转制，包括原村里的企业，按政策他都可以是第一承包人，但都被他婉言谢绝了，不计名利得失，退休了。

河漕村的王葛伶

王葛伶，1949年生于河漕村一户穷苦农民家庭。他3岁丧父，与奶奶、母亲和姐姐相依为命。在小学读书时，免学费上学直到高小毕业。14岁开始在生产队出工放牛。19岁加入共青团并任团支委，23岁任团支部书记，27岁任村党支部副书记。34岁任村支部副书记兼任村长，37岁任村党支部副书记兼村主任。41岁时，以全体党员满票当选为河漕村党支部书记。

20世纪70年代，王葛伶出任支部副书记，主管村里日常工作，与老书记和领导班子一起，大搞农田水利建设，制定出“田成方、树成行、渠成网、乡连乡”的建设目标。经过4年艰苦奋斗，目标全部得以实现。河漕大队连年被评定为农业学大寨先进单位。

进入20世纪80年代以后，村党支部以农业为基础、工业为主导，把河漕村的工业企业搞起来，实现以工脱贫、以工致富。从1982年开始建立起第一个装订厂，继而又将原大队修配厂改造扩建为机械制造厂。珐琅厂、制本厂、水泥构件厂、养鸡场、建筑队陆续建起，至1988年，全村建起8个工业企业和1个农业运输企业。当时全乡清产核资时，14个村的企业固定资产总额为2630万元，而河漕1个村的企业固定资产总额就有

1280 万元，1 个村的固定资产总额占 14 个村总额的 48.7%。

1988 年，王葛伶任河漕村党支部书记。他决心让河漕经济发展更上一层楼，以办好工业企业实现村民共同致富。

首先从加强企业管理入手，向管理要效益。选拔培养 10 名 20 多岁的年轻人入党，让他们从技术骨干做起，再由车间主任、副厂长过渡到厂长，成为各企业的年轻管理者。同时加强企业职工的管理知识培训，花钱请来人才交流中心的教授讲授现代企业管理知识，让农民成为办企业的行家里手。

再者建立健全企业的管理制度、考核制度和奖惩制度。先后出台了 5 年承包制、超额完成指标重奖制、人均创利率考核办法、折旧费上缴村委会、企业主管会计由村委会发工资等一系列改革管理措施。这些规章制度和配套措施有效地促使所属企业个个盈利，而且能够健康发展不衰。企业年总利润曾高达 500 万元。

河漕村的集体企业健康运营、不断盈利，实现了全村的集体致富。村民家庭的电费、水费、粮食加工费、小学生学费和村民医疗费，均由村里统一负担。同时在村内实行干部退休制度和 60 岁以上村民享受养老金制度。

王葛伶同志从年轻时就怀着一颗感恩之心，全心全意地为乡亲们服务。他在村中多年担任党支部副书记、行政村村长、党支部书记，一直严格自律，大胆创新，勇于开拓，使河漕村的经济发展在全县领先。他多年都是密云县的先进基层干部，曾经作为先进典型的代表到北京人民大会堂主席台上发言。后被提任为副乡长、镇长、镇党委书记。作为改革开放时期的干部，尤为难能可贵的是经历 20 多年的经济改革大潮，他始终没有被“利”“欲”俘虏，始终是一名党和人民的好干部。

全国劳动模范赵明廉

赵明廉，十里堡镇庄禾屯村人，1950 年出生于老庄禾屯村（库区内老村），1969年参军入伍，因表现优秀，在部队入党。1973年复员回乡，1975年第一次出任大队党支部书记。当时，他认为光靠每人一亩薄沙田走不出富裕路，必须以副养农，共同富裕。于是组织社员拉沙石、派劳动力外出搞副业，但被人批为“搞资本主义”，只干了3年就被免职。

1982年，几十名党员把村支部书记的担子再次交给赵明廉。他依旧痴心不改，立即与班子成员确定了“庄禾屯村要走稳农兴企、工业兴村之路，实现共同富裕”的发展目标。书记带头，支委分工行动，终于找到一个加工笔记本的项目，但需要5万元投资。没有资金怎么办？赵明廉首先拿出全家仅有的300元积蓄，其他支委都纷纷解囊。经过干部和群众的共同努力，制本厂终于投产了，当年实现利润3万元。

制本厂成功之后，又办起了印刷、装订、文化用品等工厂，固定资产由原来的20万元增加到300万元。1988年又投资4万元买下了邮电部生产磷光油的科研专利，创办了防伪商标厂，年收入20多万元。

1991年，庄禾屯已有9家企业、4个农场，集体固定资产1000多万元。全村1700多口人，有近800人在本村就业，农民人均年收入1461元。庄禾屯人终于甩掉了贫困，走上了富裕路。

从1990年开始，8年投资367万元，新建庄禾屯小学和幼儿园；绿化、美化、亮化村街道，安装路灯，建起村级公园；改造了灯光篮球场、图书室、各部门活动室等村综合文化娱乐场所。

庄禾屯连续8年被评为首都文明单位标兵，赵明廉先被评为北京市劳动模范，1990年又被评为全国农业劳动模范，先后当选为北京市、密云县党代表和人大代表。

为支持县乡企业发展贡献土地

郭德昌

20世纪70年代，在以农业生产为主导产业时期，土地是农村和农民的命根子。但是，为了支持县里和山区乡办企业，十里堡人民从全县大局出发，一次又一次地服从建设需要，贡献出了许多土地。

支持县办企业用地

密云县机电工具厂占地 1970年，密云县工业局决定在县城西创办密云县机电工具厂，厂址设在燕落寨村北，共占土地10亩，征用燕落寨大队的土地。该厂为专门生产钢丝钳的县办全民所有制企业，1971年正式投产。该厂1976年生产的钢丝钳开始出口到苏联及东欧国家。此后工人们创新出“钳口淬火工艺”，使“万力”牌钢丝钳成为全国知名品牌，并远销欧美、日本。1997年7月，密云县机电工具厂与北京密云链条厂合并，组建密云县工具链条总厂。1999年9月，转制为民营北京密云万力工具有限公司。所生产的钢丝钳仍延用“万力”商标，远销欧美、日本等国家。

北京密云链条厂占地 该厂创办于1976年，位于燕落寨村北，其前身是20世纪60年代建立的密云农机修造厂，位于密云县机电工具厂南侧，总面积达60余亩。密云链条厂生产链条，填补了北京市工业的一项空白，当年对推动北京市农业机械化起到了一定的作用。在国内链条生产行业，有着较高的声誉。产品质量不断创下新佳绩：1978年7月，全国链条行业第一次组织行业检查，该厂有两种规格链条荣获华北地区质量第一；1982

年 10 月，其中一种链条荣获机械工业部第一批优质产品，为密云县工业企业首个部优产品；1985 年，10A、12A 两种产品，创北京市优质产品称号；42G 型高速喂料机链片，荣获北京市科技进步三等奖。1997 年 7 月，密云链条厂与密云县机电工具厂合并后，于 2002 年停止链条生产。虽然密云链条厂成为了历史，但该厂创造过的辉煌却永远印证着十里堡人民曾予以的土地贡献。

北京密云县棉纺织厂　1982 年，密云县人民政府为解决密云水库移民子女就业难问题，创办北京密云县棉纺织厂。基于地下水源充沛和便于铁路运输，厂址便选在十里堡公社双井大队北侧，需要就近占用耕地200亩。而双井大队是水库移民村，原本土地就不多，但为了支持县办企业，双井大队还是服从了全县大局，与城关公社二街大队一道做出了土地奉献，确保了翌年 3 月动工兴建厂子。该厂装有纱锭 3 万锭，织布机 700 台，于 1985 年 5 月试车投产。

建厂之初为公社联营集体所有制企业，1989 年改为县办集体所有制企业。1987 年生产达到设计能力，1988 年取得计量三级合格证书，27.8 号纯棉普梳纱被评为北京市优质产品。规模上成为北京市第四大棉纺织厂。至 1990 年，有职工 2810 名，固定资产净值 3005.8 万元，年生产棉纱 5200 吨、织布 1656 万米，年工业总产值 6324 万元，年创利税 555 万元。1993 年改制为北京富帛实业股份有限公司。1997 年后，由于国家政策调整，随着首都城市功能新定位，到 2010 年，公司依法实施破产清算。

支援山区乡办企业用地

1984 年，乡镇企业异军突起，密云县各乡镇都兴办企业。当时的四合堂乡由于地处深山区，交通不便，发展乡镇企业没有合适的场地。经时任副县长王正在牵线联系，与北京市汽车分电器厂洽谈联营项目。项目谈成后，需要在山外平原地区建厂。在县领导的协调下，四合堂乡向十里堡乡求援，提出征用土地的要求。十里堡乡党委、乡政府给予支持，在王各庄和统军庄村干部群众的大力支持下，很快落实了60余亩办厂的土地。至此，北京市汽车分电器厂与四合堂乡的联办企业北京市汽车分电器厂密云分厂，于1986年在王各庄、统军庄两村的地界内建成投产，主要生产汽车配件。根据《密云县国民经济统计资料》显示：1990年，该厂有职工88人，固定资产原值达到125.1万元，固定资产净值为102万元，机床及锻压设备有63台，当时年生产配件345.4万双。

1991年，四合堂乡发生特大洪灾和泥石流，原来厂址在该乡内的修配厂地处泥石流易发区，需要迁址山外。于是厂址又选在原已征用十里堡乡的王各庄、统军庄两村土地上，与汽车分电器厂为邻，建起密云檀阳家具厂（为二厂，占地共61亩，各为一半）。根据《密云县统计年鉴》记载：该厂迁扯建成投产时间为1993年。至2000年，有职工120人，工业总产值实现644.7万元，增加值实现101.6万元，当年生产家具配件200万件。

十里堡乡党委、乡政府及王各庄、统军庄两村人民大力支持四合堂乡发展企业的情谊，让两个企业的员工和四合堂乡的人民群众久久不能忘记，已成为两地人民友好交往的历史见证。

为密云经济开发区发展贡献土地

郭德昌

1992年，邓小平南方谈话之后，全国各地兴起建设“开发区”的热潮。密云县委、县政府决定在十里堡乡（镇）域东南部建设“密云县工业开发区”，2006年更名为“北京密云经济开发区”。1992—2001年开发建设一至三期工程，列为A区；2002年始，开发第四期工程，列为B区。

A区开发用地

1992年5月，经北京市人民政府批准，密云县工业开发区正式成立。开发区选址位于县城西2.5公里处，北临101国道（改线前），东邻密云镇西大桥村，西至十里堡村，南至潮白河汇合口。这里交通便利、村庄少，而且周边土地多，可开发利用的土地面积大。

根据北京市规划设计院的《密云县工业开发区设计方案》，规划用地总面积20平方公里（30000亩），分四期开发建设。因为开发区占用的土地绝大多数在十里堡镇域内，每期工程的启动，十里堡乡（镇）政府及相关村都给予了巨大支持。在开发区建设工程初期，涉及五里井村，该村是燕落寨行政村的一个自然村。此前因101国道占地已拆迁30多户，凌乱的村庄还未来得及规划整修，又再次动员他们拆迁。按照当时的拆迁政策，这些拆迁户全部搬迁上楼，一部分安排在兴云小区，一部分安排在果园小区；有的农户未能实现父母与子女一起或就近居住，但村民们毫无怨言。根据占地情况，政府为燕落寨及双井村部分农民办理了“农转非”，并将其中符合转工条件的劳动力登记造册，安置了工作。

开发区建设起步时，实行了“小片起步、滚动开发”的方法，即先进行小面积地块建设，待引进项目后，用收回的资金再进行其他地块的建设，形成“启动一片、建成一片，开发一片、引进一批”的开发建设模式。当开发建设“高校园区”时，仅北京大学工业园就需占地1240亩。开发区已征用燕落寨村3873亩土地，又再次征用了该村1287亩地，因此确保了北京大学工业园按时开工建设。

截至1999年，通过征用土地并以“土地入股”的形式，开发区与国家教育科技发展中心联合建立了占地3000亩的高校高科技工业园。为此，密云县工业开发区被批准为“北京中关村高科技园区的辐射区”，形成了“高校产业基地、软件产业基地、中央党校产业基地、环保产业基地、生物工程及制药产业基地”的五大基地和“清华工业园、北大工业园、东大工业园、中科院第二软件园、世界华商电子工业园、巾帼工业园、青年工业园和民营工业园”八大园区的格局。

A区开发征用的土地，涉及城关镇的临界村和十里堡乡，而绝大部分土地来自十里堡乡，分别是王各庄、程家庄、庄禾屯、河漕、十里堡、燕落寨、双井等7个村，共征占土地11265.42亩。

B区开发用地

2002年11月，密云经济开发区启动四期开发工程，建立“北京汽车及配套零部件生产基地”。确定设在十里堡镇西北部、西田各庄镇东南部区域，征用两个镇位于开发区周边村庄的土地。

征地范围涉及十里堡镇的统军庄、清水潭、水泉、杨辛庄、红光5个村，所征用土地面积为1626.26亩。这5个村中有4个村均为密云水库移民村，1958年因修建密云水库曾做出无私奉献。44年后的今天，他们为了全县经济的发展，村民们仍然毫无怨言，服从了开发区建设的大局，再次贡献出原本为数就不多的土地，保证了工程如期开工建设。

至2003年9月，入驻B区的汽车零部件企业达30家，其中，内资企业11家，外资企业19家。有9家企业实现了当年引进、当年投产。其中万都（北京）汽车底盘系统有限公司，隶属于韩国万都株式会社，以研发生产汽车底盘为主，是“北京现代”汽车的一级供应商，其厂房就需要12000平方米，加之其他生产设施共占地面积40亩，建筑面积达4万平方米。这些企业规模的形成，均得益于十里堡人民的土地贡献。

密云经济开发区自建设起步至第四期工程，已开发利用土地面积12.55平方公里（18825亩），其中A区7.35平方公里、B区5.2平方公里。属于征用十里堡镇域的土地12891亩，占总面积的68.5%。全镇共14个村，其中有12个村均贡献出了土地。而12个村中仅燕落寨（含五里井）全村、双井部分村民转为非农业人口，符合条件的人政府安排了工作，其余10个村未安排农转非人口，只是按政策给予了土地补偿款。

时至2016年，经过20多年的开发建设，密云经济开发区综合配套服务齐全，供水、排水、供电、通信、供热、天然气、道路等市政基础设施完备，入区企业230家，现已初步形成四大主导产业：以福田汽车北京多功能汽车公司为代表的汽车及零部件产业；以合纵科技股份有限公司为代表的电子电器产业；以今麦郎饮品（北京）股份有限公司为代表的食品饮料产业；以北京康辰药业有限公司为代表的生物医药产业。这些成果的取得，蕴含着十里堡人民牺牲个人与小家的利益，显现出顾全大局的可敬胸怀和奉献精神。

为建设公路和森林公园贡献土地

郭德昌

公路建设用地

101 国道建设工程占地 1990 年，国家启动 101 国道工程，这条道路是密云区域内唯一的国道。

在十里堡镇域内，101 国道密云段起点位于统军庄村，东止双井村，途经统军庄、王各庄、程家庄、庄禾屯、十里堡、燕落寨（五里井）、双井村。路基宽 25 米，自统军庄至双井村长 5.9 公里，共占用耕地 221.25 亩。道路用地均为一等耕地。其中，燕落寨所辖的五里井村有 80 户，道路需穿行村庄北部，不仅需要征用土地，而且有 30 多户需要拆迁，为了修筑国道，村民们没有任何怨言，服从了政府安置与安排。

"西统路十里堡段"工程占地 这项工程是"京承高速联络线西统路"建设工程。工程以京密路（101 国道）与西统路交会处为起点，向南、向北双向进行修建。南与京承高速云蒙大桥匝口相接，北连"西统路"，全长约 8 公里。其中，十里堡段为 4.7 公里。按照一级公路标准建设，同步建设桥梁及排水、排污、交通、绿化、照明、隔音屏障等工程。工程占地征用王各庄居委会和统军庄村的土地 271.14 亩，共动迁 176 户。其中，征用土地为王各庄 168.58 亩、统军庄 102.56 亩。

101 国道绕城线（西环路）道路工程占地 即 101 国道改线工程。2013 年，根据密云卫星城规划建设发展需要，101 国道需要改线通行。改线工程是将原线由统军庄村往东方向通行，改为自十里堡村向北、向东方向环绕密云城北，折东至穆家峪镇沙峪沟村西入原线。工程在十里堡镇域的路段为：南起101国道十里堡村北匝口，北向至密云镇季庄村西交界处，道路全长2.5公里、路面宽50米。工程需征占十里堡和双井两个村的土地190.97亩，其中，十里堡村121.1亩、双井村69.87亩。

森林公园用地

2010年，密云县启动森林公园筹建工作，即密云新城滨河森林公园。此为市、县两级政府为民办实事的重点工程，也是密云县建设绿色国际休闲之都的重要举措之一。

密云新城滨河森林公园坐落于十里堡镇域南部地区的潮河与白河两岸区域，旨在利用县西南部潮白河故道及荒滩，打造万亩森林休闲旅游项目。规划总面积9250亩，其中水利工程3680亩，园林绿化工程5570亩。工程栽植各种乔灌木共计35万株，广场铺装6万平方米，播种地被花卉35万平方米。工程主要涉及河南寨和十里堡两镇。其中，十里堡镇需要占用庄禾屯、河漕、程家庄、王各庄等4个村的荒滩林地1500亩。为使滨河森林公园建设顺利开展，2011年9月至2012年5月迅速完成地上建筑物的拆迁腾退，确保了工程进度，至2013年5月竣工。

竣工后的公园，潮、白河水交汇于此并南泄，河面如镜，缓缓流淌，将岸边的花木和空中的白云、飞禽倒映水中，形成一幅美丽的风景图画。

第八部分

新城概览

城市化的建设和推进，拓宽了十里堡镇域的发展空间，正在促进管理体制和经济发展模式的转型。

科学城项目的落实和兴建，为十里堡镇提供了强劲的发展动力和难得的发展机遇。

科学城规划图

密云、怀柔两区的历史渊源

韩志正

密云、怀柔两区自战国渔阳郡建制以来历经2000多年，期间虽有分合，但两区同根同源，山相接、水相连，人相亲、民同俗，共同创造了灿烂的渔阳文化。如今又添“神来一笔”——怀（柔）密（云）联动科学城，渔阳古郡冥冥之中将与科学新城实现古今叠加和品质升华。“古郡新城十里堡”将迎来下一个百年辉煌。

怀柔、密云共治一县

密云、怀柔两县之地，在战国时同属燕国渔阳郡，郡址治所即在今两县交界处的怀柔梨园庄村东、密云统军庄村南。

秦汉时期，两县之地大部属于渔阳郡渔阳县，一直到北魏太平真君七年（446年）渔阳郡迁址，两县同属渔阳郡共729年。

北魏末年，杜洛周起义攻陷安州（今河北围场、丰宁一带），安州三郡8县南迁，侨置幽州北界渔阳县域及周边地区（散布于今密云、怀柔、顺义一带），始有密云县之名。

至北齐年间（550—559年），渔阳县建制取消，两地归属密云县。两县之地共属渔阳县805年。

隋唐以后，该地区为檀州密云县，一直延续到明初（1368年）。两地共属密云县818年。

因此，从渔阳县建制开始（前255年）至明初（1368年），密云、怀柔两县共属同一县治的时间累计达1600多年。

密云、怀柔两县分治

明初，割昌平、密云之地单独设立怀柔县（各4平方公里），密云割给怀柔的地方有仓头以西、原白河以北，今卸甲山一带和南山以南，今东邵渠、木林、龙湾屯、丫髻山一带。

明朝实行屯卫制度，明洪武年间先后设密云中卫和密云后卫两大军事组织。下辖35个军事屯卫所，陆续设立军营、城堡，并派驻军队，同时部队家属随军屯田戍边。由于当时十里堡和怀柔东南部地区（包括今顺义、河北三河市北部地区）是潮白河冲积平原，土地肥沃，因此屯卫所大部分设在这一地区。设在密云十里堡及周边的卫所有：抬头屯（密云西南20里，王各庄附近）、仙台屯（今怀柔仙台庄）、河漕屯、军下屯（河漕西2里，十里堡村附近）、栗园屯（现梨园庄）、宰相屯（今怀柔宰相庄）、周庄前屯和周庄后屯（今怀柔大小周庄）。还包括怀柔境内的白道峪堡、大水峪城堡、神堂峪堡、河防口堡等十多个军营、城堡的军队。这些村庄、军堡所属军人及家属户籍，属密云中卫、密云后卫按军籍独立管理。密云县、怀柔县地方政府都无权管辖。

入清以后，康熙四年裁撤密云中卫和密云后卫，对屯卫村庄进行调整，原35个屯中的24个屯划归密云县地方管辖，有的村在怀柔、顺义、三河境内，形成县外“孤屯飞地”，也就是所谓的插花地。一直到1938年，密云县在三河、顺义、怀柔等处的县外飞地还有26个村庄。其中位于怀柔县境内的密云飞地有宰相庄、仙台庄等8个村庄。

渔阳郡址周边村庄的隶属关系变迁

抗战胜利后，1946 年国民政府再次对密云、怀柔两县所属村庄进行调整：原属怀柔县的龚庄子、坟庄、北宫上、卸甲山、康各庄、疃里、统军庄等 7 村划归密云；原属密云县的河防口、大水峪、神山、宰相庄、梨园庄、仙台、大周庄、小周庄、大屯、小辛庄、新房子等 11 村划归怀柔县。1946 年 8 月，又将密云西田各庄地区划归怀柔县管辖。

1948 年，怀柔县西田各庄地区（包括十里堡部分村庄）划归中共乙化县，怀柔县东部地区（东邵渠、木林等地）划归中共顺义县第八区。1949 年，密云、乙化两县合并成立中共密云县，西田各庄、十里堡地区再次归属密云。1951 年，滦平县（第 11、12、13 区 100 个村庄）、赤城县（3 个村庄）划归怀柔县。至此，怀柔县地域从原来东西走向（最东到今平谷大华山地区），变为南北走向（南接顺义，北接赤城、丰宁）。

从上述情况来看，怀柔、密云两县从明初分治以后，由于军屯卫所制度，怀柔境内包括梨园庄在内的一些军屯所形成的村庄户籍归密云中卫管辖。清初撤卫恢复地方建制，梨园庄划归密云县管辖。一直到 1946 年，渔阳郡遗址处附近的村庄，如遗址北的抬头村、遗址南的小北庄、遗址西的梨园庄、遗址东的王各庄等村庄都归属密云县管辖。附近只有统军庄村归怀柔县管辖。

村庄行政上归密云管辖，但由于土地私有制时期，土地可以买卖等原因，渔阳郡址所在之处的土地不一定全归密云县。渔阳郡治这片土地先后归属过密云王各庄、梨园庄、小北庄，以及怀柔围里、统军庄、郑家庄、张各庄等多村多家所有。民国期间，渔阳郡址所在地是怀柔县张各庄钱姓地主的土地，还曾组织长工在此大面积挖掘过遗址，得到多少财宝已无人知晓。人民公社时期，遗址东垣为统军庄二队和三队的土地，在此挖沙石为村队创收时，曾发掘出汉墓，出土过陶罐、五铢钱等文物。

怀柔、密云两县分治不足700年，即使在分治的时期，渔阳郡址所在地也大部分时间内为密云中卫管辖，怀柔区实际管辖这一地区是从1946年开始，至今只有70年时间。

两区共治一县长达1600多年，因此两区同根同源，都是渔阳古郡的创立者和建设者，都是渔阳郡的主人。

怀（柔）密（云）联动科学城

2018年，作为北京市"三城一区"的怀柔科学城空间规划范围由41.2平方公里扩展至100.9平方公里，其中包含密云地块32.4平方公里。2018年，《怀柔科学城规划（2018—2035年）》基本完成，初步确立了"一芯聚核、怀密联动、一带润城、林田交融"的空间结构布局。如今以怀柔科学城为纽带再一次将两区紧密联系在了一起，相信一定会为同属渔阳古郡的两地人民带来更大的福祉。

"密云地块"中，十里堡镇一期占地10平方公里，涉及清水潭、统军庄、水泉、杨辛庄、红光5个村，是科学城东区地块和科学田园综合体。未来相当长的时间内，十里堡镇将围绕科技创新这个国家战略，全力融入到"百年科学城"的建设中，将推动建设科学城规划建设区、科学城产业转化区和科学城配套服务区三大区域。除一期5个村外，还涉及二期、三期101国道以北靳各寨、岭东（部分）和路南王各庄、程家庄和庄禾屯等5村。随着燕落寨、双井、河漕、十里堡等4村划入密云新城和商务区整体规划，不久，十里堡建制镇将不复存在，将成为怀柔科学城、密云新城、密云商务区的有机组成部分，功能定位大踏步转型，行政区划也将从农村建制镇变为城市街道和居委会。

春风十里沐渔阳，怀密联动百年科学城正盛装登场！

城市建设序曲

韩志正　郭克喜

由于十里堡镇紧靠密云城的特殊地理位置，几十年来水库移民、山区灾民安置、经济开发区、道路交通、生态绿化等众多建设项目占用了全镇大量的土地资源，人均土地越来越少。十里堡镇于2000年被确定为北京市中心镇建设试点单位，拉开了农村城市化建设的序幕。密云区“十三五”规划，也把十里堡镇纳入密云城市拓展区，进一步加快了城市化步伐。

老村转制

燕落寨社区　燕落寨村是十里堡镇建制最早的村庄。村南有6000年前雪山一期文化遗址，村北槐抱榆属于国家一级古树，树龄超过800年。历史上全村曾有耕地3150亩，荒滩林地5000多亩。1960年无偿拨给密云水库移民村双井村土地1100亩，1992年密云经济开发区建设又征用耕地和荒滩5160亩。

根据密民字〔1994〕14号文件，1994年3月撤燕落寨村民委员会，建立燕落寨居民委员会。全村1095人由农业户口转为城镇非农业户口，685人安排了工作。至2017年，全社区有456户1243人。村改居以后，揭开了燕落寨历史上新的一页。文化活动、医疗服务、就业环境和福利待遇较之原来的农村管理机制有了明显转变，燕落寨人率先步入城市居民行列。

王各庄社区　王各庄是十里堡地区具有深厚文化底蕴的老村之一。紧靠渔阳古郡城址，是清朝御道进入密云的第一村，康熙皇帝曾驻跸此村，乾隆皇帝曾御赐该村古井“老龙头”之名。曾是人民公社时期的农业学大寨和适度规模经营的样板村。为1985年全镇最后一个撤销大队建制的村庄。

由于荒滩整治、移民占地、山区乡镇建厂、工业大院等占地较多，于2003年转制为居委会，村民转为非农户，一部分村民安排了正式工作，生活福利待遇按城市居民标准，农村进入城镇化。2017年，王各庄棚户区改造项目得到北京市发展改革委批复立项，15栋1336套回迁楼房建设完成并结构封顶，2019年年底将全部回迁入住。同时，村庄原址和土地将成为怀柔科学城“生命健康科学小镇”用地，医养企业、生命健康产业、大型医疗机构将入驻此地，为王各庄居民带来更大的“生命健康”福利。

新区建设

为了快速提高城镇居民比例，十里堡镇加速住宅楼建设，建立新的小区，以吸纳外来人口迁籍入住，先后开发建设了明珠花园、博世庄园和赏星悦木三个小区。

明珠花园小区始建于2001年，小区有16栋住宅楼，现有居民4000户5200人，常住650户2500人，大部分人是外籍人口，按当时政策可以落户成为北京市小城镇户口居民。2002年成立居委会。

博世庄园社区包括博世庄园和赏星悦木别墅区两个住宅小区，博世庄园小区1999年开始建设，共有7栋连排公寓，22栋住宅楼；赏星悦木小区2003年开始建设，有独立成院别墅153栋，现共入住居民520户，常住人口2000人。以非京籍和北京市区人口居多。2009年成立居委会，小区管理服务步入正轨。

截至2017年，三个新建小区和两个居委会共有城镇居民户籍人口9476人，占全镇非农业人口的80%。以此为标志，十里堡镇已经成为名副其实的“中心镇”，快速步入城市化行列。

基础设施建设

圣兴源水厂 2001年，北京市确定十里堡镇为密云县中心镇之一。十里堡镇党委、镇政府开始实施完善小城镇功能基础设施工程，租赁靳各寨村土地，建成了北京圣兴源水厂。水厂2002年建成使用。占地23.6亩，总投资600万元。厂址位于镇政府西1.2公里。

水厂是国家正式批准的地下水供水企业，各类手续齐全。水厂有5眼水井，其中200米深水井3眼，50米浅水井2眼。自备250千瓦电力变压器一台，蓄水池长18米、宽18米、高3米，容量800立方米。蓄水池有通往各村的给水管线2万米，设计供水能力每天5000立方米。

水厂有会议室、办公室、储藏室、化验室、厨房、职工宿舍等3排房子，总建筑面积1060平方米；地面硬化面积4100平方米；有果园、花卉等绿化面积8700平方米。厂区房屋整齐、窗明几净，春夏秋三季花果飘香。

北京圣兴源水厂原来属十里堡镇政府直属企业。站长由镇政府任命，镇里发工资，工人工资从收取的水费中支出。

2009年10月，十里堡镇将北京圣兴源水厂转制给北京中安防伪印刷有限公司，企业性质为民营企业，但水厂仍延用原名。水厂转制后，关闭水质不好的水井，同时将通往各村的供水主管线延长3635.9米，直通水泉、程家庄、燕落寨等全镇大部分村庄，根据村庄和各单位需要接通用户水管。

北京圣兴源水厂实行24小时供水，现在日供水量800～1200吨，年设计供水300万吨。为十里堡镇政府、学校、卫生院等行政事业单位，隆源工业园区、排山汽车城等83户企业单位，赏星悦木小区、明珠花园小区等单位供水。水厂定期做水质监测化验，输水管道设备随时检查。用户供水设备安装、维修随叫随到，保障供水安全及时。

现在圣兴源水厂有站长一人，职工有会计（兼出纳）、化验员、电工等7人。人人持证上岗，严格执行《水厂供水消毒制度》《管水员职责》等各种规章制度。企业自收自支，各项工作井然有序。

明珠生态休闲公园　明珠生态休闲公园是十里堡镇属公园，属于小城镇建设必要的附属设施。公园2002年9月建成，位于镇政府西南1公里，是一处休闲、生态、人与自然和谐相处的秀美园林。

2000年，北京市政府颁布的《关于进一步加快郊区小城镇建设推进农村城市化进程的意见》，要求在小城镇建设过程中，要实施以完善小城镇功能为重点基础设施工程和以绿化、美化、净化、硬化为重点建设工程。2001年，十里堡镇按照北京市政府文件精神，为改善本镇人民的居住环境，配合小城镇建设，租赁十里堡村北土地150亩用于建设休闲、健身、娱乐公园。它的服务对象主要是明珠花园小区、庄禾屯、十里堡等周边的村民和居民。

明珠生态休闲公园2002年3月开始建设，于同年9月建成。占地面积0.1平方公里，总投资800万元。

公园南大门是一个高大的牌楼，顶端是“明珠生态休闲公园”8个金黄大字。牌楼中间由三个红色三角形组成的图案，图案两边是两层米黄色的长方形装饰板，安装在6根雪青色的圆形水泥柱上。牌楼美观大方。

进了公园一直向北，甬路东西两侧安装有健康公园宣传栏，上面介绍多种锻炼方法。甬道上安装着几种漂亮的太阳能灯，两边是由黄杨组成几种图案的篱笆。沿甬路向北直达中央平台，是人们进行跳舞、打拳等活动的娱乐健身场所。平台周围有400米健身步道和十多个健康知识牌，如有健身者自我防范小贴士，运动前后的饮食等内容。

公园中既有春季开放的桃花、杏花、梨花，又有绒花、扶桑、海棠等夏秋季开放的花，还有常青树、银杏树、细叶松等树木，在大片草坪绿地的衬托下，更显得美丽怡人。公园中还有石桌、石凳、凉亭等设施，供人们散步健身后小憩之用。

从公园大门沿园林路东行，甬路的东南有一个灯光篮球场。球场北边是器材健身区，有滑梯、跷跷板、象棋盘等20多种健身娱乐器材。在大树的掩映下，人们休闲健身，更觉得舒适惬意。器材区的东边有4组民防教育宣传栏，宣传安全用电，安全用气，防抢、防盗、防诈骗等有关人民群众生命财产安全的重要生活常识。

明珠生态休闲公园由十里堡镇生态公益林管护专业大队管理，工作人员共12人，由十里堡镇政府拨付工资。

生态公益林管护专业大队在冬季时的主要任务是全镇的护林防火，其他季节担负的是全镇的防汛和本公园的绿化、打草、剪枝、修理等工作。他们的辛勤工作，有力地保证了明珠生态休闲公园各种树木和花卉的健康生长，为人民群众营造了一个优美的环境。

公园卫生间由密云区环卫所派人管理。规定明确的岗位职责和卫生标准，环卫检查员每天对卫生间检查两次。

明珠生态休闲公园因为紧邻101国道，不但附近的村民和居民来此休闲、娱乐、健身，有时过往车辆的司机和行人也在此休息和参加娱乐活动。正如公园介绍牌上所写：漫步园中“看花笑谁，听鸟说甚”，置身亭内，夕阳唱晚，枫叶流丹，饱览秀色，不亦乐乎！

怀柔科学城

韩志正

怀柔科学城作为国家战略，肩负着“建设具有全球影响力的科技创新中心主平台”的核心使命，承担着“打造百年科学城、建设世界知名的国家科学中心”的两项艰巨任务，聚焦着“世界级原始创新承载区、综合性国家科学中心核心承载区、生态宜居示范区、新兴产业策源地、创新改革示范高地”五大战略定位。这一重大项目必将加速怀柔和密云两区各项事业的发展，同时对十里堡镇也是一个难得的发展机遇。

规划历程

2014年国家确定了北京作为全国政治中心、文化中心、国际交往中心、科技创新中心这“四个中心”的城市发展战略定位。

2016年5月，全国科技创新大会、两院院士大会、中国科协第九次全国代表大会，即“科技三会”在北京召开。会议明确了我国科技发展“三步走”的战略目标，吹响了建设世界科技强国的伟大号角。

“三步走”的战略目标是，到2020年我国进入创新型国家行列；到2035年我国进入创新型国家前列；到2050年我国要成为世界科技强国。

2016年5月，中共中央、国务院发布《国家创新驱动发展战略纲要》（简称《纲要》），这是我国实施创新驱动发展战略的“顶层设计蓝图”。《纲要》明确提出要“推动北京建成具有全球影响力的科技创新中心”。

2016年9月，国务院印发《北京加强全国科技创新中心建设总体方案》

（简称《总体方案》），把北京科技创新中心建设上升为国家战略。《总体方案》明确提出了“推进三大科学城建设”，指出要统筹规划建设中关村科学城、怀柔科学城和未来科学城，形成领跑世界的原始创新策源地，将北京打造为世界知名科学中心。

2017 年 2 月，北京市提出抓好中关村科学城、怀柔科学城、未来科学城、北京经济技术开发区，也就是“三城一区”建设思路，努力打造北京经济发展新高地。

2017 年 5 月，国家发展改革委、科技部联合批复《北京怀柔综合性国家科学中心建设方案》，明确指出以怀柔科学城为核心承载区，以世界先进水平的重大科技基础设施群为依托，综合集成北京地区的科研机构、创新人才、研究装置和科技项目，开展高水平科研活动，提升我国在交叉前沿科学技术领域的源头创新能力和科技综合实力，代表国家在更高层次上参与全球科技竞争与合作。

2017年9月，中共中央、国务院批复《北京城市总体规划（2016—2035年）》，指出要高水平建设“三城一区”，打造北京经济发展新高地，明确怀柔科学城要建成与国家发展战略需求相匹配的世界级原始创新承载区。

2018 年 9 月，《怀柔科学城规划（2018—2035 年）》初步完成，确立了“一芯聚核、怀密联动、一带润城、林田交融”的空间结构。初步确立了怀柔科学城建设的 4 个时间节点及发展目标：

到 2020 年，怀柔科学城城市框架扎实起步，北京怀柔综合性国家科学中心建设成效初步显现。

到 2025 年，怀柔科学城城市框架基本形成，北京怀柔综合性国家科学中心影响力显著提升。

到 2035 年，基本建成国际知名的科学城和科学中心。

到 2050 年，全面建成引领世界一流水平的科学城和科学中心。

空间布局和功能区划

怀柔科学城位于北京市东北部，距离北京中心城区大约50公里，处于怀柔区、密云区的核心地带。规划面积100.9平方公里，其中，怀柔区域68.4平方公里，密云区域32.5平方公里。

空间布局是“一心，一核，三区；一带，一轴，一网”。

“一心”：就是科学城的中心区，是承载科学研究功能和城市公共服务功能集聚的区域，规划面积约20平方公里。

“一核”：就是在中心区的北部打造科技聚核，也就是创新要素高度密集的区域，规划面积约10平方公里。

“三区”：也就是科学城的北区、南区和东区。

科学城北区，规划面积约5.7平方公里，围绕中国科学院大学，完善学科建设、科学研究、人才培养等功能，建设重要的智力资源集中区。

科学城南区，规划面积约10平方公里，建设创新转化发展区，承载研发服务、创业孵化、成果转化、技术转移、高精尖产业发展等功能。

科学城东区，规划面积约7平方公里（即密云经济开发区四期），建设科学创新发展区，主要聚焦地球系统科学、生命科学应用等研究方向，重点布局重大科技基础设施、交叉研究平台、研究型大学校区、研究型医院、成果转化、科技服务、城市公共服务等功能。

“一带”：就是沿着雁栖河，打造一条贯穿南北的雁栖滨水活力带，长度约20公里，两侧辐射范围约20平方公里，构建体现山水气韵、历史文脉、未来科技的滨水活力走廊。

“一轴”：就是打造一条联通东西、连接怀柔和密云的融合发展轴，在更大尺度上带动怀柔新城、密云新城的创新发展。

“一网”：就是打造山环水绕林拥、绿韵田园相嵌的生态网，主要是科学田园，规划面积约 33 平方公里，把怀柔、密云两区之间的大尺度农田作为回归自然、放松身心、激发灵感的源地，构建现代农业与科普相结合、田园风光与农业体验有机衔接的科学田园，营造密林、田园、河网、生物、村落和谐统一的动人图景。

怀柔科学城科研特色

原始创新，是怀柔科学城的核心关键和明显特色，是怀柔科学城区别于其他科学城的显著标志。以提高我国在基础科学研究和前沿交叉科学技

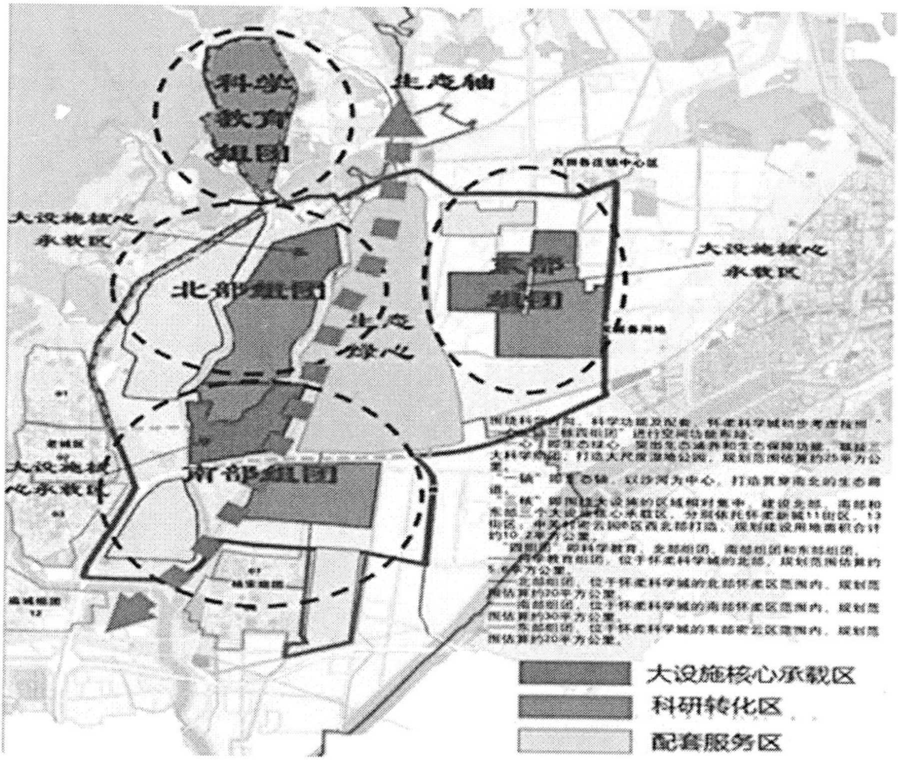

怀柔科学城空间功能布局图

术领域的源头性创新能力和科技综合实力。怀柔科学城的原始创新，可以概括为“五个一批”：

建成一批国家重大科技基础设施和交叉研究平台。

汇聚一批国内外顶尖科学家、科技领军人才、创新创业团队和青年科技人才。

集聚一批高水平的科研机构、高等院校和创新型企业。

开展一批基础研究、前沿交叉研究、关键技术攻关等科技创新活动。

产出一批具有世界领先水平的原创科技成果。

怀柔科学城聚焦领先优势学科领域

怀柔科学城，重点聚焦物质科学、空间科学、地球系统科学、生命科学、智能科学五大科学方向。这5个科学方向，实际上就是，为应对人类共同面临的挑战、构建人类命运共同体提供科学支撑。

物质科学：重点聚焦凝聚态物理、分子科学、粒子物理、纳米科学与器件、先进材料与应用。

空间科学：重点聚焦空间探测研究、载人航天空间科学与应用、空间关键支撑科学和应用。

地球系统科学：重点聚焦地球深部与资源科学、地球环境与生命演化、地球系统与气候变化、大气污染与环境保护。

生命科学：重点聚焦生物医学成像技术、干细胞与再生医学、转化医学研究、生物医学大数据。

智能科学：重点聚焦类脑认知功能计算模拟、通用智能计算理论、脑机融合与混合智能、大数据智能。

五大科学方向中，地球系统科学和生命科学集中在东区密云地块。目前 1 个地球系统数值模拟装置和 5 个交叉研究平台建设已在云西开发区内开工建设。北京大学医学部、研究型三甲医院和 12 年一贯制学校，总占地 2046 亩的三个项目，确定落户密云地块十里堡镇域内。

科学城建设对十里堡镇的影响

怀柔科学城建设是国家战略，同我国社会主义现代化建设“三步走”的战略目标，同北京城市总体规划提出的建设科技创新中心“三步走”的战略目标紧密相联、同频共振、提供支撑。

这是百年大计，对密云区和十里堡镇来说是千载难逢的发展契机。

提升管理水平　科学城建成以后，乡镇建制将不复存在，原来的管理体制与经营理念将改变为城市经营理念。相当长的历史时期内，十里堡镇的工作重心将围绕科学城、配套科学城、融入科学城建设之中；工作中也要以新观念、新方法、新举措适应新的业态、新的居民、新型社会关系的变化，全面提升管理水平。

优化产业结构　十里堡地区作为科学城的产业孵化基地和后续发展储备空间，很多“硬科技”前沿产业将落户于此。新材料产业、生命健康产业、生物工程、精密仪器产业、太空地球探测产业、节能环保产业、人工智能等高科技产业将蓬勃发展，高技术、高附加值的产业将为十里堡地区经济产业发展带来质的提升，思维方式、盈利方式、服务方式将发生根本性改变。原来的产业结构也要随之大幅度调整。

优质生活保障　科学城建设的最大受益者是当地的老百姓，便捷的交通、发达的教育、高水平的医疗、良好的就业环境、优质共享的公共服务体系、生态宜居的绿色空间。总之，人民对美好生活的向往即将实现。

交通枢纽的密集地

郭德昌

密云“十二五”规划将十里堡地区纳入“密云新城”，北京市第十二次党代会将怀柔科学城建设东扩至密云，列为东区。十里堡便是东区的主要建设区域。因此，区域与周边环境也就决定了十里堡镇将形成一个重要的区域性交通枢纽网络体系，成为交通枢纽密集地。

京密路提级为快速路

京密路，亦称G101国道。起点为东直门，终点为北京市界密云古北口。沿线连接朝阳、顺义、怀柔、密云 4 个区，全线长约 123 公里。是北京市东北部重要的放射性国道干线，车流量大、路口多，沿途红绿灯密集。因此道路不畅，车辆拥堵的现象渐成常态。

为改变这一状况，2013 年下半年，京密路前期改造工程就已实施，北京市路政局开始征集设计方案，按照初步设计，时速定为 80～100 公里。2015 年实施改造三环路三元桥至京平高速路段，全长 13 公里。2017 年的道路改造规划，其工程起点为东四环西南约 650 米处，终点至机场南线，全长约 10.3 公里。

这次京密路提级为快速路，是在 2015 年改造工程基础上的继续。根据 2016 年密云区两会报告，十三五期间，密云将加快推进京密路升级，并将其向东北推进至密云，工程将分期分段进行。

根据规划，2019 年率先建设一期，将路修到京平（北京—平谷）高速，以以分解机场高速压力。即工程从京城四环路外开始，一路向东北方向延伸至机场南线，终点位于京密路与机场南线的交汇处，全长约11.5公里，此为延伸京密路改建的前期基础工程。

即将实施的京密路新改建工程，以“升高提速”为道路框架。所谓“升高”，即在现有京密路的基础上架起一座高架路（俗称“加盖儿”）。按照设计方案，京密路将形成主路、辅路运行格局，并按照两层设计，主路为高架，采取架高架桥方式，即在原有道路上面再建一条快速路；现在的京密路则变成辅路。

主路“升高”之后，京密路大部分路段的主路将为“三上三下”，而辅路也是“三上三下”，形成并等同于整条道路将有12条车道，道路承载能力将翻倍提升。

京密路提级为快速路后，人们自密云城进京，首先经过密云新城西大门——十里堡，直达京城四环，进入北京市中心。

京承铁路和京承高速路

京承铁路和京承高速路，是北京通往承德的两条重要交通干线。而十里堡是密云的西大门，既是铁路驰入密云的第一站，也是高速路跨入密云的第一匝道口。

京承铁路　即北京至承德铁路，是密云有史以来过境的第一条铁路。1936年动工兴建，1938年4月1日建成通车，原名为平古铁路，即北平（京）—古北口。铁路自统军庄入密云县境，经李各庄、密云县城、穆家峪、石匣、高岭、古北口，自古北口出县境。境内长74公里，设密云、小营、石厘、下会、古北口等5个车站。在解放战争时期，于1948年12月，因战事铁路被拆毁。1955年开始修复该铁路。1958年因修建密云水库，九松山至石厘段原路基被淹没，新修铁路自县城起改线，由县城往东经巨

临界科学城的统军庄站　郭德昌 摄

各庄、大城子，于墙子路东出县境。1960年，全路建成，正式称为京承铁路。密云县境内长50余公里，设车站6个。

统军庄站，为密云境内第一站。位于十里堡镇西北部的统军庄村东南，建于1960年。车站位置为京承线（76公里+400米）处。原为旅客乘降所，1970年设站运营，只办理客运业务。1974年修建候车室和候车站台，候车室面积46平方米，站台95.6平方米，为4等站。正线及到发线各1股。2013年小唐庄站撤销后，这里承担轨道交汇、转换职能，同时成为密云城西唯一一个乘客乘降站。

1997年始，依据《铁路道口管理暂行规定》对铁路道口实施安全管理，县内路段设有监护道口9处，其中镇域内有统军庄、十里堡、靳各寨、河漕、庄禾屯、岭东等6处，均设专职监护员实施看护管理。

进入21世纪，随着怀柔科学城密云地块开发建设，统军庄站，是距离科学城最近的客运站，成为科学城与铁路交通“路、地”衔接的重要枢纽。

2019年4月，市委书记蔡奇同志就加快推进市郊铁路建设到怀密线调研时强调，要按照新版城市总规划，统筹利用铁路资源，规划发展市郊铁路，构建符合首都发展需要的区域快线体系。依据调研精神，京承铁路会有更新、更大的发展机遇和空间。作为紧临科学城密云地块的统军庄站也将迎来全新的发展前景。

京承高速路　京承高速是途径密云区唯一一条国家高速公路，全称为大广高速公路（密云段），编号为“国家高速G45”，过境全长80.65公里。

道路设计等级为一级，全线采用双向6车道高速公路标准建设，路基宽度35米，最高限速分别为120公里／小时（内侧车道）、100公里／小时（中间车道）、80公里／小时（外侧车道）。京承高速密云段设有密云城区、穆家峪、辛安庄、金鼎湖、大城子、程各庄、北庄、太师屯和司马台等9个出入口。

“云蒙大桥”，位于十里堡镇王各庄社区南，是京承高速密云西大门最为壮观而靓丽的地标性建筑物，有“华北公路第一桥”之称。于2013年11月14日正式通车。桥梁全长744米，主塔高126.5米，是华北地区塔身最高的单塔自锚式异型悬索桥。该桥成为密云新城与首都东部发展带的重要联络线，可缩短市中心城区至密云经济开发区路程15分钟。对促进更多的企业落户，加快经济发展具有重大意义。

“发展带的联络线工程”，该工程北起经济开发区四期环岛，南与京承高速公路相接，全长7.8公里。是西统路的重要节点工程，南北横跨潮白河，分为主桥、引桥、梯道桥三部分。主塔外形采用“种子”造型，象征着发展和希望，孕育着密云及其密云新城更加美好的明天。

“京承高速”联络线——西统路十里堡段

2009年，启动密云“京承高速路联络线西统路十里堡段”建设工程，在原西统路东设新线建设，为京承高速联络线工程，南起京承高速，北至密云水库的交通干道，实现与“密关路（密云——大关桥）”的对接。

工程以京密路（101国道）与西统路交汇处为起点，向南、向北双向进行修建。根据镇公路管理部门提供的资料表明，以101国道与西统路交汇处（密云区经济开发区四期环岛）作为工程坐标“基点”，向南修建的路段称为南幅路（101国道以南路段）工程，向北修建的路段称为北幅路（101国道以北路段）工程。

南幅路工程：北起西统路环岛与南高速路云蒙大桥匝口相接，路基宽 34.5 米，通过同步建设的云蒙大桥连通北幅路；北幅路工程：南起西统路环岛至西田各庄镇域，经河北庄村折向东北，入溪翁庄镇境内。2013 年，京承高速至“河北路（河北庄—北白岩）”的河北庄段已经建成通车。

连接京承高速的新西统路十里堡段　郭德昌 摄

按照规划，自河北路还将有北延 7 公里的修建工程，且不久动工。北延工程南起河北庄，北至密关路，按双向 4 车道一级公路标准建设。全线建成通行后，将贯穿密云西部地区的干线通道，也将串联云蒙山、密云水库、黑龙潭等多个区域，对带动沿线休闲旅游产业发展，加快落实密云区功能定位具有重要意义。道路全长 23 公里，主要路段宽 30 米。其中十里堡段为 4.7 公里，按照一级公路标准建设，设计时速 100 公里 / 小时。同步建设桥梁及排水、排污、交通、绿化、照明、隔音屏障等工程。

1987 年建成通车的老西统路作为“支线”继续担负着原线运营功能，以便捷十里堡、西田各庄二镇的交通。

科学城“密云地块”的起步建设

郭德昌

怀柔科学城的规划、建设、发展，被世人誉为燕山脚下的“神来一笔”，立足于打造“百年科学城”的远景目标。2017 年 6 月，怀柔科学城空间规划面积由原来的 41.2 平方公里扩大至 100.9 平方公里，其中将密云区 32.5 平方公里纳入到怀柔科学城的规划范围中。密云区域的规划范围为科学城的“东区”，面积为 32.4 平方公里。怀柔科学城“东区”，亦称“密云地块”，为西田各庄、十里堡镇部分区域。在产业布局方面，将规划建设太子务、西田各庄、王各庄科技小镇 3 个产业园区。

建设开端

2018 年，怀柔科学城开工建设 4 大科学装置和 14 个平台项目，“密云地块”的在建项目为“地球系统数值模拟装置”“高能同步辐射光源、多模态跨尺度生物医学成像设施”“子午工程二期”3 个大科学装置。所谓“大科学装置”，即由高功率可靠速调管研制平台等 14 个科教专项平台项目和其他待定项目组成“1+3+14+X”项目，称为“项目群”。

地球系统数值模拟装置　2018 年 9 月 28 日，地球系统数值模拟装置项目在怀柔科学城开工建设，此工程为“密云地块”建设的首个项目。位于密云经济开发区（B 区 C_1 地块），为怀柔科学城首个落地项目。该项目是“十二五”国家重大科技基础设施项目的 15 个项目之一，由中科院大气物理研究所承建、清华大学参与共同建设，用地面积 40.2 亩，建筑规模2.43万平方米，总投资12.52亿元。主要是建设地球系统模式数值模拟软件、区域高精度环境模拟软件、超级模拟支撑与管理、支撑数据库和资料同化及可视化、面向地球科学的高性能计算机等系统，建成规模及综合技术均处于世界先进水平。为加快项目建设，密云专门成立了地球系统数值模拟装置项目综合协调推进领导小组，协调推进各项事宜。项目建成后，将大幅提高我国地球系统模拟的整体能力和重大自然灾害预测预警、气候变化预估的研究能力。项目预计于2020年竣工。

“密云地块”首个项目——地球系统数值模拟装置奠基仪式

变电站、燃气锅炉以及两座电力开闭站　为保障开发区供电，满足科研项目需要，密云经济开发区新建110千伏输变电站以及两座电力开闭站，工程占地5300平方米，2018年8月开工，至2019年6月完成全部工程。同时将新建一台80蒸吨燃气锅炉，增加供暖面积。

空地一体环境感知与智能响应研究平台　空地一体环境感知与智能响应研究平台项目位于云西开发区西北部，建筑面积39900平方米，投资额2.86亿元。建设内容主要包括空地一体环境感知、环境大数据中心、环境模拟与智能响应三个系统，还有综合实验楼、模拟工坊、生物研究室、模拟场研究室等单体工程。总工期614天，于2018年12月31日开工，2020年9月5日竣工。

建设愿景

怀柔科学城这一规划面积超百平方公里的4大科学装置和14个平台项目，在“十三五”期间，所有计划建设的工程都将开工建设。其中，2019年在“密云地块”已有9大项目落地。分别是：深部资源探测技术装备研发项目、京津冀大气环境与物理化学前沿交叉研究平台、环境污染物识别与控制协同创新平台、泛第三极环境综合探测平台、清华大学环境学院“空地一体环境感知与智能响应研究平台项目、北京大学（医学部）密云校区及其三甲级研究型附属医院，以及12年一贯制学校的3个项目（幼儿园、小学、初中各1所）。9个项目中，中国科学院负责的4个项目，均为“十三五”科教基础设施项目。

与科学城配套建设的还有北京大学附属学校、幼儿园和一所研究型智能医院。北京大学与密云区已经达成意向，将建设北京大学医学部密云校区，以及研究型附属医院、幼儿园、12年一贯制学校项目（84个班），这些项目规划总用地近2000亩。其中，北京大学12年一贯制学校建设项目作为怀柔科学城的重要配套服务项目，已列入2019年怀柔科学城重点建设项目清单。目前，该项目正在进行控规编制，同步开展环评、水评、交评等工作。将来当地学龄孩子与怀柔科学城科研人员的子女、行政服务人员的子女，都能享受到北大附属学校的教育资源；北京大学医学部密云校区、研究型智能医院、12年一贯制学校3个项目建成后，将能够满足科学城东区的就医、入学需求，并能同时吸引社会资本，推进国际化学校规划建设。

建设中的怀柔科学城东区（密云地块）

怀柔科学城在服务北京科技创新中心建设、推动创新发展过程中，肩负着更加重要的使命。未来的科学城将吸引世界一流创新要素聚集，也将带动密云及作为“密云新城”一部分的十里堡镇再创辉煌。

十里堡镇未来发展的功能区

郭德昌

北京市第十二次党代会作出的重要战略部署，将怀柔科学城建设东扩至密云，而十里堡是科学城东区的主要建设区域。新的机遇赋予十里堡新的使命，新使命呼唤新的担当。2017 年，面对机遇，十里堡镇党委确立了“环境立镇、转型强镇、智慧兴镇、生态富民”的发展思路，科学谋划出全镇功能定位和区域发展目标，按照全镇村（居委会）所处区位，将各村（居委会）规划定位为“科学城规划建设区，科学城产业转化区，科学城配套服务区”。十里堡镇党委和政府“高站位布局”“高标准推进”“高水平提升”，举全镇之力全面推进十里堡镇与科学城的融合发展。

高站位布局：科学城规划建设区

按照科学城东区规划，十里堡镇规划占地涉及清水潭、统军庄、水泉、杨辛庄、红光 5 个村，均属科学城规划建设的“东区”范围，镇党委和政府高站位、高起点，科学规划布局，将 5 村区域列为“科学城规划建设区”。结合“美丽乡村”建设，推进与科学城的融合发展。通过推进美丽乡村建设，充分利用云蒙山西线旅游开发的契机，深入挖掘渔阳古郡、水库移民等历史文化旅游资源，有序发展文化旅游产业，推进区域田园综合体建设，促进农民收入持续快速增长，以彻底改善人居环境。

高标准推进：科学城产业转化区

十里堡镇是密云对外的门户区、桥头堡和密云城市的形象区，紧邻密云经济开发区，已列为密云新城的战略储备区和下一轮城市扩张的优先发展区。而科学城东区的发展战略，又赋予十里堡新的发展内涵。

面对新时代的机遇和挑战，十里堡镇党委和政府谋划新型城镇化的发展目标，确定出科学城产业转化区，建设“密云生命健康科学小镇”，涉及河漕、十里堡、王各庄、庄禾屯、程家庄等5个村（居委会）。根据科学城二期工程规划，将这5个村（居委会）推入跨越发展区位，被列为拓展、孵化区和准备地块，以“王各庄就业小镇”为承载区，融合密云经济开发区、密云区科委等部门规划建设的“密云生命健康科学小镇”，建设占地2000亩、依托中科院动物研究所的生命与健康创新研究院，将构建起具有国际竞争力的生物科技和信息技术深度融合的产业园。为此，十里堡镇党委和政府以高标准、严要求加快推进配套基础设施建设，选优配强物业服务力量，积极配合做好“密云生命健康科学小镇”规划建设工程。同时“一把尺子量到底”，圆满实现王各庄住宅楼顺利回迁，着力提升十里堡、河漕、庄禾屯、程家庄等4个村的人居环境，提高群众生活满意度。

高水平提升：科学城配套服务区

按照百年科学城的建设标准，以宜居宜业宜读宜研、产城融合、职住平衡为目标，科学城将全力推进住房、医疗、教育等公共服务配套的各项建设。而医疗、教育公共服务单位，是指将落户在科学城东区（密云地块）的北京大学医学部密云校区及其三甲研究型智能医院、12年一贯制学校。通过住房、医疗、教育等公共服务配套，进行科学城高品质人才公寓建设。

根据《中共十里堡镇一届三次会议报告》（简称《报告》）精神，提出与“科学城高品质人才公寓建设”进行对接。《报告》中提到的“科学城高品质人才公寓建设”，涉及双井、燕落寨、靳各寨、岭东、明珠、博世庄园6个村（居委会）。

“科学城高品质人才公寓建设”，是科学城东区建设项目。按照北京市政府要求在农村集体土地上建设人才租赁住房，一期使用土地7公顷（105亩），建设面积14万平方米，为科学城科研人员提供住房。这一批住房以一室一厅和三室一厅为主，实现科研人员拎包入住，同时在房租上将给予优惠。密云区将预留200套共有产权房，面向中关村密云园和怀柔科学城东区的非京籍人才、京籍教育卫生人才家庭进行配售，形成科学城配套服务区。

结合“科学城高品质人才公寓建设”规划，《报告》提出：“高水平提升科学城配套服务区功能。包括加快推进双燕（双井、燕落寨）地区棚改控规编制工作，依托棚改项目建设，推进科学城高品质人才公寓建设”。

“密云新城”规划图

同时“抓紧实施明珠、博世庄园老旧小区改造”和“在靳各寨、岭东加快推进美丽乡村建设”。双燕地区棚改和岭东、靳各寨将成为科学城建设的服务功能辐射区。

展望未来，十里堡镇域内的功能区定位将伴随着科学城的建设发展而发展。镇域村庄将建成国家级“美丽乡村”，移民新村将打造兴建“移民文化主题公园”，明珠公园将提升改建为“渔阳古郡文化公园”。迄今延续2000多年的十里堡地区的乡村，将不再冠以“乡镇、村庄”的称谓，而是纳入密云新城的版图之中。

十里堡镇大事记

（丁宏伟整理）

战国

燕昭王二十九年（公元前283年）

燕国设置渔阳郡。郡治故址在今十里堡镇统军庄村南城子。

燕王喜二十九年　秦王政二十二年（公元前226年）

秦攻破燕都蓟城。相继占领渔阳郡地。渔阳郡设置依旧。

秦

秦始皇嬴政二十六年（公元前221年）

秦统一六国后，仍设渔阳郡，置渔阳县。郡、县治所均在渔阳城。

西汉—东汉

渔阳郡治、县治故址依旧。

南北朝

北魏太平真君七年（446年）

渔阳郡治迁徙到雍奴（今天津市武清区）。渔阳县及县治依旧。

东魏元象元年（538年）

渔阳县境内寄治密云县。密云县治迁于今县址所在地。

北齐年间（550—577年）

渔阳县撤销。今十里堡地区当时归属于密云县。

隋

开皇十六年（596年）

置檀州，辖密云、燕乐二县。十里堡地区属于檀州密云县。

唐

十里堡地区仍属檀州密云县。

五代

后晋天福三年（938年）

后晋皇帝石敬瑭将幽云十六州割予契丹。今十里堡地区当时属于契丹。

宋／辽／金

今十里堡地区隶属关系更迭，分属于契丹（辽）、宋、金等。

元

今十里堡地区属于檀州密云县。

至元八年（1272年）

是年，在今十里堡村域内修建佑国寺。

明

洪武元年（1368年）

十二月，撤檀州入密云县。今十里堡地区属于北平府密云县广顺里。

洪武十二年（1379年）

统军庄村被划入新置的怀柔县。

永乐元年（1403年）

密云改属顺天府。今十里堡地区属于顺天府密云县广顺里。

正德元年（1506年）

密云改属昌平州。今十里堡地区属于顺天府昌平州密云县广顺里。

正德二年（1507年）

重修塔院庄（今十里堡村）佑国寺。

嘉靖三十四年（1555年）

“引白壮潮”工程筹备开始。

隆庆五年（1571年）

“引白壮潮”工程竣工，潮、白两河交汇于十里堡镇域内，成为潮白河起点。

隆庆六年（1572 年）

七月，通州张家湾至密云运河通航，漕运经过河漕码头，到达县城西门外。

崇祯元年（1628 年）

是年，晋家寨（今靳各寨）村民捐资修建地藏庵，并铸大铁钟一口。

清

清初，十里堡地区仍属昌平州密云县广顺里。

康熙二十二年（1683 年）

七月十一日，康熙帝侍奉太皇太后承德避暑，回京途中，驻跸王家庄一夜。

康熙二十三年（1684 年）

五月乙酉日，康熙帝去承德避暑途中，驻跸密云县河漕庄一夜。

八月丁未日，康熙帝避暑回京途中，再驻跸河漕庄一夜。

康熙二十四年（1685 年）

六月辛卯日，康熙帝出巡塞外，途中驻跸密云县河漕庄一夜。

康熙二十五年（1686 年）

七月辛亥日，康熙帝出巡塞外，途中驻跸密云县河漕庄一夜。

康熙二十六年（1687 年）

八月己酉日，康熙帝出巡塞外，途中驻跸密云县河漕庄一夜。

康熙二十七年（1688 年）

七月丙戌日，康熙帝巡幸塞外，途中驻跸密云县河漕庄一夜。

道光二十八年（1848 年）

七月，潮白河大洪水，原大河漕村被冲毁。

咸丰年间（1851—1861 年）

大河漕村村民陆续迁移至小河漕村和今程家庄。

中华民国

1914 年

密云县属京兆地方。今十里堡地区属于京兆地方密云县。

1917年

是年，统军庄初级小学创立。

1918年

是年，北京至密云客、货汽车运输开通。十里堡地区交通更加方便。

是年，河漕初级小学创立。

1928年

密云县改隶河北省。十里堡地区属于河北省密云县。

1931年

是年，靳各寨初级小学创立。

1933年

5月，日本侵略者侵占密云县城，十里堡地区沦陷。

1935年

11月15日，伪冀东自治政府成立，建立伪密云县公署，十里堡地区为日伪统治。

1936年

2月，日伪政府将密云县分编为城关、石匣、古北口三个警区，实行以警代政的统治。十里堡地区属于第一警区城关。

1938年

4月，日伪时期，(北)平古(北口)铁路建成通车，经统军庄村南通过。

1939年

7月26日，潮白河大洪水。王家庄村大部被冲毁，东线清朝御道也被冲毁。

1941年

是年，中共丰滦密联合县开辟第六区，十里堡地区属之。

1944年

是年春，中共抗日武装组织民众破坏日伪电讯和铁路交通。日军在十里堡地区各村多次进行清剿，并强迫村民服从日军管制。

1945 年

9 月，抗战胜利，国民党建立密云县政府，十里堡地区属之。

1947 年

2 月，中共政权新建乙化县，十里堡地区划入第七区。

是年春，国民党军强迫村民出工，在燕落寨村北修建炮楼。

1948 年

11 月 6 日，解放军炸毁燕落寨村北的炮楼。当月，十里堡地区解放。

1949 年

2 月，十里堡地区各村开始土地改革。

8 月，乙化县并入密云县，十里堡地区属于密云县第七区。

中华人民共和国

1949 年

10 月 24 日，密云县人民政府发出通知，结婚一律进行登记，领取结婚证书后方为合法婚姻。自此，各村村民结婚者谨遵此法。

1950 年

8 月，十里堡地区改属于密云县第二区。

1951 年

是年春，为支援“抗美援朝”，燕落寨村捐献 10 万斤花生。

1952 年

是年春，燕落寨村孙占生等 6 户农民组建村中的第一个农业生产互助组。

1953 年

11 月，实行粮食统购统销。

是年，区下设乡，十里堡地区初设河漕乡和燕落寨乡。

1954 年

9 月，开始实行棉花、棉布统购统销。

11 月，燕落寨村李玉存等 12 户农民，组建起初级农业生产合作社。

1955年

是年，开始实行生猪、花生、小枣等农副产品的合同派购政策。

1956年

1月，燕落寨、靳各寨、西大桥、五里井等4村联合组建红星人民公社。

9月，河漕、燕落寨两乡合并建成十里堡乡。

是年，建社的还有统军庄社、永远社（由河漕、十里堡、王各庄、程家庄等4村组成）。

1957年

是年冬，开展大鸣大放大辩论，斗争“反动右派反革命分子”等。

1958年

4月，十里堡乡并入西田各庄乡。

9月，成立人民公社，十里堡乡及所属村划归密云县红旗人民公社。

10月，密云县划归北京市管辖。十里堡地区改属于北京市。

11月，密云水库淹没区的小杨各庄村向红旗公社的大辛庄村搬迁。

1959年

年初，密云水库淹没区的清水潭、庄禾屯、双井、岭东等4村搬迁，分别暂时安置在统军庄、河漕（含程家庄、王各庄）、燕落寨、靳各寨等村。

1960年

1月，红旗人民公社调整为西田各庄人民公社，十里堡地区属之。

是年秋，清水潭新村建成，移民相继搬入。翌年建立生产大队。

1961年

4月初，双井新村建成，移民陆续搬进新家。同时建立双井大队。

4月，十里堡自西田各庄公社析出；5月，建立起十里堡人民公社。

7月，始建十里堡中学，10月建成。

是年，十里堡地区开始通电。

是年，庄禾屯新村建成并成立庄禾屯生产大队。

1962 年

8月，十里堡中学与密云一中合并迁入原密云师范学校，统称密云一中。

是年，岭东新村建成并成立岭东生产大队。

1963 年

是年，开始“清理账目、清理仓库、清理财务、清理工分”的“四清”运动（后称“小四清”运动）。

1965 年

7月，市委第二书记刘仁带队到河漕、王各庄参观学习玉米密植。

下半年，开始进行“大四清”运动。

是年，燕落寨村西，出土一件雪山三期文化器物——陶簋。

1966 年

5月，十里堡人民公社撤销，并入西田各庄人民公社。

5月，“文化大革命”运动开始，十里堡地区也进入“文革”时期。

1967 年

年底，各大队成立革命委员会，替代党支部和管委会。

是年，始建统军庄中学。

1971 年

是年，恢复十里堡中学。

1972 年

10月，按县里要求开始推行火葬，人去世后一律火化。

1974 年

9月，十里堡地区从西田各庄公社析出，重置十里堡公社行政建制。

是年秋，返回水库区的小杨各庄、西恒河、水洼屯、水泉、小达峪沟、东井峪、扎窝山、于菜园等村，作为“第二次水库移民”搬迁到十里堡。

1975 年

是年，二次移民的水泉、杨辛庄、红光村建成，移民入住新家。

1976年

1月10日，燕落寨村西南出土一件商代早期的黑陶折肩鬲。此后至1981年间，还相继出土了商周时代及战国时代的8件陶器。

2月，开始实行社队企业登记，核发营业执照。

1978年

7月，河漕村东出土一件汉代陶制水器“陶匜（yì）”。

11月后，各大队撤销革命委员会，恢复大队管理委员会。

1980年

11月，十里堡村东出土一件唐代三彩三足炉，为国家一级文物。

是年，靳各寨村明代崇祯元年铸造的大铁钟，被征集到县文物管理所。

1981年

1月，取消了公社革命委员会，同时恢复公社管理委员会。

1982年

12月，十里堡公社改为十里堡乡。大队改为行政村；生产队改为村民小组。

1984年

10月18日，十里堡乡与日本大阪市城东有限公司签订“合资兴建密日兴食品工业公司”协议。12月，密日兴食品工业公司破土动工。

1985年

5月，王各庄村东出土一件汉代灰陶壶。

是年夏，在河漕码头遗址附近出土“万顺号”铁锚。

是年，开放粮食市场，终止粮食统购政策，实行合同定购和市场收购。

1986年

5月23日，密日兴食品工业公司试机生产。

9月，王各庄村的九州立体地图厂生产出中国立体地图。

1987年

2月，合资企业密日兴食品工业公司首批产品出口日本。

11月10日，燕落寨村西出土一件4000年以前的石磨棒。

1988年

是年夏，第七届全国人大常委会委员长万里到密日兴食品工业公司视察。

是年，河漕村建成7万只规模的肉鸡、种鸡场。

1992年

是年，五里井村土地被密云经济开发区占用，村民全部农转非。

1993年

11月，撤十里堡乡，改建十里堡镇。

12月初，弘密机电配件厂与牡丹电子集团联营的“牡丹电子”投入生产。

是年，燕落寨村土地被密云经济开发区扩建占用，村民全部农转非。

2000年

10月，12个村、2个居委会的集体账目资金实行镇政府托管。

2002年

1月，十里堡镇企业公司与全县各乡镇企业公司同时撤销。

2003年

8月，撤销王各庄村民委员会建制，建立王各庄居民委员会。

2004年

9月，以“确权、确地、确利”方式将集体土地落实到农民手中。

2007年

8月26日，水泉、清水潭、统军庄、岭东、靳各寨5村的“文明生态村”建设，通过北京市环保局考核验收。

10月27日，在十里堡中学举办十里堡镇第七届农民运动会。

是年，十里堡镇域纳入密云新城规划。

2009 年

5 月 23 日，在十里堡中学举办十里堡镇第八届农民运动会。

2012 年

9 月 22 日，十里堡镇引进峰顺康医药公司，盘活原牡丹公司闲置资产。

2013 年

6 月 10 日，开始实行村级公章由镇里统一集中管理制度。

2014 年

8 月，王各庄棚户区改造项目正式纳入北京市棚户区改造范围，为北京市远郊区首例集体土地上的棚改试点项目。

2016 年

6 月 1 日，王各庄棚户区改造项目实施方案经密云区政府审批通过。

8 月，十里堡镇所属水库岛上承包地的村民户，全部清理全毕。

2017 年

3 月 28 日，密云区十里堡镇王各庄棚户区改造项目回迁安置房工程开工奠基仪式举行。

6 月 10 日，北京市委书记蔡奇视察怀柔科学城，正式将密云区部分土地纳入怀柔科学城东区建设（包括统军庄、清水潭、红光、杨辛庄、水泉等 5 个村）

11 月 3 日，王各庄棚户区改造项目正式启动签约奖励期工作，奖励期 30 天，签约 299 户，签约比例 97.4%。

2018 年

6 月，在程家庄村建成密云区最大的户外党建园地。

是年，十里堡镇开放党支部建设获批全国第三批农村综合改革标准化试点单位。

2019 年

7 月，镇财政收入实现 1.16 亿元，建镇以来首次突破亿元。

后 记

十里堡镇历史悠久，文化底蕴深厚，有很多珍贵的历史资料需要记录下来，以利资政参考和今后发展。正如古人所云，以史为镜，可以知兴替。

为了抢救、挖掘和整理十里堡镇的历史，留住乡愁，2017 年秋我们决定编写《古郡新城十里堡》一书。特聘请了密云政协文史委原主任孙荣林以及密云作家协会的韩志正、丁宏伟、郭德昌、郭克喜、陈奉生和本镇退休干部聂德友等担任本书的主编和撰稿人。历时近两年的辛勤耕耘，在各方面共同努力下，终于成书，这是件可喜可贺的事情。

近两年来，编写者通过到北京图书馆、市县（区）档案局查阅资料，去各村采访，与曾经在十里堡生活工作过的老干部、老教师和企业领导座谈，前往潮河、白河源头实地考查等，挖掘整理出许多宝贵的第一手资料，使得《古郡新城十里堡》一书变得厚重、鲜活和翔实。

与此同时，在成书过程中，北京书法家协会会员张占侠，北京美术家协会会员赵西文、任印山，为本书题写了书名、设计和绘制了图画；北京书法家协会钱宏华为本书做了篆刻；执行主编孙荣林为本书特此撰写了对联，这些都为《古郡新城十里堡》一书增添了风采。

《古郡新城十里堡》一书的出版，得到了曾经在十里堡工作的老领导、区档案局、密云作家协会，以及社会各界的鼎力支持。在此，一并向他们表示衷心的感谢。

由于本书记述的历史跨度时间长，难免有一些史料收集不齐，加之篇幅所限，有些内容只好割舍，请读者理解。另外因水平有限，书中难免存在不足之处，敬请相关专家学者给予批评指正。

本书编委会

2019 年 8 月